上海·2017
SHANGHAI 2017

第三届
世界考古论坛会志

Bulletin of the Shanghai Archaeology Forum
Volume III

中国社会科学院考古研究所
上海市文物局
上海研究院
上海大学

主 编

中国社会科学出版社

图书在版编目（CIP）数据

第三届世界考古论坛会志 / 中国社会科学院考古研究所等主编 . —北京：中国社会科学出版社，2023.9
ISBN 978-7-5203-5601-5

Ⅰ . ①第… Ⅱ . ①中… Ⅲ . ①考古学—文集 Ⅳ . ① K85—53

中国版本图书馆CIP数据核字（2019）第256606号

出 版 人	赵剑英
责任编辑	张　林
责任校对	冯英爽
责任印制	戴　宽

出　　版	中国社会科学出版社
社　　址	北京鼓楼西大街甲 158 号
邮　　编	100720
网　　址	http://www.csspw.cn
发 行 部	010-84083685
门 市 部	010-84029450
经　　销	新华书店及其他书店

印刷装订	北京君升印刷有限公司
版　　次	2023 年 9 月第 1 版
印　　次	2023 年 9 月第 1 次印刷

开　　本	787×1092　1/16
印　　张	25
字　　数	509 千字
定　　价	358.00 元

凡购买中国社会科学出版社图书，如有质量问题请与本社营销中心联系调换
电话：010 - 84083683
版权所有　侵权必究

序

　　2017年12月7日至12日,"第三届世界考古论坛·上海"在中国上海大学宝山校区举办。来自36个国家和地区的262位专家学者参会。

　　世界考古论坛是由中国社会科学院、上海市人民政府联合主办,由中国社会科学院考古研究所、上海市文物局、中国社会科学院—上海市人民政府合办的上海研究院及上海大学共同承办,上海博物馆协办。论坛由三部分构成,即年度世界重大考古发现和重要研究成果的颁奖、每次论坛设置一个主题论坛和面向公众的公共考古讲座,所不同的是,为了促进中外考古学界的交流,特别是为了使与会的外国学者能够更加全面地了解中国考古学的状况,第三届论坛增设了"中国考古学专场新发现和研究新进展"的专场报告会,请10位中国考古学家就中国考古学的现状、黄河中游地区旧石器时代晚期考古新发现、早期文明形成时期的重要都邑城址浙江余杭良渚遗址和陕西神木石峁遗址、商代都邑的考古发现、考古发现所见西周封国制度、南昌海昏侯墓、汉唐时期都城制度、古动物DNA研究所见东西方交流、脆弱文物的固型新技术等内容做了报告。通过这10场报告,使外国学者对中国考古学的概况、主要学术领域最新发现和进展有了基本的了解。

　　本届论坛的主题为"水与古代文明"。之所以确定这一主题,是有如下考虑。众所周知,水是人类生存繁衍须臾不可或缺的,从远古到今天,水都与人类的生活息息相关。近年来,无论是在中国,还是在世界其他地区,对于水相关的考古发现和研究新成果层出不穷。如早期文明形成时期的良渚城址内丰富的水路和城外北部发现的长数公里的大型水坝,长江流域发现的很多夏代之前城址外的宽大环濠,西周都城丰镐和汉代都城长安城等发现的水利排灌系统,始自隋唐、贯通南北的大运河的考古和保护,等等,不一而足。在国外,各个时期的与水的利用有关的考古发现和研究成果也不胜枚举。根据这种情况,我认为,有必要举办一次以"水与古代文明"为主题的论坛,交流世界各国对与水相关的考古新发现、研究新理念、取得的新成果。围绕今后如何更好地开展相关领域的研究进行磋商。基于这一考虑,我提出以"水与古代文明"作为"第三届世界考古论坛·上海"的主题。我的这一倡议得到了国内外很多评审委员和与会学者的赞同和支持,大家认为这是一个很好的主题,值得进行深入地探讨。

　　在第三届世界考古论坛的主题演讲中,共有11位来自各国的学者围绕着这一主题,介绍了自己所做的考古发掘的收获和研究的成果,提交论坛进行分组交流的学术报告中,也有不少与水的考古学有关的内容,获得第三届世界考古论坛重大田野考古发现奖和重大考古研究成果奖中,也有与这一主题密切相关的内容。这些都收录在本期会志之中。可以说,本届论坛是对世界各地同水与古代文明相关的考古发现和研究成果的大检阅、大交流,有

力地促进了这一重大研究课题在世界各地的深入开展。

从第一届论坛开始就设立了终身成就奖，也成为本论坛的一大特色。经过论坛评审委员会的认真讨论，本届论坛把终身成就奖授予了美国加州大学圣巴巴拉分校的布莱恩·费根（Brian Fagan）先生，以表彰他对于考古学的公众化传播、考古学研究方法、考古学在当代社会中的作用方面做出的卓越贡献。

聘请国际知名学者面向公众进行公共考古讲座，一直是论坛的特色之一。本届论坛上，共有9位学者做了讲座，与上海市的民众进行了面对面的交流，上海市民对世界考古论坛的关注，对考古学的热情，提出问题的踊跃，都给做讲座的学者们留下了极为深刻的印象。

社会媒体对论坛给予了全面的报道。特别值得一提的是，中央电视台在新闻直播间栏目中，对论坛的举办特别是入选世界重大考古发现和重要研究成果的项目进行了报道，在社会上引起了广泛关注。

论坛自设立以来，一直得到中国社会科学院和上海市政府的大力支持，在经费和相关手续的办理方面给予了有力的保证。中国社会科学院干伟光院长和上海市政府应勇市长以及国家文物局关强副局长都出席了本届论坛开幕式并致辞，在对论坛的召开表示祝贺的同时，也对论坛今后的发展提出了希望。

论坛的筹备和举办过程中，论坛的各个承办单位密切合作，齐心协力，为论坛的成功举办做出了贡献。在此，我要特别感谢论坛特聘的副秘书长——加拿大英属哥伦比亚大学教授荆志淳先生。他对论坛的成功举办付出了巨大辛劳，做出了巨大贡献。在大家的共同努力下，本届论坛取得了圆满成功。在此，我代表论坛的各个承办单位，向所有为论坛的成功举办做出贡献的人们表示衷心感谢！

世界考古论坛　秘书长
中国社会科学院学部委员
2019年4月于北京

目录

世界考古论坛开幕式致辞

002 | 中国社会科学院院长王伟光致开幕词

004 | 上海市市长应勇致欢迎词

006 | 国家文物局副局长关强致辞

重大田野考古发现奖获奖项目

013 | 东南亚岛屿雨林的狩猎采集与农业：婆罗洲岛尼亚洞穴五万年的历史 ············ 格雷姆·巴克

033 | 匈牙利南部下涅克新石器遗址：公元前六千纪到公元前五千纪绵延
　　　1300年的聚落 ··· 爱思特·万菲

049 | 国王之水——大希律王在马萨达的水资源管理 ······················· 盖尔·斯迪拜

057 | 印度尼西亚梁步遗址出土佛罗勒斯人的地层学和年代学
　　　修订 ··· 托马斯·苏提那　马修·塔休瑞

071 | 墨西哥尤卡坦半岛尼格娄水下岩洞的
　　　考古探索 ····························· 詹姆斯·查德斯　皮拉·卢娜　埃雷格雷纳

083 | 水资源控制、物品交换和礼仪：新墨西哥州查科峡谷普韦布洛博尼托遗址的
　　　考古发掘 ·· 帕特丽夏·科朗　伍尔特·威尔斯

097 | 澳大利亚六万五千年的人类居住历史 ···················· 克里斯托弗·克拉克森

106 | 伯利兹素那多尼基遗址A9古墓和第三、四号象形文字碑的发现及其
　　　政治意义 ··· 吉米·奥

123 | 世界上最早的深穴环境利用：法国布鲁尼克尔遗址和早期
尼安德特人 …… 伊科·孟拜尔 索菲·梵赫旦 多米尼克·让蒂 米歇尔·苏尼及其他合作者
137 | 长江中游地区史前文明的中心——石家河聚落考古新发现 …………………… 孟华平

重要考古研究成果奖获奖项目

157 | 战争、干旱与农业：应对冲突和食物短缺 ………………… 艾睦博·乌德沃克 格雷戈里·威尔逊
167 | 西阿玛拉遗址研究计划：探索努比亚古埃及法老时期殖民地的生活
（公元前1300—前800年） ………………………………………… 尼尔·斯番塞
183 | 斯克吕斯楚普女尸传奇 ……………………………………………… 卡琳·玛格丽特·弗雷
193 | 欧洲温带地区新石器时代的奶业革命 ……………………………………… 理查德·艾夫希德
205 | 交叉学科研究与保护科潘文化遗产 ………………………………… 芭芭拉·费什 威廉·费什
215 | 为一个年轻的未来而考古：乌尔卡什（Urkesh）古城在叙利亚的
新生 …………………………………………………… 乔治·布奇拉提 玛丽莲·凯莉·布奇拉提
237 | 中国考古学：从第一个村落到第一个国家 …………………………………… 刘莉 陈星灿
245 | 欧洲东缘的早期人类：北高加索奥杜威文化遗址的调查与
发现 ………………………………………… 赫兹·阿米尔汗诺维奇·阿米尔汗诺夫
255 | 陶寺遗址："中国"与"中原"的肇端 ……………………………… 何驽 高江涛 王晓毅

杰出贡献奖获奖项目

271 | 主编《古物》杂志 ·· 克里斯·史卡瑞

281 | 造福世界和平的公众考古学 ·································· 玛荙·阿布杜凯如

世界考古学主题论坛演讲

290 | 西南亚干旱地区对水资源的使用：从新石器水井到历史时期的
水利系统 ·· 奥菲·巴尔约瑟夫

292 | 中美洲古代玛雅低地的水资源管理与水利社会 ········ 雪莉·卢兹加特—比奇 提摩西·比奇

294 | 早期农人、航海家以及印度太平洋地区的南岛殖民——一个多学科
综合研究 ·· 彼得·斯塔夫·贝尔伍德

296 | 水资源管理与吴哥的扩张和消亡 ···························· 罗兰·弗莱彻

298 | 美索不达米亚世界的水源管理和早期集中式社会的发展 ·········· 玛赛拉·弗朗基博尼

300 | 农业往欧洲传播的盛与衰 ··· 史蒂芬·申南

302 | 阿兹特克的雨祭：特诺奇提特兰大神殿的水源祭祀 ········· 莱奥纳多·洛佩斯·卢汉

304 | 水与龙：卡霍基亚、帕魁姆与良渚的比较研究 ············ 蒂莫西·罗伯特·鲍克特

306 | 半热带湿地到半干旱地区：从农业起源到国家形成 ········ 弗农·史卡波罗

308 | 从客体到主体：古代埃及文明中尼罗河和水的新叙事 ········ 托马斯·施耐德

310 | 汉长安城地区城市水利设施和水利系统的考古学研究 ········ 张建锋

世界考古论坛公众考古讲座

314 | 水、无处不在的水资源——以佩特拉古城为例 ……………………… 苏珊·阿尔科克

316 | 气候变化与吴哥文明的兴起和崩溃 …………………………………… 查尔斯·海厄姆

318 | 巴基斯坦和印度的印度河文明中的水资源与都市

（公元前 2600—前 1900 年）………………………………… 乔纳森·马克·基诺耶

320 | 吉萨高地考古新发现：失落的金字塔港口 ………………… 马克·爱德华·莱纳

322 | 两个图符的故事——史前社会复杂化的不同途径 ………………… 科林·伦福儒

324 | 纪念性建筑和社会组织：欧洲的史前观念 ………………………… 克里斯·斯卡雷

326 | 古代疾病研究中的分子进化 ………………………………… 简·布伊克斯特拉

328 | "你眷顾地、降下透雨"（《圣经·旧约·诗篇》65—9）——人与水的关系

变迁 ……………………………………………………………………… 布兰恩·费根

330 | 吴哥世界中水的日常生活 …………………………………………… 米瑞安·斯塔克

中国考古学新发现与研究专场

334 | 中国考古学的现状 ……………………………………………………………… 王巍

336 | 水与良渚文明——良渚古城及水利系统的综合研究 …………………………… 刘斌

339 | 考古发掘现场脆弱文物临时固型保护新技术及应用 …………………………… 罗宏杰

341	石峁遗址皇城台——王的居所？	孙周勇
343	考古学对中国商王朝历史的实证与描述	唐际根
345	通天洞与老奶奶庙——东亚地区晚更新世人类的扩散	王幼平
347	古动物DNA视角下的东西方交流研究	蔡大伟
349	由封国考古发现看西周政治地理格局与政治体制	徐良高
352	南昌西汉海昏侯墓考古	徐长青
355	中国古代都城（秦汉以后）形制与布局变迁的考古学研究	朱岩石

359 | 大会分组讨论

388 | 后记

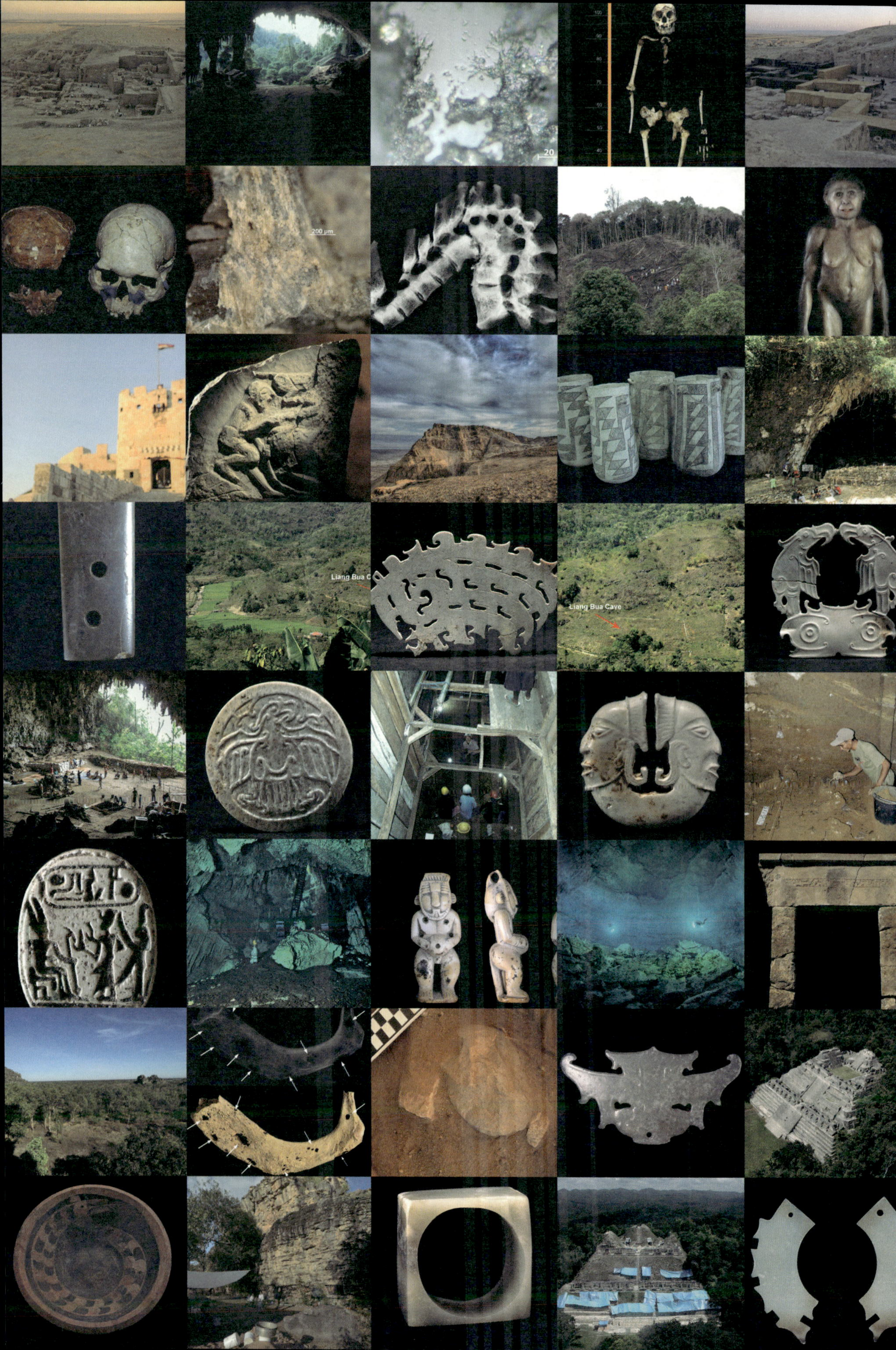
200 μm
Liang Bua Cave

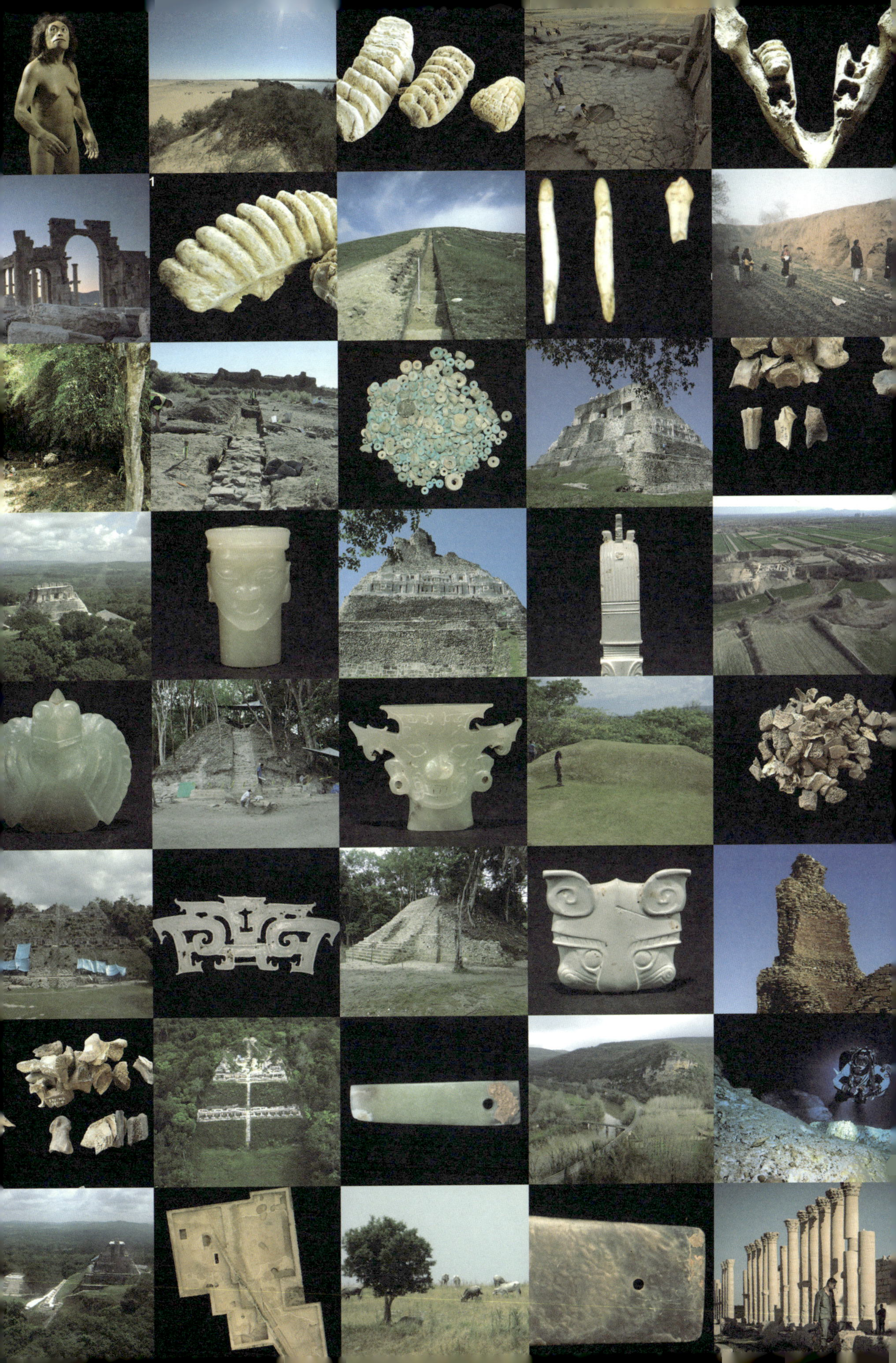

世界考古论坛
开幕式致辞

中国社会科学院院长王伟光致开幕词

尊敬的伦福儒勋爵，尊敬的应勇市长、翁铁慧副市长，尊敬的各位来宾、各位朋友：

今天，高朋满座，群贤云集。很高兴再一次在美丽而充满活力的国际大都市上海，和大家一起如约相聚在第三届世界考古论坛·上海。在此我谨代表中国社会科学院对论坛的召开表示热烈祝贺！对莅临论坛的贵宾们表示热烈欢迎！

2015年6月5日，由中国社会科学院和上海市人民政府共同创建的上海研究院正式成立。其宗旨是紧紧围绕中国特色社会主义改革发展的重大理论和现实问题，借助中国社会科学院在科学研究和政策咨询方面的优势，立足上海，着眼全国，努力将其建设成为高端思想库、高端人才培养基地、高端国际学术交流合作平台和高端国情调研基地。依托于上海研究院世界考古研究中心，"世界考古论坛"

已经成功举办至第三届，每一届均有不同的主题，本届论坛的主题是"水与古代文明"。

水究竟如何促进人类社会与文明的发展，又促进了哪些技术革新与发明，人类历史上的古代文明如何通过对水资源的管理和利用不断前进，都是值得探讨的重要问题。特别在今天，水资源作为维系地球生态系统功能和支撑人类社会经济系统发展不可替代的基础性的自然资源，对其与人类社会和人类文明的关系进行探讨，尤具现实意义。希望本届论坛，能够通过人类文明历史上对水资源利用与保护经验的总结，为当代乃至今后人类文明的发展和生态环境的保护提供有益的启示和借鉴。

本届论坛上，将有来自中外36个国家和地区的代表参与研讨，还将颁发世界考古论坛终身成就奖、重大田野考古发现奖、重大考古研究成果奖和杰出贡献奖。我们相信，通过这样广泛而深入的讨论，无疑将在以往两届论坛奠定的良好基础上，进一步带动中国与世界考古学界的文化交流，增进彼此互信，凝聚广泛共识。正如习近平总书记在中共十九大报告中所指出的："要尊重世界文明多样性，以文明交流超越文明隔阂、文明互鉴超越文明冲突、文明共存超越文明优越。"让我们共同努力，促进世界考古学的发展，使之为人类社会的共同发展做出独特的贡献。

预祝本届论坛圆满成功！

谢谢大家！

2017年12月8日

上海市市长应勇致欢迎词

尊敬的伦福儒勋爵，尊敬的王伟光院长、关强副局长，尊敬的各位来宾、各位朋友：

上午好！

今天第三届世界考古论坛在这里隆重举行，首先我谨代表上海市人民政府，对论坛的召开表示热烈的祝贺，向与会的海内外嘉宾表示诚挚的欢迎。

水，是生命之源，生产之要，生态之基，人类文明的兴起与发展，无不得益于水的涵养。在本届论坛上，各位专家学者将围绕水与古代文明这一主题，深入探讨水资源与人类文明之间的深厚渊源。这对我们推进生态文明建设，具有重要的现实意义。

上海这座城市，凭江临海，水网密集，城市因水而生，因水而居，因水而兴。

水孕育了上海底蕴深厚的历史文化，塑造了"海纳百川，追求卓越，开明睿智，大气谦和"的城市精神。目前，上海正在加快建设国际经济、金融、贸易、航运中心和具有全球影响力的科技创新中心，努力迈向卓越的全球城市，令人向往的创新之城、人文之城、生态之城。我们要树立和践行，绿水青山就是金山银山的理念，实施最严格的水资源管理制度，加强水环境治理，以水资源的可持续利用和保障，来保障城市的可持续发展。

"知古鉴今，以启未来。"我相信各位专家学者的真知灼见一定能帮助我们更好地汲取前人智慧，为解决当前发展中面临的各种水资源的问题，提供新的启迪。

最后，预祝本届论坛圆满成功！祝各位嘉宾在上海期间工作顺利、生活愉快、身体健康！谢谢大家！

2017 年 12 月 8 日

国家文物局副局长关强致辞

尊敬的王伟光院长、应勇市长、伦福儒先生，尊敬的各位来宾、朋友们：

　　大家早上好！非常荣幸能够来参加此次论坛。请允许我代表中国国家文物局、代表刘玉珠局长，向第三届世界考古论坛·上海的隆重召开表示热烈祝贺，并向来自世界各地的朋友们、同人们致以诚挚的问候。

　　在中国社会科学院、上海市人民政府和各国学界友人的共同努力下，世界考古论坛·上海至今已走过四年辉煌的发展历程。

　　本届论坛的主题是"水与古代文明"。水孕育了生命，滋养了智慧，促进文明的发生，在世界范围内，这是一个深刻而永恒的话题。与世界其他文明古国一样，中华民族对水有着特殊的情感。水浸润了中华民族五千年的发展历程，在与水相知相融的过程中，中国人既收获了包容和谐、从善如流的集体智慧，也形成了不屈不挠、团结拼搏的民族性格。近年来，良渚遗址等一系列重要水利遗址考古发现，让我们越来越真切地认识到伟大的古代科技，体会到只有人与自然、人与人相互尊重、和谐相处，才能带来更加美好的生活。这方面探讨有助于我们更真切地把握人类文明的发展规律，更加从容地应对当今人类社会面临的共同问题。

祝愿中国考古学和世界考古学在今后取得更加丰硕的成果，在尊重世界文明多样性的基础上推进研究，以文明交流超越文明隔阂，文明互鉴超越文明冲突，文明共存超越文明优越，为构建人类命运共同体贡献力量，推动早日实现持久和平、开放包容的大同世界。

最后，再次预祝论坛圆满成功，祝各位来宾身体健康、工作愉快！

谢谢大家！

2017 年 12 月 8 日

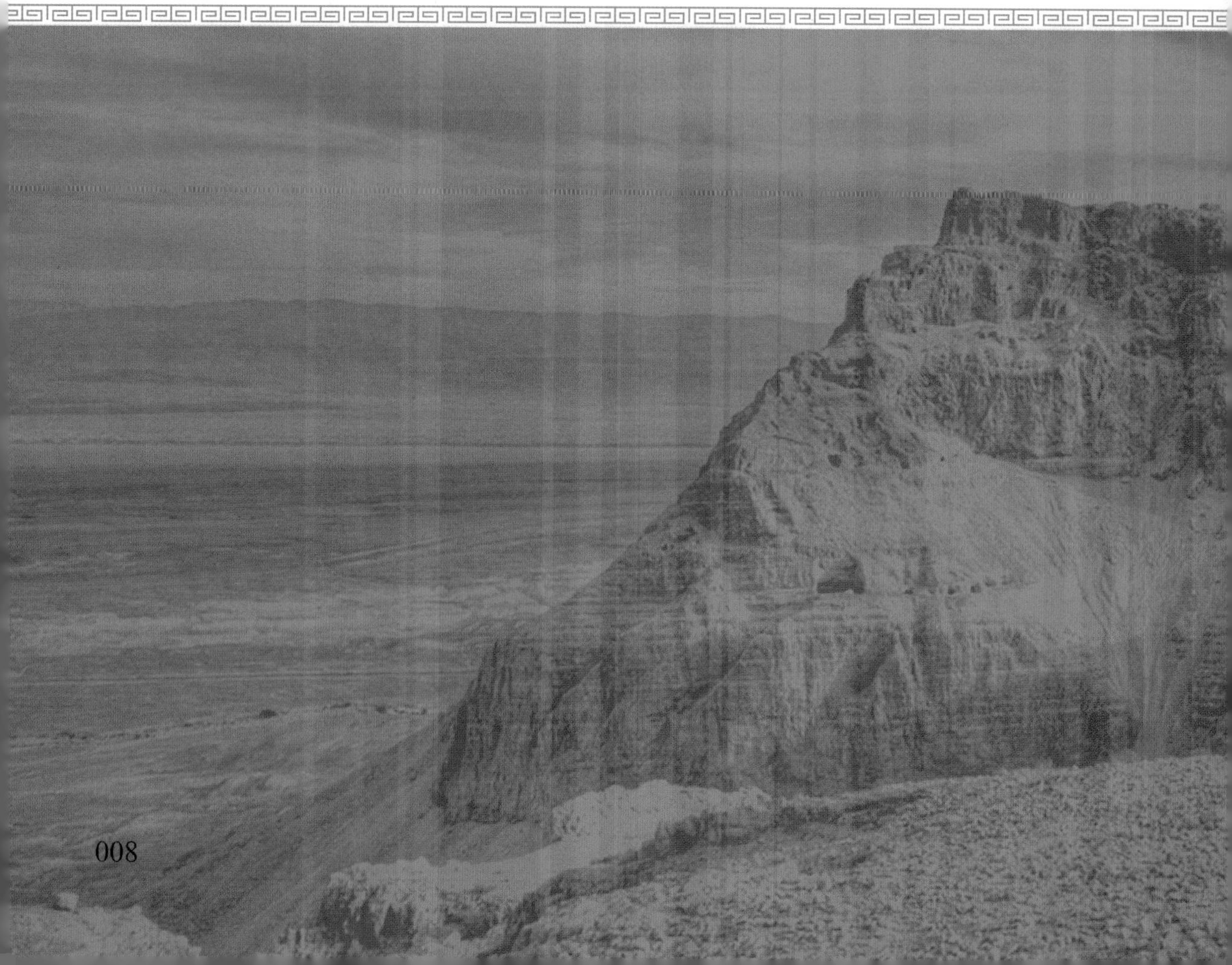

重大田野考古发现奖
获奖项目

Field Discovery Awards
田野考古发现奖

USA 美国
Investigating Water Control, Exchange, and Ritual through Excavations of Pueblo Bonito, Chaco Canyon, New Mexico
水资源控制、物品交换和礼仪：新墨西哥州查科峡谷普韦布洛博尼托遗址的考古发掘

MEXICO 墨西哥
Proyecto Arqueológico Hoyo Negro, Quintana Roo, México
墨西哥尤卡坦半岛尼格娄水下岩洞的考古探索

BELIZE 伯利兹
The Discovery and Political Significance of the A9 Tomb and Hieroglyphic Panels 3 and 4 at Xunantunich, Belize
伯利兹索那多尼基遗址A9古墓和第三、四号象形文字碑的发现及其政治意义

FRANCE 法国
The Oldest Appropriation of a De Cave Environment in the World: Bruniquel (France) and the Early Neanderthals
世界上最早的深穴环境利用：法国布鲁尼克尔遗址和早期

重大田野考古发现奖获奖项目

HUNGARY 匈牙利
The Neolithic at Alsónyék in Southern Hungary: a Persistent Place for 1300 Years in the 6.-5. Millennia BC (Excavation and Proceedings)
匈牙利南部下涅克新石器遗址：
公元前六千纪到公元前五千纪绵延1300年的聚落

CHINA 中国
New Discoveries at Shijiahe—a Central Prehistoric Settlement in the Middle Yangzi Region
长江中游地区史前文明的中心——石家河聚落考古新发现

MALAYSIA 马来西亚
Rainforest Foraging and Farming in Island Southeast Asia: 50 Millennia of Prehistory at the Niah Caves, Borneo
东南亚岛屿雨林的狩猎采集与农业：
婆罗洲岛尼亚洞穴五万年的历史

INDONESIA 印度尼西亚
Revised Stratigraphy and Chronology for Homo floresiensis at Liang Bua in Indonesia
印度尼西亚梁步遗址出土佛罗勒斯人的地层学和年代学修订

ISRAEL 以色列
Aqua Regis — King Herod the Great's Usage of Water at Masada
国王之水——大希律王在马萨达的水资源管理

AUSTRALIA 澳大利亚
65,000 years of human occupation in Australia
澳大利亚六万五千年的人类居住历史

011

1958年发现的"深头骨"

东南亚岛屿雨林的狩猎采集与农业：
婆罗洲岛尼亚洞穴五万年的历史

格雷姆·巴克（英国剑桥大学）

尼亚洞穴位于马来西亚东部砂拉越婆罗洲北部海岸 200 米高的石灰岩地区苏比斯山（Gunung Subis）。悬崖上密布洞穴和裂缝，这一洞穴区最重要的特征是拥有大教堂形状的大洞穴。这一多窟、多入口的大洞穴长约 900 米，宽约 600 米，高达 100 米。大洞穴位于尼亚国家公园的中心，那里是一个原生雨林和次生热带雨林岛，现在有很多棕榈种植园，占据了砂捞越沿海的大部分地区。在 20 世纪五六十年代，汤姆和芭芭拉·哈里森在大洞穴入口处，特别是西口的入口处进行了一系列发掘并有重要发现，使该洞穴在东南亚考古学中具有标志性地位。这里最引人注目的发现是 1958 年发现的一个解剖学上的现代人类头盖骨，被称为"深头骨"，取样于头骨临近的木炭，经测年为距今约 4 万年，是当时世界上最早的智人化石。该"深头骨"和其他颅后遗存都出土于哈里森所称的"频繁地带"，这是一个约两米的生业活动遗迹，时期为晚更新世和全新世早期。更高处是数百个出土了新石器时代和金属时代陶器的墓葬，这是东南亚岛屿中最大的史前墓地。直到几年前人类发现的与其相似的斯里兰卡深头骨古人类化石遗迹为止，尼亚大洞穴是非洲和澳大利亚之间唯一一处能够提供支持现代人类从非洲扩散到澳大利亚这一"南方之路"的有化石证据的遗址。

哈里森及其合作者发表了许多关于他们发掘结果的文章，但由于各种原因无法把这些研究集中在一起形成最终的报告，所以关于他们的发现仍然存在许多问

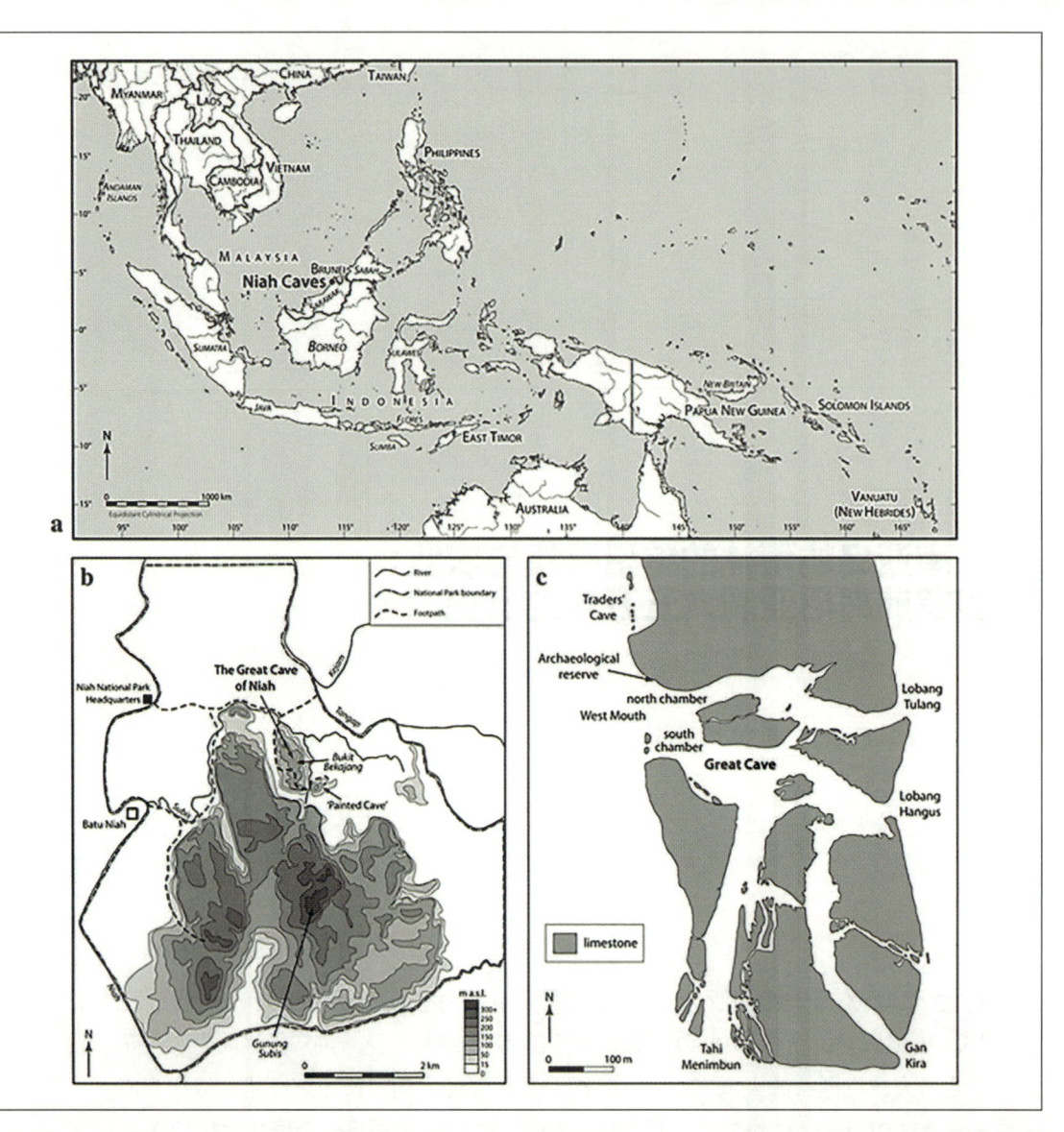

尼亚旧穴方位图

题，特别是关于"深头骨"的年代。这正是 2000 年开始由考古学家、地理学家和其他环境科学家组成的跨学科团队对洞穴进行详细调查的原因，其调查重点是人类使用洞穴的历史以及当地的气候和环境因素。

新的发掘集中在西入口，但是我们也在大洞穴的其他入口处及哈里森曾发掘过的小洞穴周边进行了发掘。我们在尼亚的称为"尼亚洞穴工程"的新工作，目的是解决三个主要的研究问题。首先，人类在洞穴中的居住时间究竟有多久，特别是"深头骨"的年代。其次，晚更新世时期的山洞周围是否存在热带雨林？如果有的话，第一批现代人类是否有能力在其中居住？（在过去的十年中，因为缺乏农业作物，又无法与邻近的农耕者进行贸易，人类学家和考古学家之间就采集者能否生活在热带雨林中进行了激烈的辩论。）最后，采集经济是何时、并在什么情况下让位于农耕经济的？第三个问题检验了一个被广泛接受的理论，也就是新石器时代从中国台湾乃至从中国大陆来的移居者给东南亚岛屿带来了农业（包括新石器时代物质文化、水稻和猪的引进）。

主要的田野工作是在 2000—2003 年进行的，田野工作获取的材料以及前期哈里森发掘的丰富材料一直是研究小组的重点。这些材料包括成千上万的动物骨骼碎片、陶片和贝壳、数百人类骨骼、石制品、骨制品、木制品、珠子和纺织品残片。研究小组由博士生、博士后和研究员组成。在早期的发掘工作中，西入口和其他洞穴入口的大部分考古遗迹都被移除，所以我们开始尽可能进行小规模的发掘，收集我们所需要的信息，以使项目结束时考古遗存尽可能保存完好。我们对哈里森在西入口和其他入口发掘的探沟表面进行了清理，以现代标准做了记录，收集了各种各样的沉积物样品，用于测年、观察气候指标，如提取诸如花粉和植硅石。在深头骨发现点附近留下的剖面墙被完全揭露出来，尤其是发现了可表明首批到达该地点的人类生存活动的动植物遗存。在新石器时代的墓地，我们进行了特殊墓葬的小规模挖掘，以调查其丧葬习俗。就此次项目出版的两本专著——《东南亚岛屿的雨林采集和农业：砂捞越尼亚洞穴考古》和《砂捞越尼亚洞穴的考古学调查》，共有 75 位学者参与，正是他们的辛勤工作，才获此殊荣。

我们在西入口的地貌学研究揭示了需为我们所认知的过去五万三千年间人类极其复杂的系列活动。洞穴后面的一个天然盆地布满了四种主要的沉积物类型或岩相。在底部是褐色和红色泥岩（岩相 2），这是由洞穴内部流入盆地的水流形成的，据推测与湿润期有关。混杂在这两种沉积物之间的是从洞口沉降、滑落和被冲下来的物质（岩相 2C）。在这两种沉积岩相中都发现了人类活动痕迹（木炭、灰烬、动物骨、石器等），特别是与古岩相表面有关的痕迹，表明人类是间歇存在的而不是连续存在。牛津实验室的木炭样本显示，这些活动大约发生在 5 万至 3.5 万年前的时间范围内。岩相 2 和岩相 2C 被汤姆·哈里森（Tom Harrisson）称为"粉红色和白色"的无考古堆积的遗存（岩相 3）所盖住，他认为这种沉积物（岩相 3

汤姆·哈里森在西入口发掘

"深头骨"（左）和现代人类头骨（右）

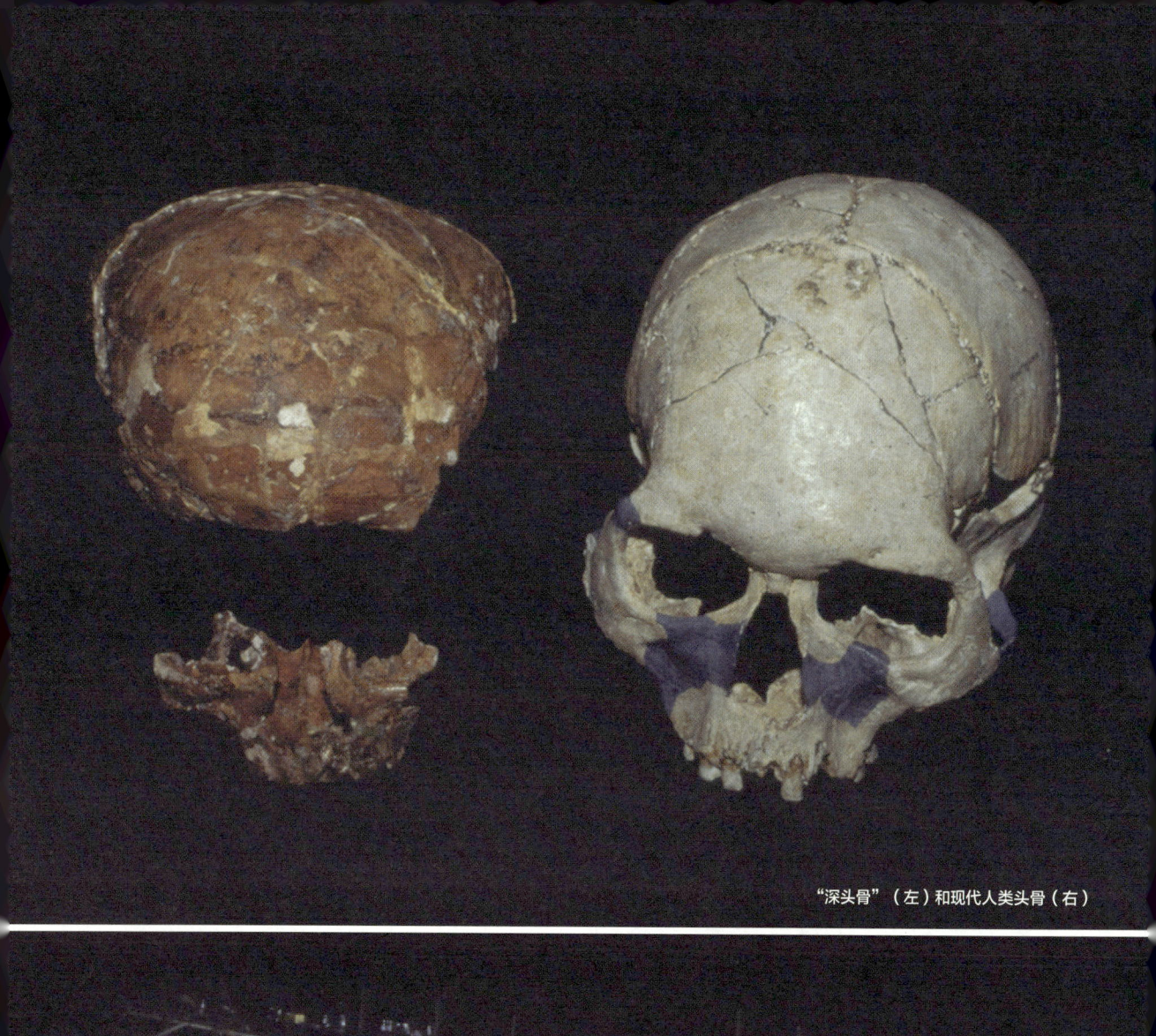

新发掘：新石器时代墓园区

是历经千万年蝙蝠粪鸟粪（粉红色）和洞顶石灰石碎片（白色）的不断堆积而形成。但事实上，它们是由洞穴内部的突然崩塌引起的，可能持续了几分钟、几小时或几天，大约发生在3.5万年前。覆盖在"粉红色和白色"之上的是棕色粉土和厚厚的灰烬堆积物，具有丰富的人类存在证据，被称为岩相4，放射性碳测年表明它们形成于晚更新世和全新世早期。中、晚全新世的主要沉积物是蝙蝠粪和鸟粪。

洞穴沉积物中的气候和环境变化序列与北半球（海洋同位素阶段4—1）的间冰期（暖/湿）、冰期（冷/干）同步。在间冰期，海平面高度直达洞穴，而在大约2万年前的"最后的冰河时代"等冰期阶段，低降的海平面使沿海平原从当前的构造扩大了100多公里。在间冰期阶段，有一片茂密的热带雨林与如今相似，而冰期阶段的特点是更干燥、更开阔，但仍以森林为主，其中包括目

新发掘：清理更新世"深头骨"附近的沉积物

在西入口发掘5万多年前的地层

尼亚大洞穴西入口新地层

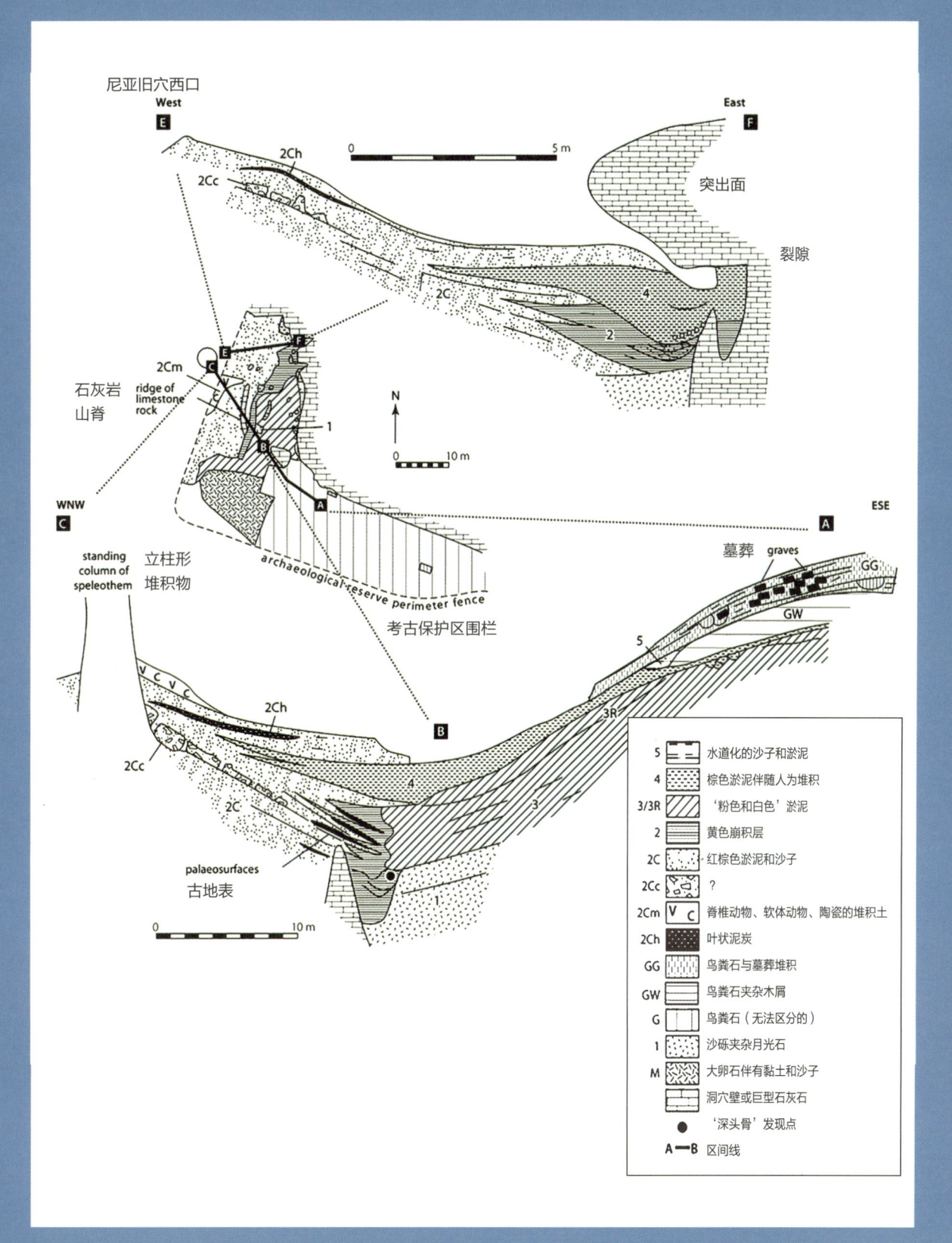

前生长在海拔1000米以上的山地植物和动物物种。二者间的过渡阶段出现了干旱灌丛、干旱低地混交林和山地森林。

我们能够在这个大约3.7万年前的、属于成年女性的"深头骨"上获得直接的铀系测年值。令人惊讶的是，我们已经从头颅上方20—50厘米的沉积物中获得了约4万至4.5万年前的时间信息，而我们认为这就是发现头骨的地方。我们通过对附着在头骨上的沉积物及其中的花粉分析发现，它们是埋藏头骨底部和头骨上方的沉积物的混合物质。伴随头骨发现的一些四肢骨头，使我们得出这样的结论：这可能是某种二次埋葬，有一个挖的坑（没有被原来的发掘者注意到）和埋藏其中的一些脱臼骨头、头骨，导致头骨上黏附岩相2和4中沉积物的混合物。头骨沉积物中有一个有趣的发现是石英晶体，这些石英晶体来自数百英里外的花岗岩，包括海拔4000米以上的京那巴鲁山山顶，很难想象这些亮丽的水晶是如何到达尼亚的，除非借助人力。

智人几乎可以确定是解剖学意义上的现代人类，他们至少从5万年前开始经常到这些洞穴里去，并且显然能够在雨林中顺利生活。他们的石器技术，就像在东南亚岛屿的其他上更新世遗址一样，几乎完全是由当地可用的石头（主要是河卵石）组成的。对这些"简单"石片表面的使用磨损痕迹和附着的有机残留物的研究，为基础工艺技术的重要性提供了强有力的间接证据。它们有各种功用，包括刮削和切割如骨头和木材等坚硬的材料（一些碎片的抛光面与切割或切片竹子和藤类材料是一致的），还有利用在软的植物材料上，切割或刮树脂等。除了树脂之外，工具上的有机残留物包括鸟羽毛碎片、植物纤维组织和淀粉颗粒，表明石器工具被用于许多工作中，包括加工可食用植物，屠宰鸟兽，以及可能存在的手工活，如制篮。从一开始，人们也喜欢把骨头和猪牙制作成尖状器、各种刮刀和穿孔工具，通过它们的使用磨损痕迹可以判断出它们被大量使用并保养。与当时非洲和欧亚大陆的狩猎采集者相比较，东南亚岛屿的第一批现代人类可能只能接触到不堪造就的岩石原料，但是他们发展出的使用石器和许多其他雨林中可用的材料的技术工艺却非常复杂。

在尼亚，第一批狩猎采集者捕猎野猪，以及各种各样的大小型猎物，包括在林冠高处的动物，如猩猩、猕猴、叶猴，以及在地上的水鹿、麂、豪猪、太阳熊、穿山甲，乃至犀牛。他们能够追捕这些动物，因为洞穴的位置使人们可以步行进入包括延河森林、低地热带雨林、山地雨林，及至山地植被在内的多种环境，同样的环境多样性意味着他们可以从河流、溪流、池塘和沼泽中收集可食用的软体动物。主要掠食物种的屠宰时间意味着猎人们使用陷阱和网罗来捕捉它们。屠杀证据最有趣的方面之一是屠宰不同动物的方法不同，这难以从功能性的角度来解释，例如涉及特定骨骼的机械性能，暗示这些早期现代人类对动物世界的分类与我们现在的生物分类有很大不同。

西入口5万年前地层中火山灰的轻微滑移

在一块有5万年历史的石片上有极细微的磨光痕迹，可能是用硬木制作工具时留下的

20 μm

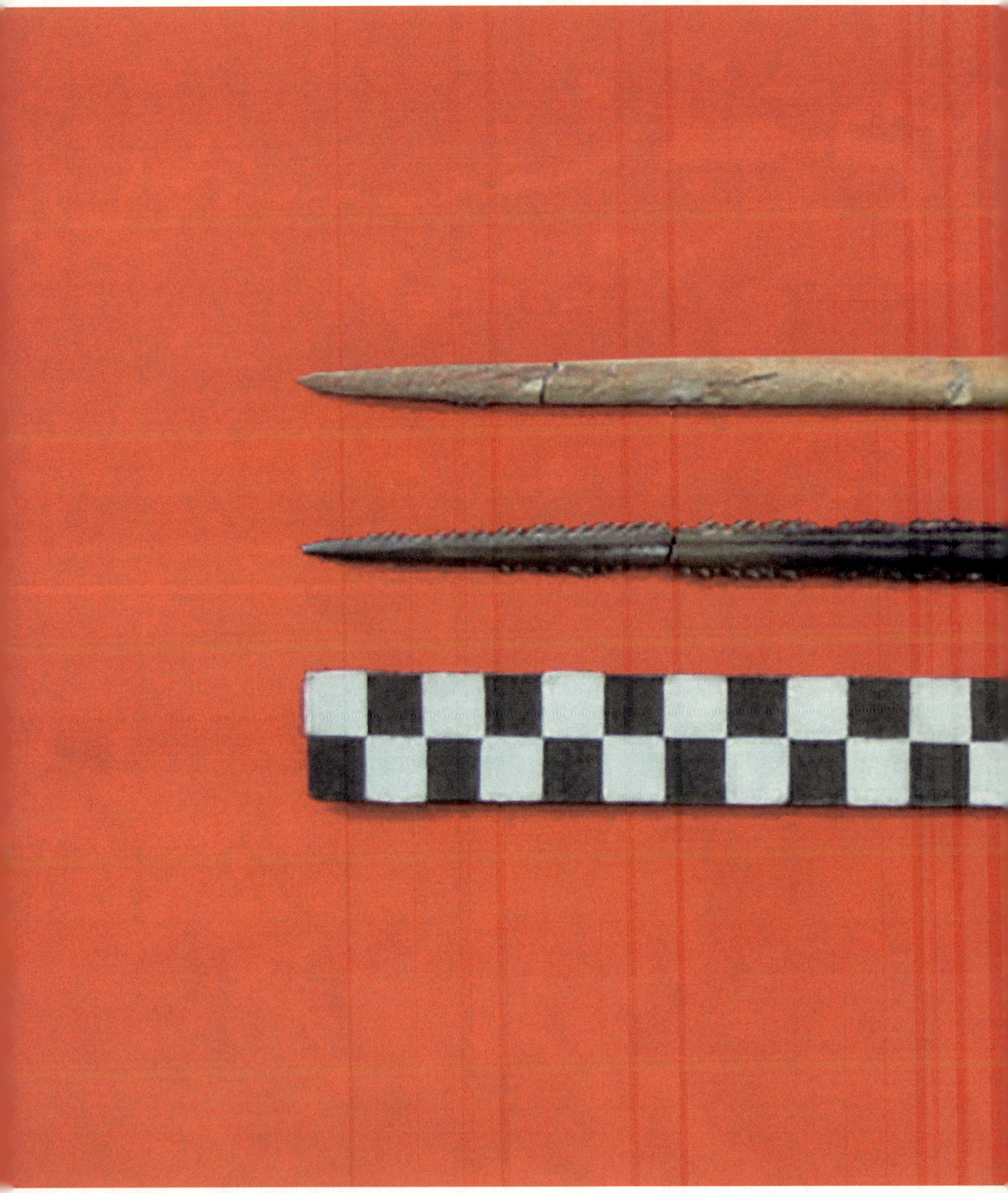

重大田野考古发现奖获奖项目

由骨头（上）和黄貂鱼脊椎（下）制成的尖头器，约1.2万年历史

200 μm

Acc.V Sp
5.00 kV 3.0

024

1	2
3	4	5

图1　黏在黄貂鱼脊椎尖头器上的树脂和纤维，用于将其固定在木轴上
图2　食用山药软组织，3.5万年前
图3　3.5万年前用于去除食用植物毒素的灰坑
图4　在尼亚洞穴的雨林中取花粉芯
图5　在沙捞越雨林里，农民在清理刀耕火种的山坡地。从5万年前，尼亚人就开始砍伐火烧清理森林坡地

髯猪和红毛猩猩是上更新世尼亚人猎杀的主要动物

  石器上的淀粉颗粒和宏观的植物遗存，如浮选法收集的植物薄壁组织（纤维组织），表明这些热带雨林居民也在采集丰富的雨林植物资源，特别是坚果、果实和块茎。后者包括山药和棕榈，例如西米棕榈，这种植物为婆罗洲热带雨林中的现代本南觅食者提供主要碳水化合物的植物。其中一些食用植物含有剧毒，最显著的发现之一是人们已经学会了如何通过将含毒植物和坚果埋在灰烬坑中来释放毒素，以供食用，这是澳大利亚热带原住民掌握的一种技术。爵床花粉和木炭的高峰值正与人类活动的事件一致，表明了从一开始，这些人通过燃烧森林来创造或扩大平整的空间，可能是为了促进他们自己想要的块茎等植物的生长并吸引猎物。在新几内亚内陆地区，发现了大约 5 万年前与人类农业活动有关的森林燃烧的类似证据。"蔬果栽培"（vegeculture）和"树木栽培"（arboriculture）这两个术语是为了描述在稻作农业发展数千年前的全新世早期，在东南亚岛屿实行的森林管理制度。尼亚的证据表明这些行为可能源自更古老的历史习俗，是现代智人首次遇到雨林时为在其中生存而培养出的非凡技能中的一部分。

尼亚全新世景观的重建

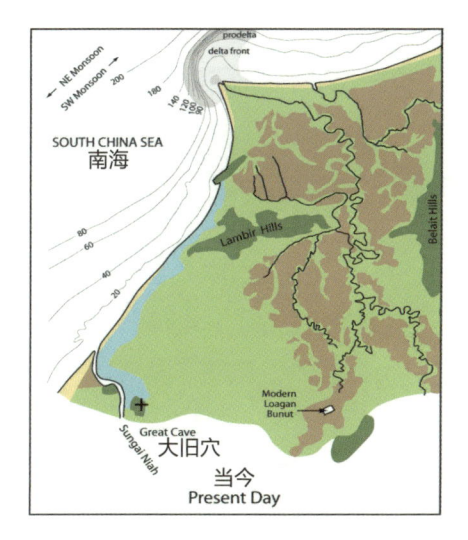

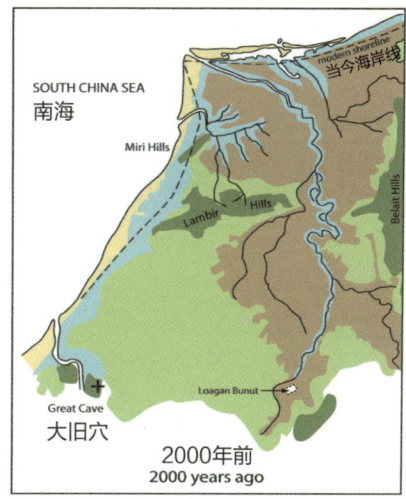

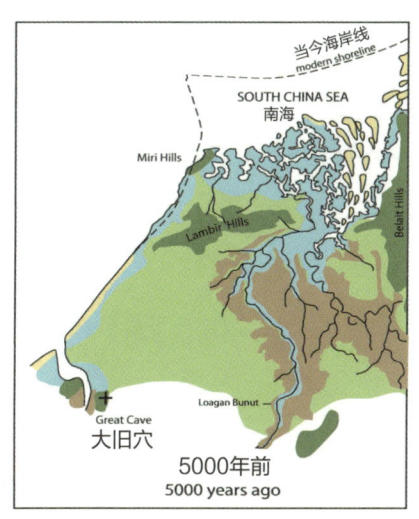

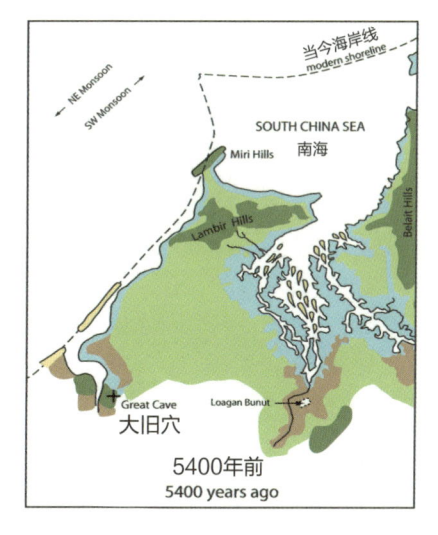

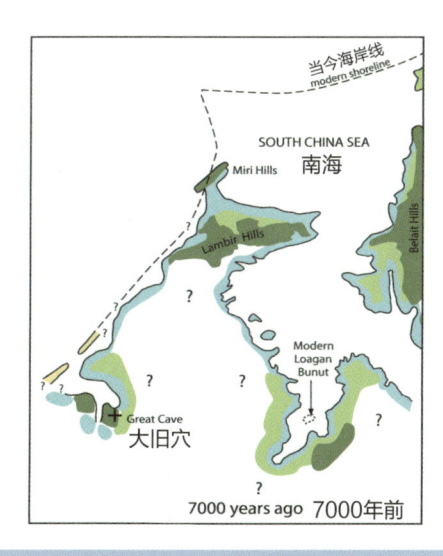

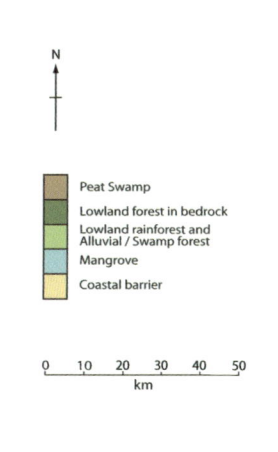

027

西入口新石器时代的墓葬，人类以森林觅食为主，并小规模种植水稻

西入口处厚厚的灰烬堆积说明末次盛冰期后，洞穴被使用的频率和特点明显加强，因为茂密的热带雨林在洞穴周围生长起来。基础技艺变得越来越重要，包括带柄的复合工具投射器，例如两根带有纤维和树脂的黄貂鱼鱼钩。这些和其他投射器的轻便性表明，它们可能主要被设计成鱼叉，尽管长矛和弓箭也被用于狩猎（在全新世时期，吹管出现得很晚，晚至金属工具出现时）。在全新世早期人们在大洞穴的其他入口处露营，但是西入口被用作墓地。丧葬习俗是很多样化的：部分身体的埋葬方式同"深头骨"女性相同，或直肢埋葬，或似胎儿弯曲的曲肢埋葬，头部有时与身体分离，有时甚至身体放在坑底部的火上。人们继续靠森林觅食而生活，花粉残痕表明它们对洞穴周围的景观构成继续产生重大影响。

在海水围绕着这些洞穴的中全新世几千年的间隔之后，具备新石器时代物质文化、但与当地先民有着相同体质特征的人群，在四千年前重返尼亚埋葬尸体。他们最初使用的墓葬形式与全新世早期的相似，但在年龄和性别等方面有更加明确的区分，并可能涉及对直系祖先的崇拜。他们一边小规模地种植水稻，一边进行传统的觅食和蔬果栽培（植物管理），但几个世纪后他们放弃了稻田耕作，也没有家畜。我们的研究结果符合一个新兴的学术体系，这个学术体系越来越怀疑有关 4000 年前台湾航海耕作者的海上播布的"南岛语族假说"；这一体系强调新型社会关系和可能的意识形态的重要性，通过海上联系网将东南亚大陆、东南亚岛屿和美拉尼西亚的沿海聚落联系起来。

许多尼亚洞穴继续被用作墓地直到"金属时代"，也就是距今 2000—500 年或公元 1—1500 年。通过包含了东南亚大陆、印度和中国的贸易网络，具有异域特征的随葬品出现在尼亚旧穴中（陶器、玻璃珠、贝制品和金属制品）。人们继续以森林觅食、植物培育和养猪等小规模农业为生，并在过去一千年间收集金丝燕窝与中国商人进行贸易。奇特的是，尽管尼亚人对大米已经有数千年的认识，但近几个世纪，大米才成为他们的主食。

尼亚洞穴项目的主要成果是，婆罗洲的热带雨林至少在 5 万年前已由人类改造和管理。从西非、中美洲和亚马孙河流域等世界其他地区也可以看到类似的热带雨林历史，但尼亚洞穴的"考古历史"是最长且最丰富的，一位评论家将其描述为"在重建人类热带雨林生存觅食策略的背景下，是全球无与伦比的"。（《世界考古》，2015 年）今天，婆罗洲的本南采集者正在践行他们所说的"molong"或"地景培植"，例如通过去除周边竞争植物来保护西米棕榈。尼亚洞穴的证据表明，雨林管理策略可能从人类开始接触雨林就开始了，这一发现对当今热带雨林保护理论和实践有重大影响，因为这些理论和实践都基于一个假设，即人类是从近 100—200 年开始才对雨林的原始环境产生重大影响的。

新石器墓葬出土的陶器，
器物表面有布筐痕迹

尼亚洞穴项目现场团队

项目负责人简介

格兰厄姆·巴克（Graeme Barker）教授在2004—2014年任剑桥大学考古学迪斯尼讲座讲授，并担任麦克唐纳考古研究所所长。目前，格兰厄姆·巴克教授为考古学迪斯尼荣誉教授，同时也是麦克唐纳研究所高级研究员。1969年，巴克教授毕业于剑桥大学圣约翰学院，获得考古学学士学位，1973年在剑桥大学获得考古学博士学位，现为剑桥大学圣约翰学院院士。他曾先后在英国谢菲尔德大学（1972—1984年）、罗马不列颠学院（1984—1988年）、莱彻斯特大学（1988—2004年）任教。他曾任莱彻斯特大学考古学学院院长（1988—2000年）、研究生院院长（2000—2003年）和该校的副校长（2003—2004年）。1979年，他被选为伦敦古物学会院士；1999年，被选为英国科学院院士；2015年，他被授予大英帝国勋章，以表彰他在考古学方面的贡献。

巴克教授的研究关注于"人类景观"即历史上短期和长期的人地关系如古代人类社会和他们所居住的环境是如何构造并相互转化的，了解过去的关系是否对当下和将来有所助益。正是这样的兴趣使他在不同的生态环境中（温带、半干旱、干旱、雨林地区）以及不同程度的复杂化（从尼安德特人到当今生活在雨林之中的农民和狩猎者）中进行探索与研究。过去，他曾多年关注向农业的转变过程（史前农业革命），但目前他的兴趣主要在于更早的时间段内，如现代人行为的起源以及智人在非洲内外的扩散中所产生的（从环境到认知的）改变。他领导了一系列跨学科的田野工作，如在婆罗洲（Niah洞穴）、利比亚（Haua Fteah洞穴）以及目前正在进行的伊拉克库尔德斯坦区域（Shanidar洞穴）的工作。他已经出版有超过25本书和300篇研究文章。

格兰厄姆·巴克

新石器晚期陪葬品最丰富的墓葬（Bericht RGK 94, 2016）

匈牙利南部下涅克新石器遗址：
公元前六千纪到公元前五千纪绵延1300年的聚落

爱思特·万菲（德国考古研究院）

遗址发现和年代序列

下涅克遗址位于匈牙利西南部，在多瑙河与其外围充满植被的山丘之间，这是一处被称为下乐格兹（Sárköz）的泥泞冲积景观。这处遗址是在高速公路修建时发现的并发掘于2006—2009年。该遗址由不同的团队进行发掘，但是主要持续性的发掘由布达佩斯的匈牙利科学院考古研究中心负责。

无论是在年代还是空间方面，这处新石器时期遗址的居址与墓葬都令人惊叹。首先，它的延续时间十分长：自新石器时代早期至晚期（大约公元前5750年—前4300年）。最初定居于此的是来自巴尔干半岛的欧洲中心LBK文化（Linearbrandkeramik Culture）的农耕移民，之后出现索波特和伦杰尔时期的居址与墓地，这个时期的遗存横向传播覆盖了很大的区域，但并没有形成较深的文化层。以现有的材料来看，时间持续如此之久又没有形成深厚堆积的遗址在匈牙利的新石器时代是史无前例的。其次，伦杰尔时期的占地面积，从房屋、灰坑和墓葬的情况看，达到了前所未有的规模。通过更大规模的地磁勘探，我们完成了大面积的发掘并估算出遗址总占地80公顷左右。下涅克遗址如此大的规模，比以往在匈牙利所发现的新石器时代遗址大至少两到三倍，同时也使该遗址可与东欧铜石并用时代的特里波耶文化中的"巨型遗址"相媲美。

下乐格兹湿地中下涅克遗址方位图（Bericht RGK 94, 2016）

该遗址位于多瑙河和森林丘陵之间的边缘地带（Anett Osztás）

遗址的最早阶段约始于公元前 6000 年，很多早期的新石器时代（如斯塔尔切沃）的特征被揭露出来。最普遍的特征是大型不规则的灰坑以及灰坑群。在其中发现了许多火塘的遗迹，共计发现约有 15 个火塘和 50 个灰坑，大多数形成了灰坑群，还有一些人骨被挤压在地下的火塘里紧贴在灰坑侧壁。通过对发现的 25 座斯塔尔切沃墓葬进行生物考古学的研究，为我们研究葬俗及其起源、饮食、生活习惯，还有斯塔尔切沃人群其他方面提供了契机，这在匈牙利尚属首次。

在斯塔尔切沃和欧洲最古老的新石器文化期（LBK）之后，居址区出现了仅有的一小段空白期。虽然从巴尔干半岛来的移民，如斯塔尔切沃人在 LBK 的形成中扮演了十分重要的角色，但这个过程却发生在下涅克遗址以北地区。几代人过后，早期的 LBK 群体才来到下乐格兹湿地区域，并在周边定居，这其中就包括了下涅克遗址。

LBK 文化人群和从巴尔干半岛北部而来的索波特人的定居点很可能存在一定程度的重合。在遗址东部边缘发现了 10 个大的灰坑群（直径约 2—7 米）和四条大致平行的部分沟渠，同时我们还发掘了一口水井。尽管先前所调查到索波特文化时期的特征相对较少，但利用地球物理的技术，我们发现了一处遗存丰富且意义重大的索波特文化遗迹：包括 18 座索波特文化墓葬，其中有两座合葬墓格外重要。死者大多为屈肢葬，相比于当地的新石器时代人群，这批墓主更高大强壮。很多墓葬中随葬有罐子、海菊蛤饰品、有缺口且抛光过的石器等。这组墓葬是匈牙利目前所发现的最大的一处墓葬，并且各类的生物考古学研究都已展开。此外，沟渠系统也是相当重要的发现。

在新石器晚期的伦杰尔时期，下涅克的居址使用率达到了顶峰。近 9000 个遗存被发现，包括有柱洞的 122 座房子、灰坑和灰坑群，以及近 2300 座墓葬。在 80 公顷的发掘区域内，几乎随处可见伦杰尔时期的居址和墓葬。

在同一遗址中发现 122 座坚固的木框房屋，这在同地区同年代是前所未见的。地球物理勘探技术可以探测出更多信息。这些房屋可以帮助我们更好地理解伦杰尔文化人群的建筑以及生活习惯。

伦杰尔文化墓葬的数量和特殊的埋葬方式使下涅克遗址变得十分重要。相比其他重要的伦杰尔文化新石器晚期遗址仅有数百座墓葬的情况而言，这处遗址所发现的 2350 座墓葬在欧洲早期农业记录中是独一无二的。大多数墓葬被组建为墓群，在居址的不同区域形成小型的核心墓地。在整个遗址的范围内，发现有 92 组墓群。最小的一处包含有 25—30 座墓葬，最大的一处约有 100 座墓葬。除了墓群之外，还发现几处独立和分散的墓葬。一些是嵌于灰坑之中，其他的一些位于之前房屋所处的地方，还有一些被平均分成小组。下涅克遗址大量的墓葬和丰富的随葬品为人体骨骼、古病理学及人口上的调查，葬俗和社会分化的考古学分析，以及随葬品所反映的长距离网络和交换活动等议题的研究提供了难得的机会。

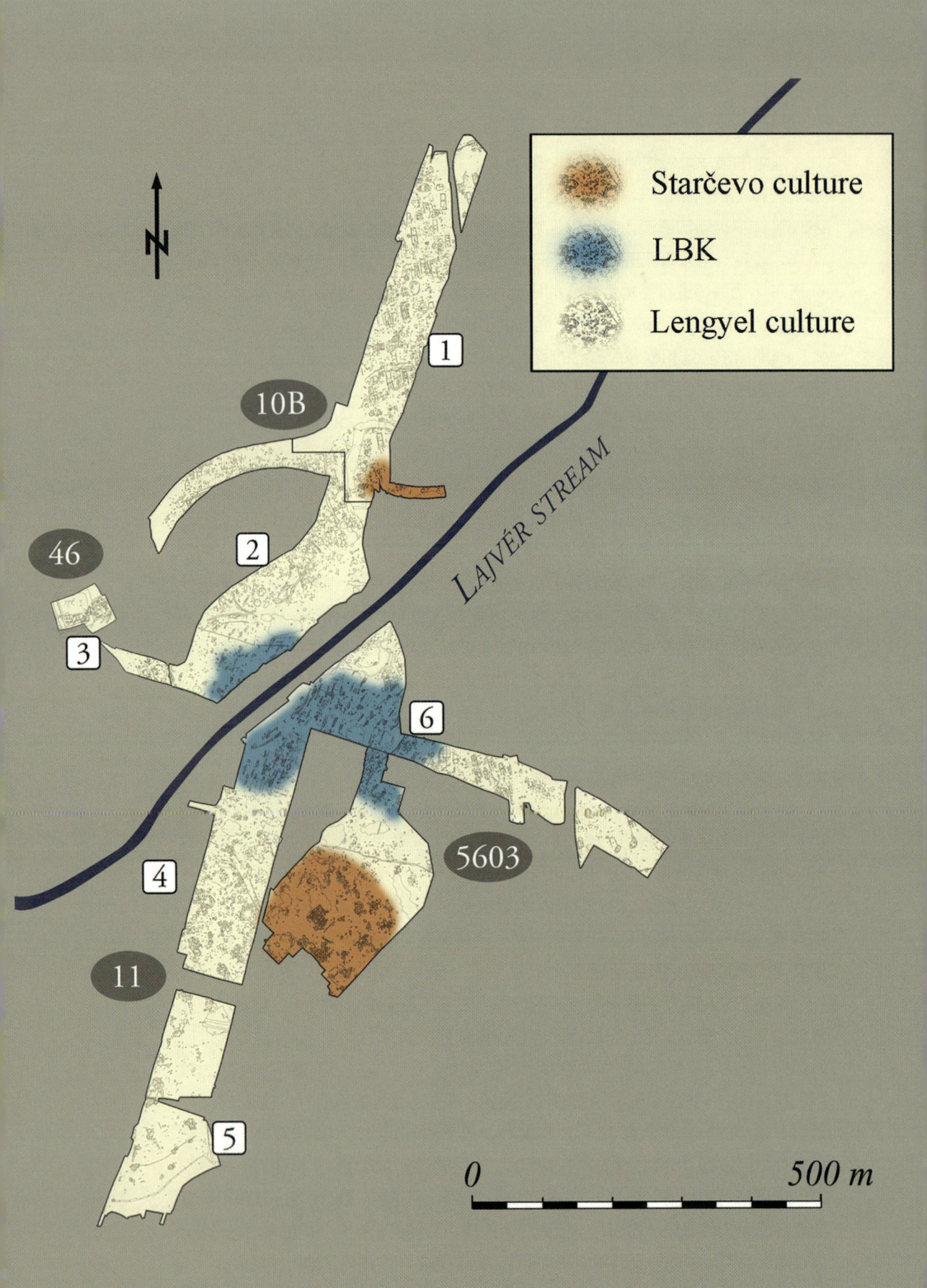

发掘区和新石器时代主要阶段的遗址范围（Bericht RGK 94, 2016）

发掘面鸟瞰图
（匈牙利科学院人文科学研究中心考古研究所提供）

研究新进展：广泛的考古学和其他科学调查

　　这项工作需要跨学科研究团队的长期合作。这个团队由爱思特·万菲（Eszter Bánffy）领导，她和蒂博尔·马顿（Tibor Marton）以及安特·奥塔斯（Anett Osztás）一同负责斯塔尔切沃遗存的分析。同时奎斯汀·欧罗斯（Krisztián Oross）和蒂博尔·马顿负责对LBK和索波特文化阶段的工作。安特·奥塔斯以伦杰尔的房屋建筑和居址结构作为他的博士论文研究对象。作为遗址发掘的成员之一，奎斯提娜（Krisztina Somogyi，ÁSATÁRS 文化、考古服务和商业有限公司），正以与伦杰尔文化房屋相关联的陶器的生产作为她博士论文的研究方向。伊思万·扎莱盖尔（István Zalai-Gaál，今年不幸去世）参与了墓葬和随葬品的分析，研究内容包括随葬品的类型学、相对年代以及与邻近地区之间的联系、还涉及社会考古方面。所有的整理工作和遗物分析得到了匈牙利科学研究基金会（OTKA:K 81239）的资助。

　　生物考古学工作同样在进行之中。近2500具人类遗骸的体质人类学和古病理

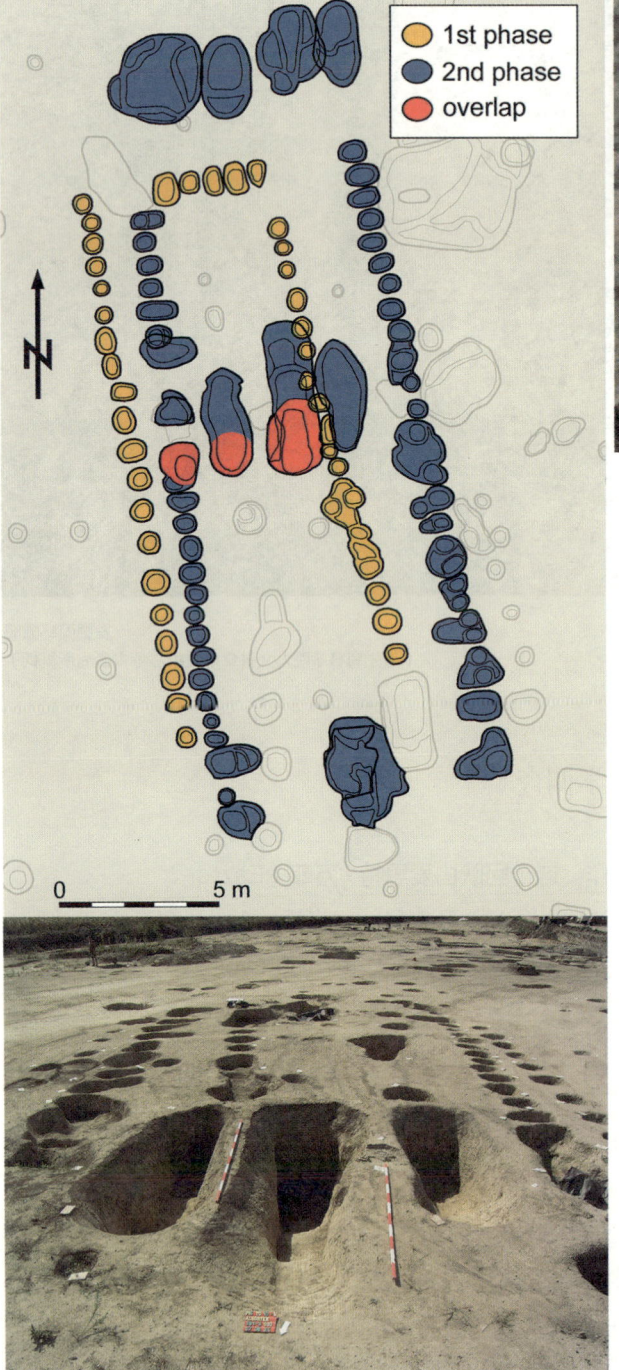

新石器晚期房址（Anett Osztás）

重大田野考古发现奖获奖项目

发掘区域（Anett Osztás）

火塘中发现的新石器早期的骨骸（Anett Osztás）

新石器晚期墓葬群（Bericht RGK 94, 2016）

新石器晚期显示有骨结核特征的骨骼（Köhler et al 2012）

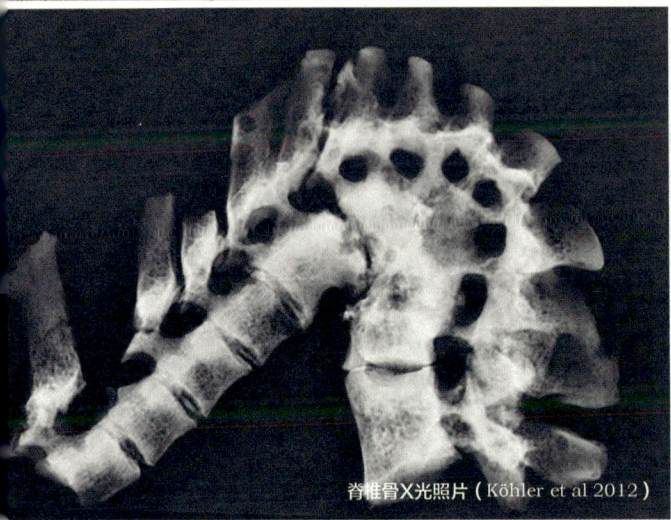

脊椎骨X光照片（Köhler et al 2012）

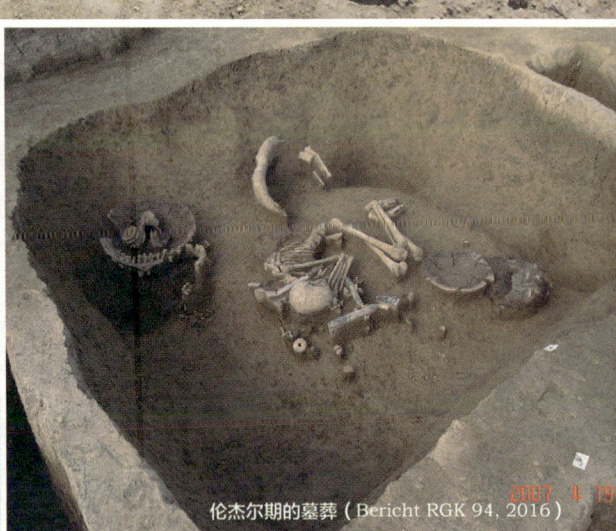

伦杰尔期的墓葬（Bericht RGK 94, 2016）

最晚阶段墓葬中出土的铜饰（Bericht RGK 94, 2016）

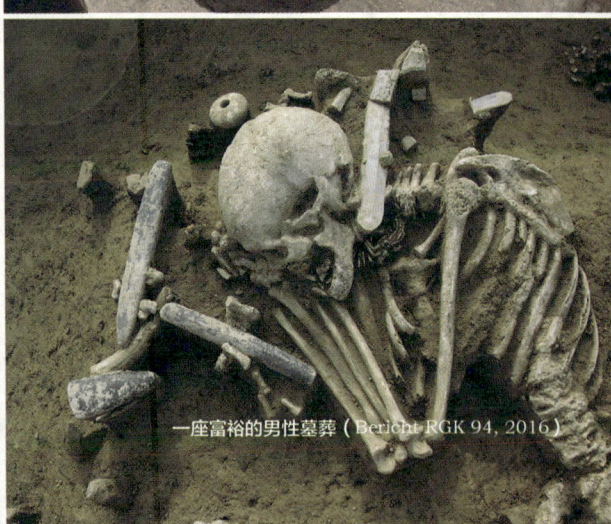

一座富裕的男性墓葬（Bericht RGK 94, 2016）

学的研究由科迪·霍尔（Kitti Köhle，匈牙利科学院人文科学研究中心考古研究所）负责，她以862座伦杰尔墓葬作为其博士论文的主题内容，这些骨骼遗存为多项国际合作提供有利材料。2009—2013年，她受德意志研究基金会支持（Kurt W. Alt 和 Eszter Bánffy），与美因茨大学人类学系合作进行关于aDNA和稳定同位素的取样。安娜·孜赛因（Anna Szécsenyi-Nagy，匈牙利科学院人文科学研究中心考古研究所）成功地研究了下涅克遗址所有文化阶段中（除LBK）的68个线粒体DNA的样品。在她的博士研究中，她研究了来自多瑙河流域（Transdanubian）的几百个线粒体DNA样品。她关于欧洲第一位农民的基因源头的研究结果已经发表（Szécsényi-Nagy 等, 2015年）。在大卫·莱西（David Reich，哈佛医学院）、乔纳斯·克劳斯（Johannes Krause）和沃夫冈·哈克（Wolfgang Haak，德国马克斯·普朗克人类历史科学研究所）的共同参与下，新一代的（染色体的）aDNA研究仍在进行。同时，艾历克斯·墨瑟（Alex Mörseburg，美因茨大学人类学研究所）正在进行人类和动物骨骼稳定同位素分析。

有关日常饮食习惯及变化、人群移动和迁徙以及传染病在内的病理学等方面的问题上，相信新的研究将会给出答案，这也是先前骨胳学和微生物学分析结果的有力延续。在下涅克遗址中，伦杰尔人群中所发现的结核病是欧洲此类疾病最早的案例之一。科迪·霍尔根据身体人类学的改变，在13号墓群中第一次鉴别出了这一情况。这组墓葬古病理学的分析得到了艾瑞克·莫纳尔（Erika Molnár）和优格·庞尔飞（György Pálfi，赛格德大学生物人类学系）的补充和帮助。安娜马瑞·波萨（Annamária Pósa，匈牙利科学院人文科学研究中心考古研究所）对这组墓群中所有个体先后进行了古微生物的分析。芭拉兹·蒙德（Balázs G. Mende，匈牙利科学院人文科学研究中心考古研究所）正着手了解这种疾病对伦杰尔社会的广泛影响。

此外，一个生物地球化学的项目已启动。这项在海德堡大学的由德国科学基金会（DFG）主要资助的项目，主要关注新石器早期牛奶的消费和欧洲东南部饮食结构的改变，正在分析下涅克遗址中斯塔尔切沃的陶器和石器（饮食文化：欧洲东南部早期农业食物技术和古饮食结构的跨学科研究由玛丽亚·伊万诺娃·比格主导）。与此相关，安哥拉·库乐兹（Angela Kreuz，德国黑森州考古、古生物与文物保护机构）正在研究斯塔尔切沃时期的植物遗存。艾娃·尼耶格斯（Éva Ágnes Nyerges，匈牙利科学院人文科学研究中心考古研究所）正在为了她的博士项目（关注新石器时期的农业转变）进行下涅克遗址的动物考古学研究。卡塔·兹拉伊（Kata Szilágyi，塞格德弗拉费伦茨博物馆）从技术和原料的角度出发，以新石器晚期大量出土的碎石材料作为她的博士论文选题。鲍尔·苏梅（Pál Sümegi）和他的同事（塞格德大学地质与古生物系）正在负责古代环境的复原，其中包括软体动物的分析和贝饰的研究（海菊蛤和角贝）。通过与"他们生活的时代"项目

042

一座富裕的女性墓葬（Bericht RGK 94, 2016）

的合作，我们建立了遗址的绝对年代序列，并利用贝叶斯统计模型进行阐释。主要研究者阿拉斯戴尔·惠特尔（Alasdair Whittle，卡迪夫大学）和艾历克斯·贝丽兹（Alex Bayliss，英国历史协会）还关注于下涅克遗址放射性碳同位素的年代问题。为了解新石器时期聚落的大小和空间布局，在与爱思特·万菲领导下的德国考古研究所（法兰克福）罗马—日耳曼委员会的合作中，除了下乐格兹地区的新石器遗址，还对下涅克遗址勘察过的区域集中进行了地磁调查。

最后，同样重要的是，在布达佩斯新成立的罗马—日耳曼委员会研究站使爱思特·万菲能够为这些持续的学术工作提供经济资助，并且指导博士研究生的调查，促进关于下涅克遗址和下乐格兹新石器时代的大规模且多学科的合作与研究。

进一步研究：截至目前的成果

有关遗址和发现的部分研究已经发表，有初步报告（Bánffy et al. 2010; Gallina et al. 2010; Gelencsér 2010; Majerik et al. 2010），也有一些专题研究的文章（Zalai-Gaál 2008; 2013; Zalai-Gaál / Osztás 2009a; 2009b; Zalai-Gaál et al. 2009; 2010; 2011a; 2011b; 2012a; 2012b; 2014a; 2014b; Osztás et al. 2012; Köhler 2012; 2013; Köhler et al. 2013; 2014; Nyerges 2013; Somogyi / Gallina 2013; Serlegi etal. 2013; Szécsényi-nagy et al. 2015; Rassmann et al. 2015; Pósa etal. 2015）。在阿拉斯戴尔·惠特尔、艾历克斯·贝丽兹和全体英国—匈牙利团队的共同参与下（Bericht der Römisch-Germansichen Komission 94, 2016: 1—361），一本关于遗址年代的专题卷已于 2016 年出版。最新一篇论文刊载于《自然》，文章由库特·阿尔特（Kurt Alt），爱思特·万菲和安娜·孜赛因撰写，内容是关于下涅克遗址的骨骼遗存与其他更早的生物考古学信息的比较研究，他们以 aDNA 技术分析了农业的扩散以及当地狩猎采集者和外来者之间的互动（Lipson et al 2017）。有关下涅克遗址和其相关发现还会在未来几年继续开展。

布达佩斯考古研究所中关于下涅克遗址的研讨会

匈牙利团队成员

最早地层中出土的女性泥塑像
（布达佩斯匈牙利科学院人文科学研究中心考古研究所提供）

新石器晚期墓葬中出土的陶器（布达佩斯匈牙利科学院人文科学研究中心考古研究所提供）

项目负责人简介

爱思特·万菲（Eszter Bánffy）教授就职于匈牙利科学院，主要从事史前欧洲的研究工作，同时关注理论问题和遗产保护问题。她目前正在领导一个大型的研究团队，联合了英国、德国、美国和法国的研究人员。作为荣誉教授，她同时在罗兰大学（布达佩斯）和塞格德大学（塞格德）指导博士研究生。她曾在欧洲和美洲的多所大学进行演讲，并在哈佛大学做过访问教授。2013年起，她被任命为位于法兰克福的德国考古研究所罗马—日耳曼委员会主任。来自于欧洲14个国家的罗马—日耳曼研究者特别关注欧洲西北部到东南部以及喀尔巴阡盆地，目前与布达佩斯研究所的联合研究正在进行。爱思特·万菲目前已出版8本专著和多本学术论文集，以及超过120篇的章节与文章。她的研究在欧洲大多数国家、日本和美国都有出版。2005—2011年，她曾在欧洲考古学家协会（EAA）任职。她目前担任欧洲考古学家协会蒙特留斯基金会主席。2014年她成为欧洲考古学家协会专题系列丛书的编辑。2017年，她被选为英国人文和社会科学院院士。

爱思特·万菲

沙洛姆·科维勒尔绘制

国王之水——大希律王在马萨达的水资源管理

盖尔·斯迪拜（以色列特拉维夫大学）

2017 年 2 月，盖尔·斯迪拜博士带领以色列特拉维夫大学的考古考察队重返世界遗产马萨达国家公园。马萨达城堡是由大希律王（公元前 37—前 4 年）在荒芜的朱迪亚沙漠中建造，靠近死海的西岸。该城堡是犹太人在第一次反抗罗马时期的避难所，也是公元 73 年著名的围城之战的所在地。犹太史学家约瑟夫（Flavius Josephus）在其《犹太人的战争》（Bellum Judaicum）中详细记述了这个地方戏剧性的终结。公元 5—7 世纪，这里成为拜占庭时期在米迪亚沙漠地区中最偏远的基督教修道院。干旱的气候和偏远的位置使该处遗址的建筑和其他一些物质文化材料保存良好。该遗址于 1806 年首次被记载，在 1838 年被称为马萨达。20 世纪 60 年代，希伯来大学的也丁·亚丁教授（Yigael Yadin）曾在此指导了大量的发掘工作。随后在 1989 年和 1995—2001 年，更多的发掘工作在遗址的高原地区展开。

此次考察工作重点集中于尚未发掘的区域。在马萨达的 6 个新的发掘区中，有 4 个发掘区是由彼得和娜奥米·纽斯塔特考古队进行发掘的。他们主要研究与大希律王有关的课题，如水的收集与装配，以及园艺。大希律王也许是最伟大的东罗马帝国的缔造者之一。在公元前 1 世纪的下半叶，他的统治标志着从希腊文化向罗马文化风格的过渡。在这期间，他向朱迪亚地区引进了新趋势、新设计和新技术。在他的建筑设计中，最鲜为人知的是与水相关的技术和水的使用方式。在沙漠上建设一系列宫殿式城堡是大希律王积蓄山洪暴雨超强能力的体现。充足的

艾薇罗南·米夏埃尔拍摄

水资源，可以让国王的建筑师们利用它们来供养他的奢华设施与水池，同时可以用来维护荒漠里的大片私家园林，并保证了精细农业得以存在。本项目为上述方面的研究提供了初步的观察结果。

我们此次的考古工作主要关注以下几个方面：遗址周围和遗址内部的水源管理，以及山顶宫殿中的水资源利用。先进的拍照测量技术（包括无人机的使用）为我们提供了遗址及周边地区的三维模型。该项技术除了测算和收集建筑材料的体量外，它还能给我们提供一个有关水的收集系统的精确记录，以及水被带入这个遗址中的轨迹记录，所以我们可以重新测算遗址中"流道痕迹"的年代。因此，我们最近才发现这个遗址可以追溯到罗马围城时期。然而，对于新发现部分的详细记录显示它的建造年代是大希律王时期。同时在小径上还发现了几只驮兽的铁鞋。新的测年结果使约瑟夫希腊文本有了新的解读，这显然表明我们发现了这个遗址中的"西方因素增长"现象，这一现象在古代历史学家的记录中一般被认为是希律王所建（BJ 7.289）。未来的探测计划主要是提取光释光（OSL）的样品，从而能够为我们提供更为准确的年代信息。在过去五年间，以色列的同行们也将其作为梯田测年计划的一部分，展开了工作。

充足的水使希律王为他的宫殿布置新增了一个组成部分，即休闲时间概念的引入：佳境（locus amoenus）。皇家公园在干燥隔绝的地方出现并繁荣起来，最主要是归功于流行于希律王时期先进且复杂的水利系统，它可以为当地的居民提供4万立方米的水量！同时在山顶上还建造有石坝、水渠和蓄水池，因此在马萨达高地上发现三个洗浴场所和一个游泳池也就不足为奇了。对1924年英国皇家空军的一张旧航拍照片的最新分析表明，这里很有可能还有另外两座蓄水池。由于玻璃底片的发展，我们在遗址中心的位置发现了这两个蓄水池，这些蓄水池还包含一些重要装置的水管道。在半个多世纪以后，拜占庭的隐士们将它们再次利用起来，并且新建了一个修道院。这一活动，不仅在古代文献中被提到，而且还得到物质遗存的进一步佐证。

如前所述，希律王在马萨达沙漠地区滥用水资源的情况，无疑体现在园艺上。约瑟夫的记录暗示了马萨达很可能是作为皇家园林和农业活动的场所来使用。

> 保护国王的山顶，那里的土地比任何山谷的都要肥沃、松软，利于耕作；当难以寻求外援时，那些将自身安全托付给要塞的人，不会被困难击垮。（约瑟夫《犹太战争》7.288）

奥默·泽埃夫绘制

海·阿斯凯纳齐拍摄

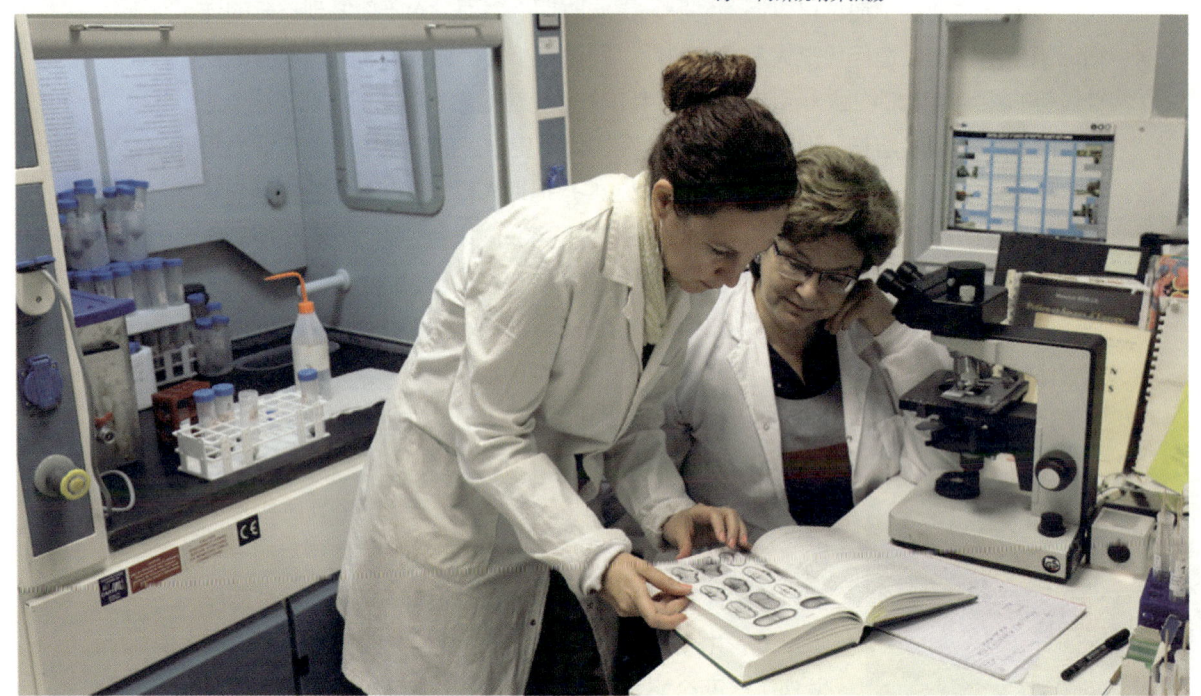

萨沙·福利特拍摄

马萨达考古队（萨沙·福利特拍摄）

开发能够让我们在一定程度识别这些活动和相关设施的科学工具和方法，对我们来说是一个极大的考验。因此，皇家园林中关于希律王种植的情况和这个遗址内植物状况的检测是通过与特拉维夫大学达夫·兰古特（Dafina Langgut）博士的植物考古实验室合作进行的。我们进行了先进的花粉采样和土壤样品分析，同时对微炭进行了研究。因此，皇家园林中关于希律王种植的情况和这个遗址内植物状况的检测是通过与特拉维夫大学达夫·兰古特（Dafina Langgut）博士的植物考古实验室合作进行的。我们进行了先进的花粉采样和土壤样品分析，同时对微炭进行了研究。

利用兰古特等人（2013年）开发的技术，在北部宫殿上阶台的发掘中，我们成功地从地表以下1.2米深处的石膏结构中提取出了一些橄榄（*Olea europaea*）的花粉颗粒和葡萄（*Vitis vinifera*）的花粉颗粒。虽然还需要进一步的发掘和进行植物遗存的收集，从而使我们了解得更为全面，但就像斯迪拜所提出的那样，这些初步的结果已经指向了在这个阶梯地区存在小丛林。（注：ViridaLium 为拉丁语词汇，表示面积不大的阔叶林。）

在高地南部的发掘中，我们发现了一些植物遗存，它们似乎在这片农田中起到了化肥的作用。此外，为了提取植物微痕，这些沉积物的样品已经被提取和分析。令我们惊讶的是，在上层与碳屑混合的土壤中还发现有葡萄（*Vitis vinifera*）的花粉颗粒。我们还确定了微炭的存在，发现土壤上层中的微炭多，说明了这种肥料一直在被使用。早期元首的古典作家，如老普林尼（Pliny the Elder）和哥伦米拉（Columella），他们描述了将木炭和木灰作为某些作物肥料的情况。事实上，老普林尼甚至认为这些木灰对于葡萄的成熟有良好的促进作用（老普林尼，《自然史》，17.49）。进一步的发掘工作将会验证在朱迪亚沙漠中，马萨达宫殿式城堡的顶部是否有一个小型的葡萄园。

以色列一位著名诗人耶胡达·阿米亥（Yehuda Amichai），为朱迪亚沙漠写过一本诗集《睁眼的土地》（*Open Eyed Land*）。其中的一篇写道：

> 养蜂人不会将蜂房放在这里，但是人们有时会在这种荒芜的环境中获得比其他任何地方所获得都要甜的蜂蜜。

在当今世界上，全球变暖和水资源短缺的威胁正变得越来越明显，了解干旱地区水资源的管理方法似乎与我们的社会密切相关。此外，通过发现这些对干旱气候的适应性调整，可以为研究古代农业和经济提供新的见解，也许还可以帮助一些已灭绝的植物找到生机。

萨沙·福利特拍摄

项目负责人简介

盖尔·斯迪拜（Guy D. Stiebel）就职于特拉维夫大学，担任高级讲师和马萨达纽斯塔特考古队的负责人。他在希伯来大学获得考古学和哲学学士学位（1991年）和考古学硕士学位（1994年）。此后，他在英国伦敦大学学院获得古典考古学博士学位（1997年）。他的博士论文题目为《Armis et litteris——从考古和历史文献中看早期罗马时代巴勒斯坦的军事装备》（2007年）。2007—2011年，斯迪拜在希伯来大学做博士后研究，其研究内容主要为战争卷轴（1QM）的现实问题。1995—2010年，他与埃胡·德网（Ehud Netzer）教授共同担任马萨达考古工作的负责人。从2017年开始，斯迪拜代表特拉维夫大学指导在马萨达的考古工作。盖尔·斯迪拜写作了大量关于军事考古和历史、军事物质文化、罗马耶路撒冷以及历史文献和考古学之间界限的书籍。近年来，他的研究集中于避难所的考古学研究，以及在东罗马的园林与水设施的考古学研究。斯迪拜是以色列里程碑委员会（IMC）和伦敦以色列考古学会（AIAS）的成员之一。同时，他还是几家重要期刊的编委会成员。

盖尔·斯迪拜

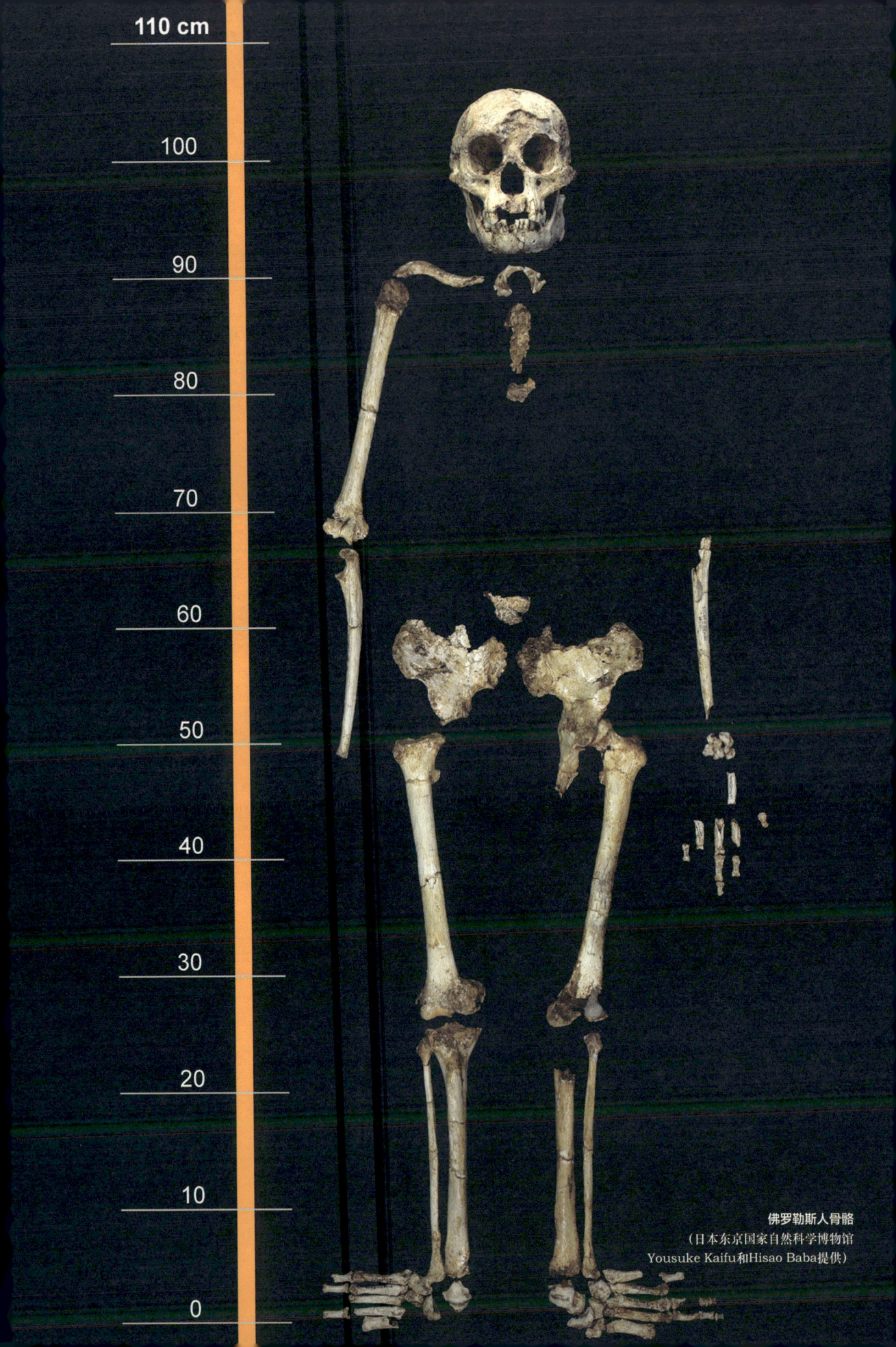

佛罗勒斯人骨骼
（日本东京国家自然科学博物馆
Yousuke Kaifu和Hisao Baba提供）

印度尼西亚梁步亚遗址出土佛罗勒斯人的地层学和年代学修订

托马斯·苏提那（澳大利亚伍伦贡大学）
马修·塔休瑞（加拿大莱克黑德大学）

佛罗勒斯人是在更新世晚期灭绝的人种之一，在印度尼西亚佛罗勒斯岛的山洞沉积物中发现后，引起了世界范围内激烈的学术讨论以及在任何学科中都很罕见的公众热点。2004年10月28日，《自然》杂志公布了这一发现：有这样一种新发现的人类，他们同样是双腿直立行走并且可以使用石质工具，但是成年人的直立身高只有一米左右，而且大脑极小，仅与大猩猩的脑容量（400 CC）相当；此外，他们还具备过去150万年以来的人类所消失的其他原始特征。这一震惊世界的发现直到今天仍被大家关注。它表明，更新世晚期人类的生物学和文化多样性要比今天只剩下智人（现代人类）复杂得多。换句话说，我们曾经和其他人种的人类共享这个地球，包括尼安德特人、丹尼索瓦人和佛罗勒斯人。佛罗勒斯人究竟遭遇了什么到目前为止还所知甚少，但是最近，基于过去十年考古工作的证据表明，佛罗勒斯人应该在约六万到五万年前从梁步亚地区消失，而不是以前认为的一万八千到一万两千年前。

最初测年结果被定在九万五千到一万两千年之前，这一结果意味着佛罗勒斯人在佛罗勒斯生存的时间晚于现代人离开东南亚群岛并抵达澳大利亚的时间（约5万年前）。在佛罗勒斯地区，现代人和佛罗勒斯人有三四万年的重合时间自然让人困惑和难以解释，相对于更新世晚期澳大利亚和其他东南亚岛屿更倾向于现代人

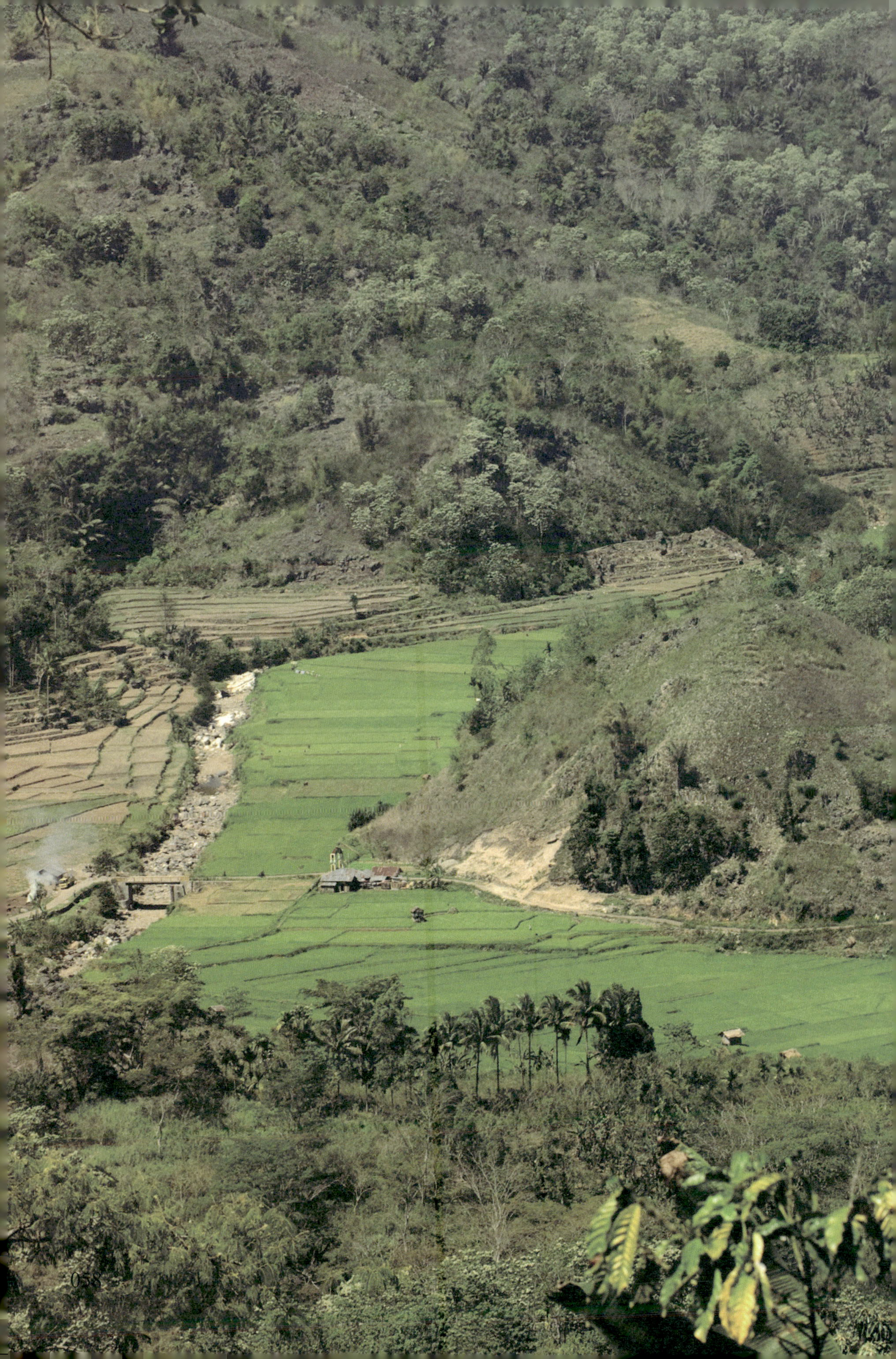

Liang Bua Cave

梁步亚洞是印度尼西亚佛罗勒斯岛的一个石灰岩洞穴
（梁步亚团队提供）

060

从梁步亚洞内拍摄
(梁步亚团队提供)

发掘梁步亚洞穴更新世晚期堆积
(梁步亚团队提供)

梁步亚洞穴外景（梁步亚团队提供）

2013年梁步亚洞穴6米深的地层中出土佛罗勒斯智人的发掘现场
（梁步亚团队提供）

梁步亚洞穴遗址出土的更新世晚期动物群复原（秃鹳、佛罗勒斯岛屿剑刺象、科莫多巨蜥、巨鼠）
（日本东京国立自然科学博物馆提供）

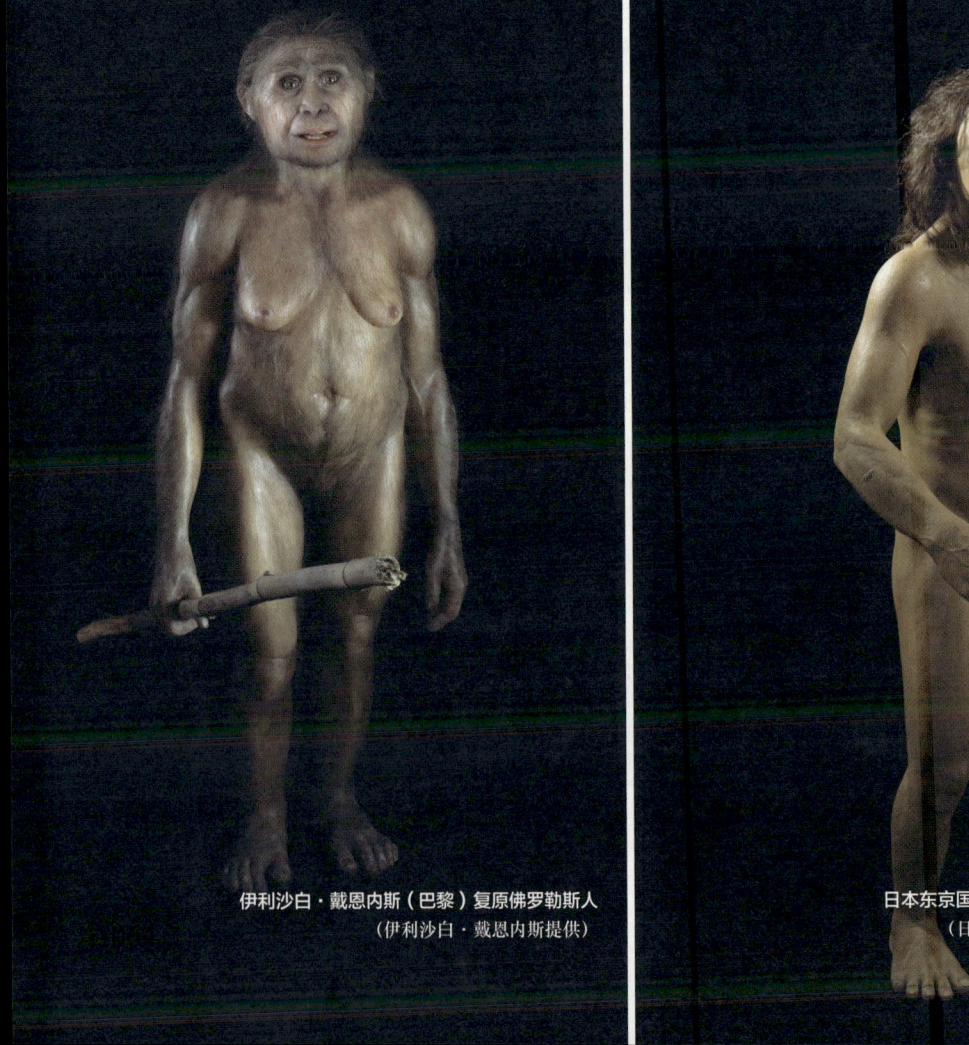

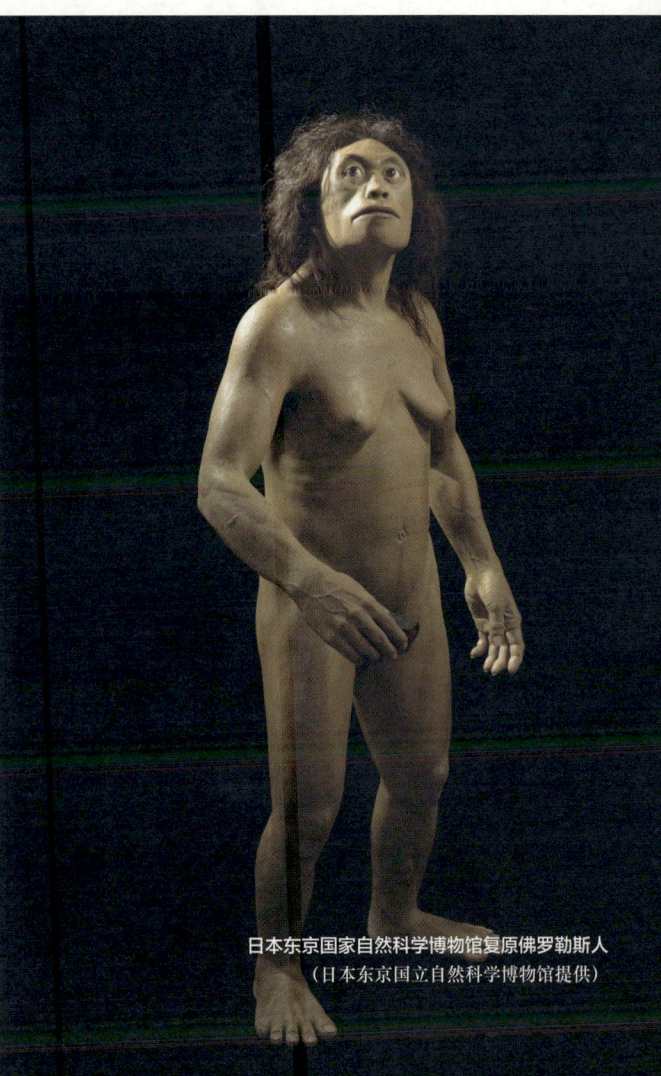

伊利沙白·戴恩内斯（巴黎）复原佛罗勒斯人
（伊利沙白·戴恩内斯提供）

日本东京国家自然科学博物馆复原佛罗勒斯人
（日本东京国立自然科学博物馆提供）

类的证据而言。而佛罗勒斯地区最早的现代人类的证据也来自梁步亚，且年代限制在一万一千年。不过，对梁步亚进一步的发掘和研究澄清了这个年代学的问题。

基于最新的地层学和年代序列证据，现在佛罗勒斯人骨骼被认为在 10 万到 6 万年之前，与其相关的石器的年代区间为 19 万和 5 万年前。地层学上，佛罗勒斯人相关沉积层的年代为 4.6 万年前。在佛罗勒斯人最早被发现的地区，其所在基层的上表面被侵蚀并向北向下急剧的倾斜。在基层之上是年代晚于 2 万年的沉积，就是这些沉积造成了先前年代判断的错误。经过校对的年代基于对三个个体骨骼的放射性铀测年。正模标本与其他两个成年人的尺骨的放射性铀测年说明沉积的最小年代范围是 86.9 ± 7.9 到 71.5 ± 4.3 ka（LB1），71.4 ± 1.1 到 66.7 ± 0.8 ka（LB2）和 66.0 ± 4.3 到 54.6 ± 2.1 ka（LB6）。所有和佛罗勒斯相关的骨骼和文化遗物所在的地层都在 6 万到 5 万年前的火山喷发碎屑（T1 和 T3）之下。这一测年结果综合了红外释光、热释光和同位素测年等多种测年方法。另外，可信的证据表明，现代人出现于佛罗勒斯地区的年代在 4.1 万年前，甚至可能早到 4.6 万年前。

作为佛罗勒斯人的典型遗址，梁步亚对佛罗勒斯人的消失时间和原因的相关理论的检测至关重要。但对 5 万到 2 万年前的沉积的发掘很有限。2017 年，在洞穴中后部约 12 平方米的新发掘专门针对的问题是：相关大型动物群的存活年代是否晚于 5 万年前？之所以选择这个区域发掘，是因为之前的试掘表明这些沉积的年代在 5 万到 2 万年前，并且发现了超过 3000 件在原址保留的遗物和 4.7 万件过筛发现的遗物，这些发现还需进一步鉴定分析。到目前为止还没有确定的佛罗勒斯人和大型动物骨骼的发现。只有一片剑齿象的牙釉质碎片被发现，但那显然是来自更早的地层。相反的是，所有发现的遗存都是小型动物，多是老鼠和蝙蝠。这表明这里的佛罗勒斯人和其他大型动物可能在 5 万年前已经灭绝，但这也需要对佛罗勒斯其他地区的进一步研究。如果在佛罗勒斯其他地方，这些动物群在距今 5 万年以后还存在，很可能在它们最终灭绝之前都没有再返回梁步亚。相反的，我们发现的人类活动证据包括灶的使用特征，以及以相近比例的燧石和硅化凝灰岩制作的石器，都表明了与现代人的相关性而不是佛罗勒斯人。所有的证据表明，虽然直到全新世早期现代人类分布于梁步亚的人口密度都很低，但在此地的最早出现于 4.6 万年前。在佛罗勒斯地区的考古发掘中，佛罗勒斯人在 5 万年之后是否还存在仍然是需要进一步解决的问题。

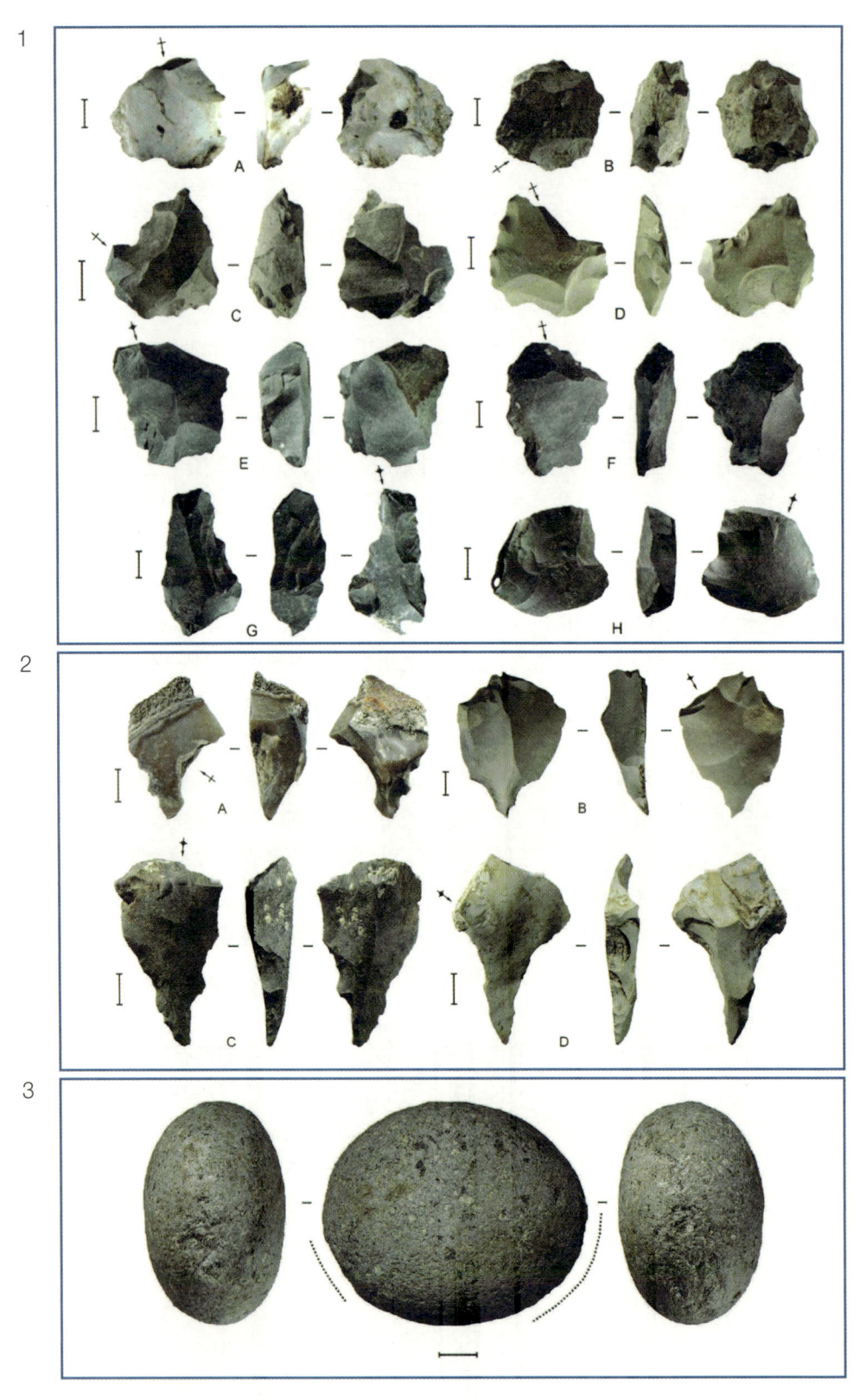

梁步亚出土的石器：①空白石片核；②石片加工成的石锥；③河卵石锤，尺寸为1cm

（马克·摩尔供图）

重大田野考古发现奖获奖项目

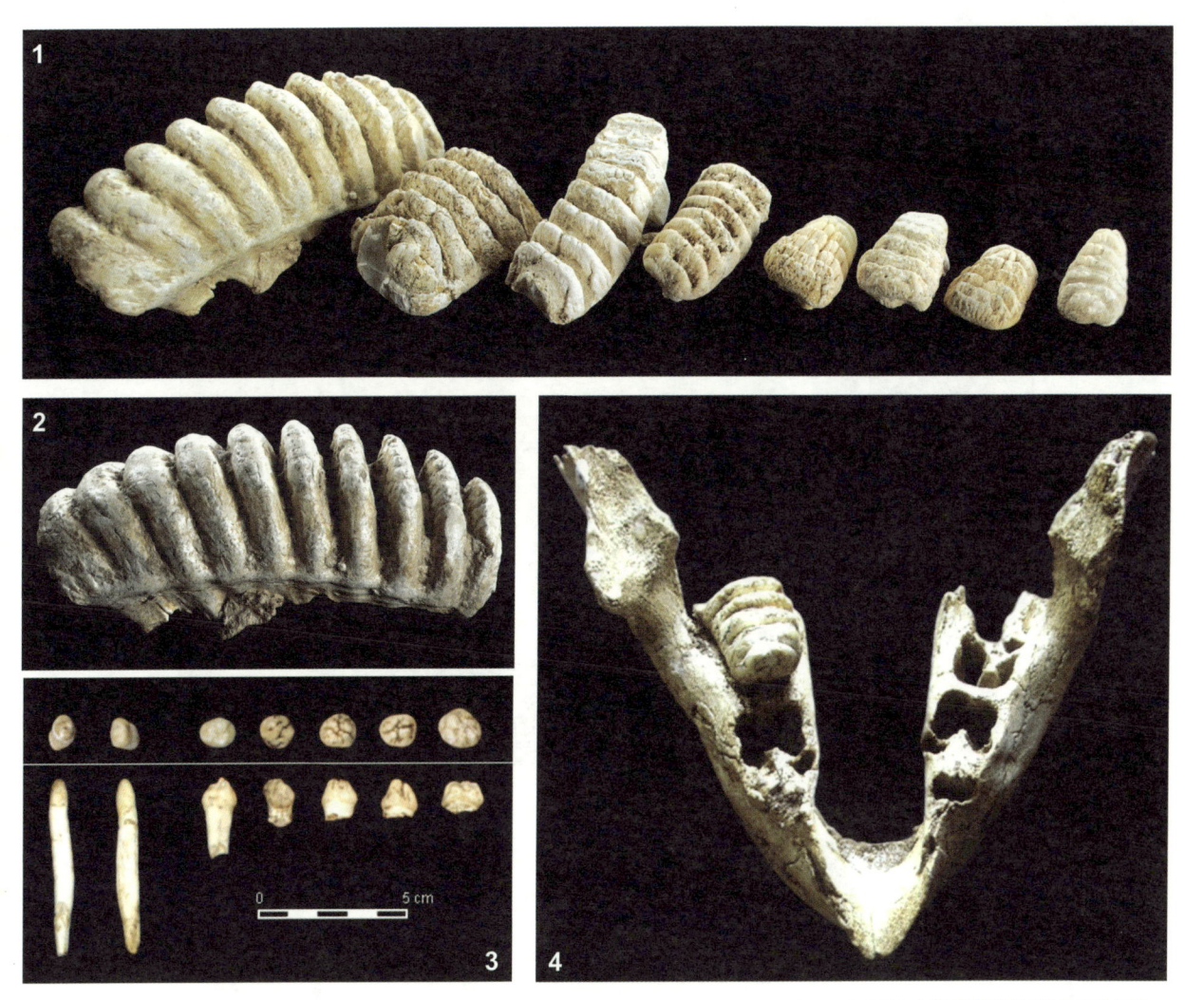

梁步亚洞穴遗址出土佛罗勒斯岛屿剑刺象牙齿骨骼：
①成年和幼年的臼齿；②臼齿；③乳长亚和乳臼齿；④下颌骨
（梁步亚项目团队提供）

067

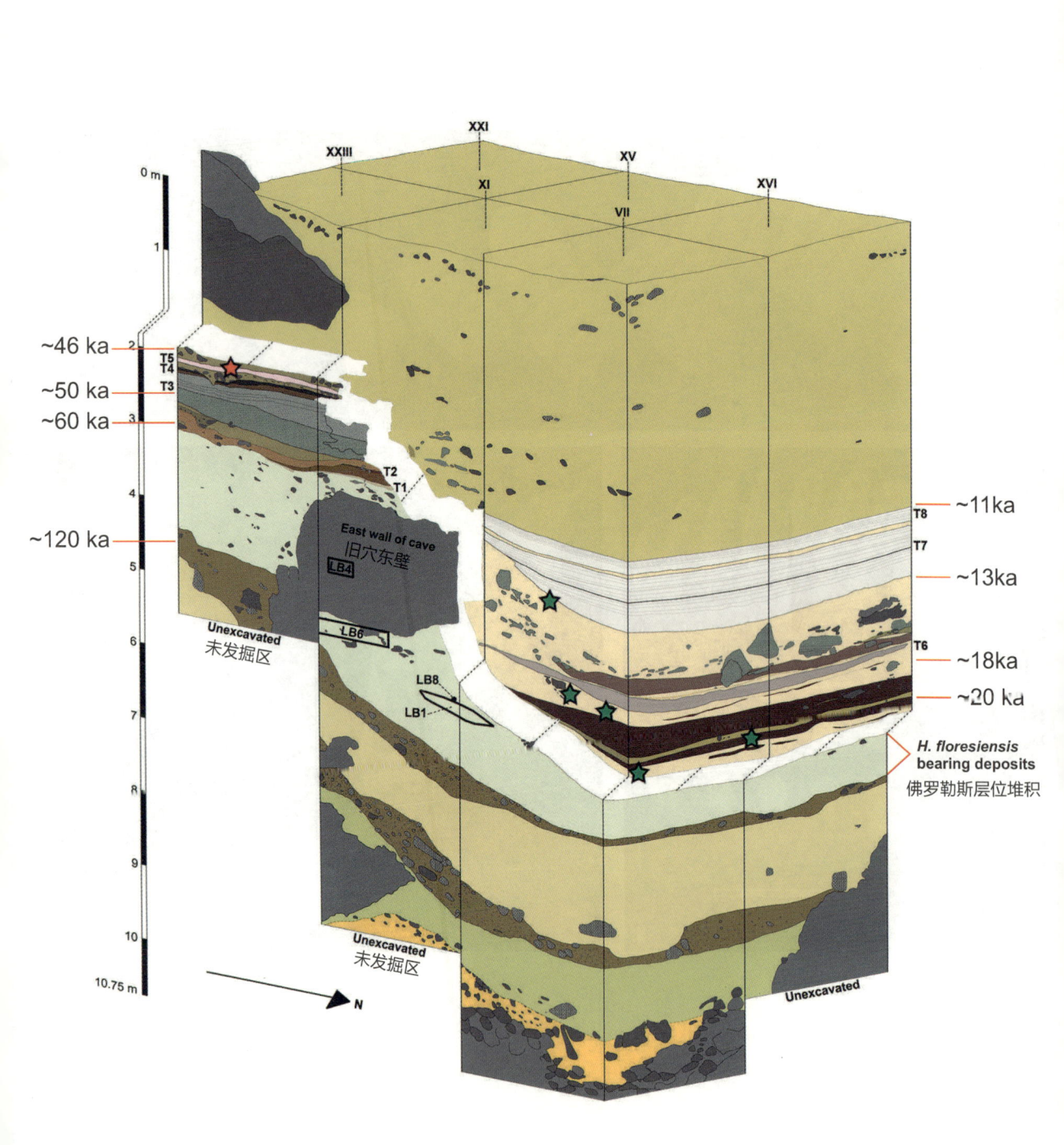

梁步亚地层
（梁步亚团队提供）

项目负责人简介

托马斯·苏提那博士（Thomas Sutikna）有着25年以上的考古经验，发掘了大量印度尼西亚和澳大利亚遗址。他在澳大利亚沃伦冈大学获得博士学位，并于2016年获得沃伦冈大学迈克尔·莫伍德奖金。据汤森路透统计数据可知，他是2014年全球论文高引用率学者。他从2001年开始指导梁步亚的发掘，包括2003年对佛罗勒斯人正模标本的首次发现。此外，他还凭借在石器研究、动物遗骸分析、发掘及修复方法、层位学与地质年代学方面的经验组织并指导工作。

托马斯·苏提那

马修·塔休瑞（Mathew Tocheri）是加拿大雷克海德大学安大略省桑德贝市人类起源研究中心主任，并且是史密松尼人类起源中心的研究人员。他于2007年获得亚利桑那州立大学人类学博士学位，并于2013年当选为美国高等科学委员会委员。他的研究方向为人类进化史、人体形态学、猿科形态学，重点为佛罗勒斯人，即人类进化中的"霍比特人"。从2010年开始，他和托马斯·苏提那博士以及印度尼西亚国立研究中心的同事共同指导梁步亚发掘。

马修·塔休瑞

在水下岩洞底部已灭绝的更新世动物遗存中发现有一个人类的头骨和肱骨
(丹尼尔·留尔丹·阿芳霍提供)

墨西哥尤卡坦半岛尼格娄水下岩洞的考古探索

詹姆斯·查德斯（墨西哥国立人类学及历史学研究所）
皮拉·卢娜·埃雷格雷纳（墨西哥国立人类学及历史学研究所）

  美洲考古研究的三个基本问题是："智人何时到达西半球？他们通过什么路线迁移到冰川南部？以及他们对该地区各种各样的巨型动物有什么影响？"这些问题引发了激烈的讨论。一些学者认为那些创造了克洛维斯文化（开始于距今11400至11060年之间）的人群是最早到达的，而另一些学者则认为前克洛维斯文化可以早到距今17000年。有人认为最早的移民是通过冰川间的内陆通道进入的，而越来越多的人则认为太平洋沿岸有路径可通入。一方认为有超过80种大型哺乳动物的灭绝要归因于或至少部分归因于人的活动，而另一方则认为广义的狩猎采集者对西半球生物多样性的大幅下降的现象不起作用或其作用微乎其微。

  这些争论之所以旷日持久，是因为缺乏直接证据。存在于更新世末期太平洋沿岸的线路如今几乎全部被淹没于水下；在所谓的走廊上的考古发现少之又少并且年代也不确定。有关前克洛维斯文化的发现，其年代几乎都不确定，也不确定是否与人类相关。克洛维斯文化遗物分布广泛，从加拿大中南部到委内瑞拉北部无处不在，但是除了发现少数几处猛犸象、乳齿象、嵌齿象、马和美洲骆驼的残骸（由大规模捕杀所致）之外，少见动物遗存。在美国东部和中美洲，这些遗址中几乎不见骨骼遗存。人类遗存可以提供有关人类行为、饮食偏好和在食物链中位置的直接证据，为讨论这类问题提供巨大的帮助，但是直到2007年，仅发现了两组测年为克洛维斯时代的骨头碎片。这包括来自一名婴儿的四块碎片和一名成人的两条腿骨。从未

尼格娄水下岩洞通道,该岩洞是喀斯特坍塌型水井,从水井口潜水员可以进入水下的洞室
(Daniel Riordan Araujo提供)

"光影绘图"技术制作(Roberto Chávez Arce提供)

发现有人类遗骸与所谓的因他们而灭绝的动物的遗骸共存。

这种情形在2007年开始改变，由阿勒见多·阿瓦拉兹（Alejandro Álvarez）、阿尔伯多·纳瓦（Alberto Nava）和弗朗克·安多里尼（Franco Attolini）组成的洞穴潜水队发现了尼格娄水下岩洞，它是萨伽土尼洞穴系统（世界上最大的水下通道系统之一）中的一个大型塌陷型洞室。直径为60米，深35—55米，位于三条主要通道的交汇处，洞室底面低于现代海平面10—12米。在末次冰期中，这个系统完全位于水面之上，动物可以从许多陷穴（称为cenotes）进入这个系统。距离这个洞穴最近的更新世入口位于600米之外，几个世纪以来，许多动物掉进了这个钟形的空间，潜水员在这个天然陷阱的底部发现散落有大型动物的骨骼和一具人头骨。潜水员已经探索了尤卡坦半岛东部洞穴近30年，现在已经绘制了近1500公里的被淹没通道。在探索过程中，他们经常看到并拍摄了大型动物的零星骨骸甚至大型哺乳动物的完整骨骼，包括嵌齿象、巨型地懒、海牛和貘。人类骨骸也很常见，大部分是晚期的玛雅人，但也有一些非常古老的。尼格娄水下岩洞的不同之处在于人骨和动物骨骼共存，并且处于现代海平面40米之下的位置。其中，有人骨和一具乳齿象的骨骼混在了一起。尼格娄水下岩洞不仅作为古生物宝库存在之外，其底面上还有石笋、木炭、树枝、蝙蝠粪便和方解石沉积物。这为详细记录当地的古生态和冰后期海平面上升年代序列提供了可能。

2011年成立了"金塔纳罗奥州图卢姆尼格娄岩洞水下考古项目"（Proyecto Arqueológico Subacuático Hoyo Negro, Tulum, Quintana Roo），属于墨西哥国家人类学和历史研究所水下考古区，这标志着尼格娄水下岩洞遗址科学研究的开始。该项目是由墨西哥、美国和加拿大的高校和政府机构组成的学者联盟，包括古生物学家、考古学家、体质人类学家、地球化学家、古植物学家、医生和计算机模拟专家负责。我们的目标是收集人类骨骸并尽最大可能了解更新世末期人类的生存环境。为了实现该目标，我们试图鉴别洞中的每一种动物的类别，并通过放射性测年法确定地质年代，同时根据稳定同位素分析将其置于当地的食物网中。此外，我们还需获取有关海平面变化的数据，以及根据洞穴堆积物和方解石沉积物获取气候和水文条件。要做到这一点，我们面临着考古学界中前所未有的艰苦工作环境。

尼格娄水下岩洞项目在田野工作和研究工作方面都遇到了巨大的技术挑战，除了散落在上层通道的少量化石之外，该遗址位于超过水下40米的黑暗环境中。直接在沉积物和化石上工作需要技术性潜水和洞穴潜水认证，这是科学家很少拥有的资质。这种严苛的环境意味着科学团队必须依赖有经验的潜水员来协助完成这项任务。这也意味着洞穴中许多可见的化石不能被完好地收集，对样本的采集必须经周密计划和准确执行。此外，热带岩溶环境和其水淹环境对这些样品的测年也构成重大挑战。从最初温暖的淡水到现在的咸水，骨骸在其中已至少浸泡1

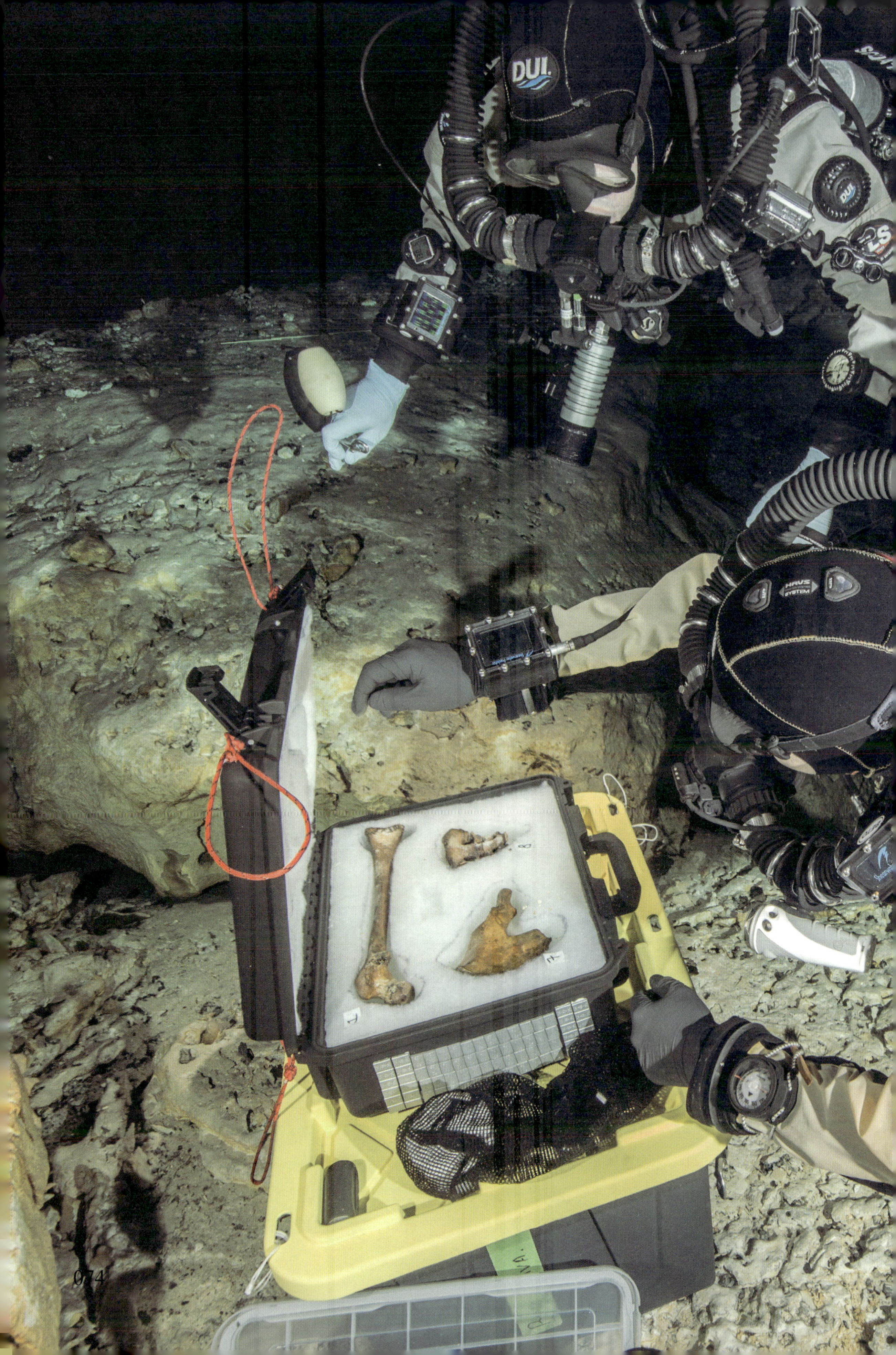
DUI
DUI

奈阿人的部分骨骼被装到采集箱中,以待提取。鉴于通往尼格娄水下岩洞的道路较为崎岖和人骨的脆弱性,需要专门设计一种容器,以将骨骸完好地从岩洞底面运送至300多公里外的实验室。潜水员提取奈阿的右股骨、骨盆、骶骨,放入特制的密封箱内

(Roberto Chávez Arce提供)

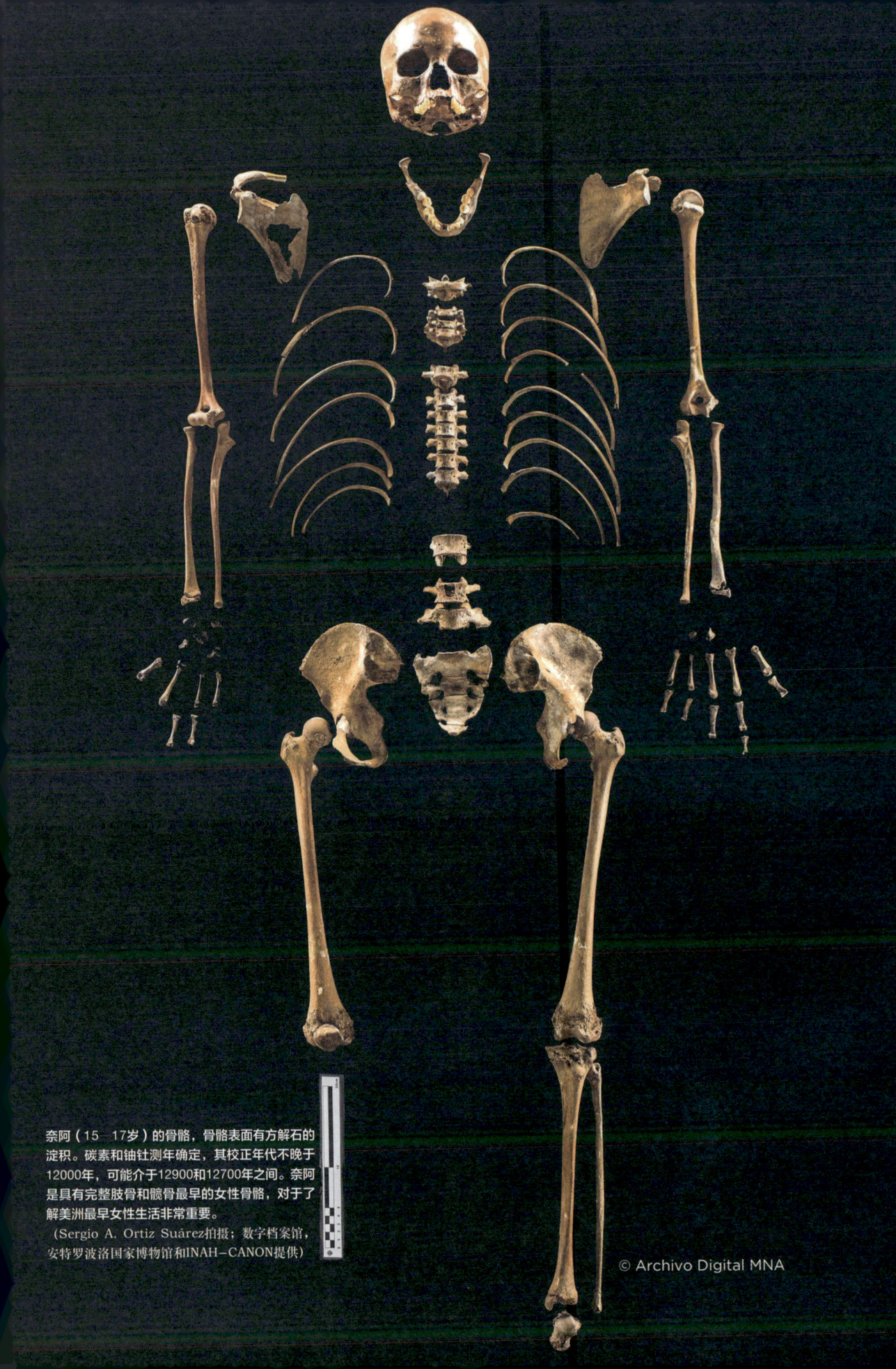

奈阿（15—17岁）的骨骼，骨骼表面有方解石的淀积。碳素和铀钍测年确定，其校正年代不晚于12000年，可能介于12900和12700年之间。奈阿是具有完整肢骨和髋骨最早的女性骨骼，对于了解美洲最早女性生活非常重要。
（Sergio A. Ortiz Suárez拍摄；数字档案馆，安特罗波洛国家博物馆和INAH–CANON提供）

© Archivo Digital MNA

万年。胶原蛋白几乎没有保存下来，并且骨骼中的生物磷灰石也经常被洞穴水中的碳酸钙污染。木炭虽然比较常见，但是明显经过反复漂移和位移，这对于确定遗存的年代下限几乎毫无作用。

为了应对与尼格娄水下洞穴遗址相关的挑战，在2015—2016年度的考古工作中，我们开始将高分辨率摄影、计算机三维建模和高选择性采集结合起来。工作从摄影和建模开始。首先，潜水队在30米深的地方布置了间隔为2米的网格，然后他们对整个底面和部分穴壁以及通道连接处拍摄了数以千计的可以相互重叠的高分辨率数码照片。加州大学圣地亚哥分校的高通研究所三维建模团队运用Agisoft将这些照片拼合起来，表现出了直径60米的洞穴底面。此外，地面上的每一组动物骨骼都被近距离拍摄从而生成高分辨率的三维模型，这些照片和模型使考古人员可以分类鉴别标本，对标本进行选择性地采集并设计标本的复原方法。

现在被称为奈阿（Naia）的15—17岁女性的人体骨骼在2016年的三个潜水季中完成复原。使用这种模型可以对每个部分进行精确测量并切割成样品以适应采集盒的尺寸。潜水员带着潜水卡进入水中进行采集，潜水卡上附有目标样本的编号照片。卡片上的每个数字都与采集箱相匹配。采集箱在深水下进行密封直到运输到位于300公里之外的坎佩切（Campeche）实验室才被打开。这种预防措施是必要的，因为它可以避免盒中的水来回拍打从而损坏脆弱的骨样。我们总共采集了78块骨骼碎片，包含98个骨骼构件和28颗牙齿。这几乎包含所有的主要骨骼元素，仅仅缺失了脚骨、腿骨的一部分以及一些肋骨、椎骨及手骨。

通过结合牙釉质的放射性碳测年，上覆的方解石铀—钍测年以及海平面变化的年代序列，可以将这些骨骼年代定为距今13000至12000年，可能的时间跨度为距今12900至12700年。这使奈阿成为美洲历史上经过确切测年的最古老的人类骨骼样本，也是目前在距今11400—10600年克洛维斯文化期内唯一一具完整的遗骸。作为一个年轻个体，她的骨骼和牙齿记录了她的成长过程以及她孩提时代的活动轨迹。

因此奈阿提供了早期时代妇女和儿童生活的大量信息。尽管她生活在距离海岸线仅7公里的地方，但是她很瘦弱，并且经常患蛋白质缺乏症。这给太平洋沿岸的移民理论带来了新的问题。她的左前臂遭受过螺旋形骨折，在当今这种现象通常和身体遭受虐待联系起来，并且她年纪轻轻就已为人母。我们还有更多关于她这个时代人群的饮食和生活方式的研究，有关这一主题的一篇文章目前正在评审中，尚不能发表。他们提供了有关饮食、捕食策略和迁移模式的相关见解，这将有助于解决有关人类在美国大型动物灭绝过程中所起到作用的争论。

迄今为止，在尼格娄水下洞穴底面上发现有13种哺乳动物（蝙蝠除外），在通道连接处鉴别出5种。这些包括已经灭绝的7种巨型动物物种：乳齿象、剑齿虎、短面熊、沙斯塔地懒、磨齿地懒、一种与狼相似的大型南美犬科动物以及一种目

奈阿的头骨。这具早期人类遗骨有着近乎完美的头骨和完整的牙齿，增加了我们对早期人类形态和饮食的了解。奈阿的牙齿几乎没有磨损，但有大量的龋齿，这表明她习惯食用软、甜食物（Sergio A. Ortiz Suárez拍摄；数字档案馆，安特罗波洛国家博物馆和INAH—CANON提供）

尼格娄的树懒属（Nohochichak xibalbahkah）骨骼。尼格娄产生了很多"第一"，其中包括第一个南美洲食肉类哺乳动物的记录和一个新的巨型地懒物种

（吉姆 C. 查特斯照片合成）

前未知的磨齿地懒。美洲狮、貘、野猪、浣熊、负鼠以及一些未鉴定出的小型猫科动物构成了这个动物群。除了骨骼之外，潜水员还在上层通道内发现了短面熊的足迹。这些动物骨骼以前在委内瑞拉以北从未见过，也没有关于它们身体结构和运动模式的信息。因此这些足迹是古生物学记录的重要补充信息。

在 2015 年底和 2016 年，根据三维模型测量数据设计的样品采集箱以及人体骨骼描述程序，潜水队员复原了三头短面熊和一只磨齿地懒的部分骨骼。头骨是采集的首要目标，因为它们对鉴别最有帮助，并且也让我们更易于分析牙本质和牙釉质。一头熊的放射性测年将其置于和奈阿相同的地质年代，表明至少有一种巨型动物和她处于同一时代。树懒是一个新的属，我们已经将其命名为 Nohochichak xibalbahkah（发音为 shi bal bah kah）。不幸的是，对磷灰石的初步测量表明其年代上限可能距今 36000 年，所以该动物和奈阿并不是同时的。

在第三届世界考古论坛期间，该项工作仍将持续。在 2017 年 11 月至 12 月，我们计划收集 10 多种动物以及一些石笋及方解石附生样本。这一次，最重要的化石样本是剑齿虎、磨齿兽和沙斯塔地懒，以及熊和 Nohochichak（一种地下世界的巨爪生物）的肢骨。有关该遗址的人类、树懒和食肉动物群的出版物将在来年面世。石笋和方解石样本将会为 3 万年前的更新世末期提供海平面和气候数据，这将会补充从这个遗址已经获取的全新世数据。

079

发现于尼格娄一只已灭绝的熊。一名洞穴潜水员拾起了在尼格娄发现的8头已经灭绝的短脸熊（角喉熊属）之一的头骨。该样本目前正在美国东田纳西州立大学进行研究（Roberto Chávez Arce提供，SAS／INAH文件）

项目负责人简介

詹姆斯·查德斯（James C. Chatters）是尼格娄水下岩洞项目的首席研究员，是一位拥有 50 多年工作经验的广谱古生物学家。他在古人类学、脊椎动物古生物学、古生态学、史前狩猎采集社会、文化演进理论和测年等方面造诣颇深。早期工作集中在美国西北部的史前和全新世时期古生物学，主要研究集群结构的方法论和气候对文化变化的影响。过去 20 年中，主要关注早期美洲人的古人类学问题。他发现和修复了约 50 位早期美洲人中的 10 位，包括尼格娄水下岩洞的奈阿。他因发现了肯纳威克人而闻名。查特斯在《科学》《第四纪研究》等众多知名期刊和地区性期刊及书籍上发表文章。查德斯博士渊博的知识使他能够为尼格娄水下岩洞项目组建一支高水平的合作团队。

詹姆斯·查德斯

皮拉·卢娜·埃雷格雷纳（Pilar Luna Erreguerena）是尼格娄水下岩洞项目的主要负责人，她是世界范围内水下考古最知名和最受尊敬的学者之一。到 2017 年 4 月为止，她担任墨西哥国家人类学和历史研究所（INAH）水下部门负责人已经超过 37 年。现在主要工作重心为尼格娄水下岩洞项目。她是墨西哥水下考古的先驱并支持其他拉美国家发展该学科，高度重视水下考古学家的培训，和寻宝者抗争而保护了墨西哥水下考古遗产，并在 2001 年制定"联合国教科文组织保护水下遗产公约"中发挥了重要作用。她于 1997 年获得了"墨西哥水下考古遗产识别、探索和保护先驱"大奖以及 2011 年获得了由历史考古学会（SHA）颁发的"哈灵顿纪念奖章"，她是继乔治·巴斯博士这位世界水下考古之父之后获得该奖章的第一位拉美女性学者和第二位水下考古学家。西班牙地理学会 2016 年于马德里授予了她田野调查大奖。

皮拉·卢娜·埃雷格雷纳

1897年建造的威瑟瑞尔原屋
(W.H.Wills拍摄)

水资源控制、物品交换和礼仪：新墨西哥州查科峡谷普韦布洛博尼托遗址的考古发掘

帕特丽夏·科朗（美国新墨哥大学人类学系）
伍尔特·威尔斯（美国新墨哥大学人类学系）

普韦布洛博尼托是位于美国新墨西哥州西北部查科峡谷的一个大型砖石城镇，海拔1890米。该遗址是查科文化国家历史公园的一部分，已被列入联合国教科文组织世界遗产，集中分布有多达4000个遗址点，时间跨度从古印第安人时期到纳瓦霍历史时期。遗址最为突出的特点为查克现象（公元950—1140年）：特指广泛分布在美国西南部四角地（科罗拉多州、犹他州、亚利桑那州和新墨西哥州交界处）的多层次砖石建筑与比邻的道路系统。

普韦布洛博尼托遗址是美国西南地区最大、也是最为完整的考古学发掘遗址，包括大约600个高达四层楼高的砖石房址，也有大约37座用于仪式活动的半地穴式砖石建筑（Kivas）。普韦布洛博尼托遗址的发掘以两个项目为主导：从1896—1899年，海德探险考察队（HEE）在理查德·维特尔和乔治·派普尔的带领下发掘了大约两百间房间；1921—1927年，在国家地理学会（NGS）的资助下，尼尔·贾德带领发掘了遗址剩余的大部分。虽大部分遗址在1927年已被发掘，但关于遗址的建造顺序、水资源控制对大聚落的必要性、与周边及遥远距离人群的互动规模和普韦布洛中的阶级性质等问题都不甚明了。

为了解决这些研究问题，我们自2004年开始了一系列项目，重新清理先前由HEE或NGS项目发掘的部分单位。所有这些新项目都与查科文化后裔的原住民

普韦布洛博尼托遗址堆积及发掘探方位置
（W.H.Wills提供）

普韦布洛博尼托西丘下的水渠堆积物
（W.H.Wills提供）

部落进行了咨询与商讨。这些项目也都由本科生和研究生（包括许多原住民学生）以及技术专家直接参与。在美国国家科学基金会（NSF）和NGS的资助下，威尔斯在2004年至2007年，重新发掘了先前由NGS项目资助发掘的三个探方，位于遗址南部两座垃圾堆遗存之间。我们的研究目标是通过确认遗址堆积下水渠的位置以了解公元1000年左右普韦布洛博尼托遗址的发展情况与水资源控制的关系。该项目希望通过记录地层信息、采集放射线碳测年和环境样本来回答这个问题。项目结果显示，公元11世纪左右，普韦布洛博尼托遗址居民在聚落南部建造了一条巨大的水渠。水渠中堆积物分析结果反映出多次多时期的洪水迹象，表明该水渠的建造主要是为了建筑和家庭用水，并将洪水从居住地分流出去。这个水渠在公元1000年后段被侵蚀破坏。

仅仅在重新发掘这些探方的几个小时内，我们意识到国家地理学会人员把大部分文物直接回填到探方里，因此我们现在至少要负责超过20万件遗物。在国家科学基金会的额外资金支持下，科朗在2007年至2009年聘请了12名研究生和本科生对这些材料进行分析。该研究成果近期发表于由科朗主编的《查科峡谷普韦布洛博尼托遗址》一文中。研究中发现有五块陶片似乎是仅在普韦布洛博尼托遗址罕见的型式，被考古学家称为"圆筒罐"。这些体高肩直的罐子有的是白底黑纹的，亦有通体白色或红色的。科朗希望了解这些圆筒罐的用途是否与玛雅文化中饮用巧克力奶相似。因此，她与合作者赫斯特（W. Jeffrey Hurst）采用高效液相色谱—质谱仪对这五块陶片进行分析，在其中的三块陶片里发现巧克力残留物。这一研究表明从中美洲亚热带地区到美洲西南部存在着长距离的可可豆贸易。与此同时，普韦布洛博尼托遗址居民不仅从中美洲获得可可豆，而且从南部获得猩红色的金刚鹦鹉、铜、pseudo-cloisonné（"伪彩陶"特指一种来自墨西哥西部的彩陶类型）和外来其他鸟类及其羽毛。那么，普韦布洛博尼托居民以什么作为交换呢？我们并没有确切的答案，但有几位学者认为绿松石饰物可能用于交换中美洲的舶来品。

巧克力残留物的发现促使科朗申请重新发掘28号房址，1896年在该房址内发现了约200个圆筒罐中的112个。在重新发掘之前，探地雷达证实遗存保存完好，焦黑的柱洞仍保留在较低的地面。在美国人文科学基金会（NEH）和国家地理学会的资助下，由六名研究生和本科生参与，我们在2013年用六周的时间重新发掘了该房址。我们开始探究该房屋的烧毁原因及时间、圆筒罐的具体位置以及HEE发掘者是否揭露了原地面。遗址公园还允许我们向下继续发掘，以确定普韦布洛博尼托遗址这一区域完整的使用序列。

我们了解到，比邻的居民最初将这个空间用于户外活动，在公元900年左右，一个单层的房间被用石头和篱笆构筑了起来。这个房间很可能用于居住，并在公元900年后期或是公元1000年早期被废弃。大约在公元1040年，在这个房间新

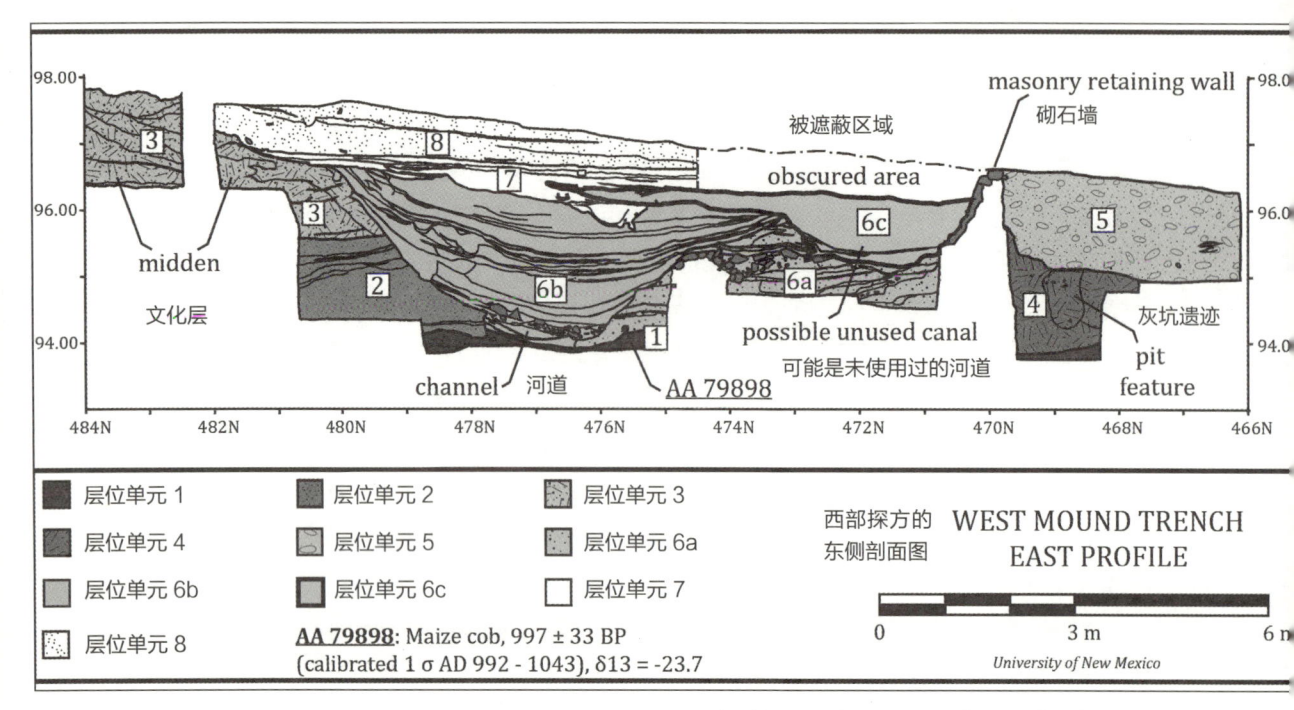

masonry retaining wall
砌石墙
被遮蔽区域
obscured area
midden
文化层
channel 河道
AA 79898
possible unused canal
可能是未使用过的河道
灰坑遗迹
pit feature

层位单元 1	层位单元 2	层位单元 3
层位单元 4	层位单元 5	层位单元 6a
层位单元 6b	层位单元 6c	层位单元 7
层位单元 8		

AA 79898: Maize cob, 997 ± 33 BP
(calibrated 1 σ AD 992 - 1043), δ13 = -23.7

西部探方的东侧剖面图 WEST MOUND TRENCH EAST PROFILE

0   3 m   6 m

University of New Mexico

地层单元6a−b为普韦布洛博尼托西丘下的引水渠和水流冲刷沉积
（W.H.Wills提供）

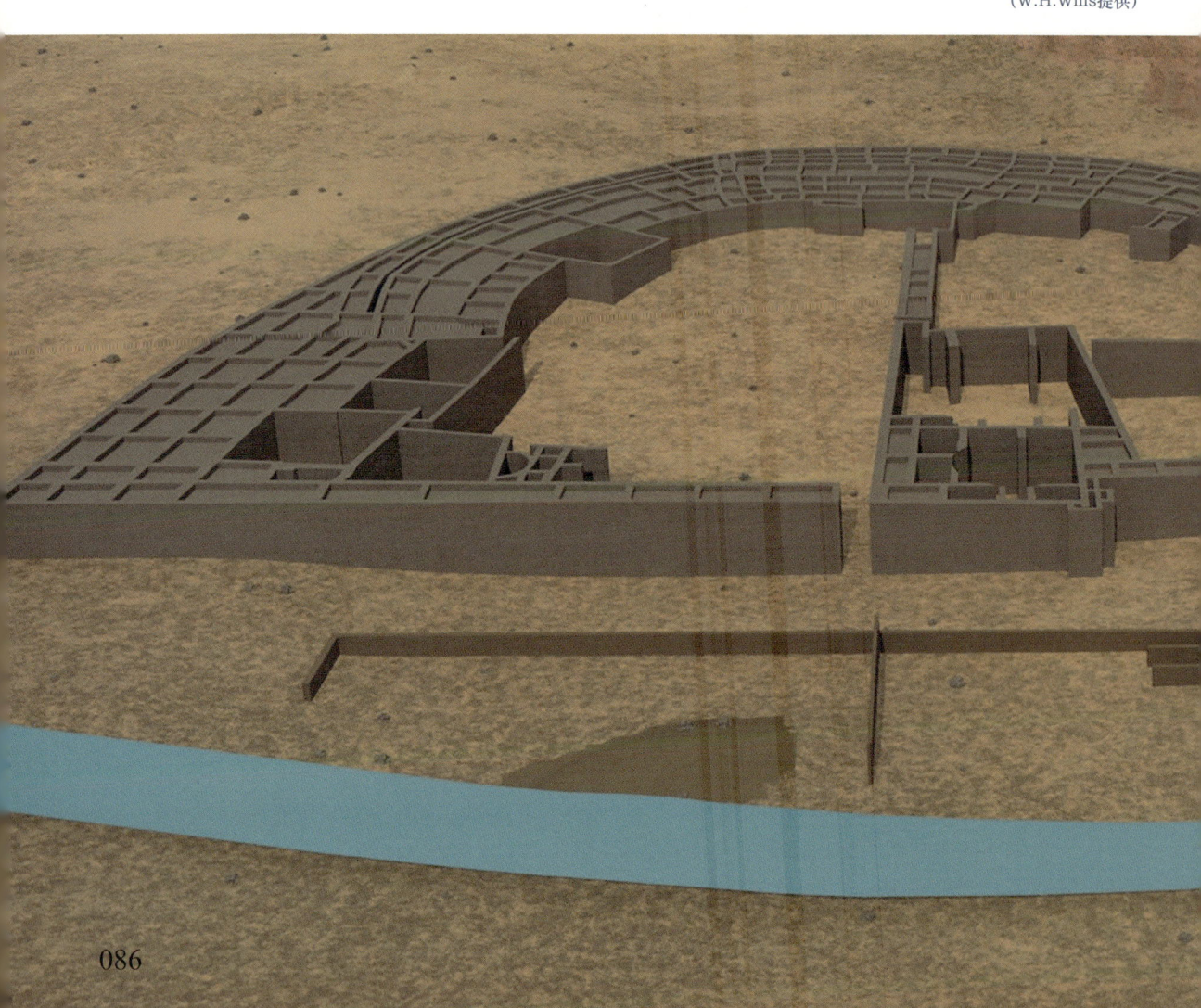

086

建了一面北墙和和房间一样宽、南北向的柜子。显然这座房屋被用于存放仪式性物品，包括放置用于饮用巧克力饮品的圆筒罐。持续的风沙抬高了相邻的庭院地表，所以在公元 1070 年左右，当房址 28 加盖了新的一层楼时，也一并修建了一条从下层房间通往庭院的楼梯。

大约在公元 1100 年，大概是仪式从业人员用砖石密封了房址 28 的西北门，他们把包括 112 个圆筒罐在内的 173 个陶器放在了房间的架子上，并把它们分组堵在门口或放在楼上。这是美国西南地区在单一房址内发掘到保存完好的、数量最多的一批陶器。他们把绿松石和贝壳装饰品洒在陶器上，把燃料放在橱架下面，然后点燃燃料。他们离开时封住了通往广场的南门，并在楼梯上留下了大量的饰品。这次大火非常剧烈，沙土地面经高温已玻璃化，最终房屋上层倒塌使得火势熄灭。这一系列的行为也能代表一种"终止仪式"：关闭房间以避免被进一步使用，并对仪式用品移除法力。可能正因为人口数量的减少导致了这场"终止"行为。

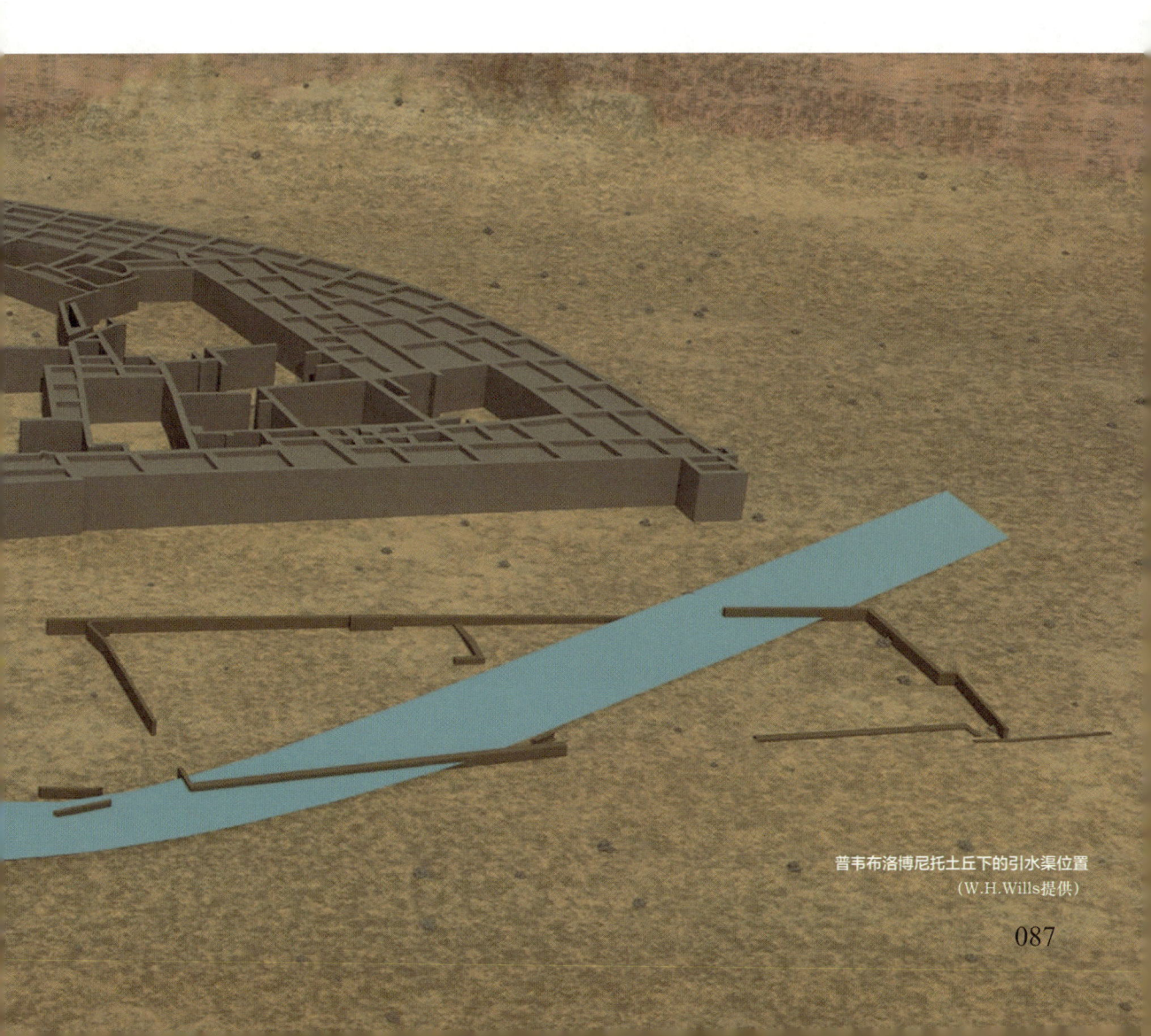

普韦布洛博尼托土丘下的引水渠位置
（W.H.Wills提供）

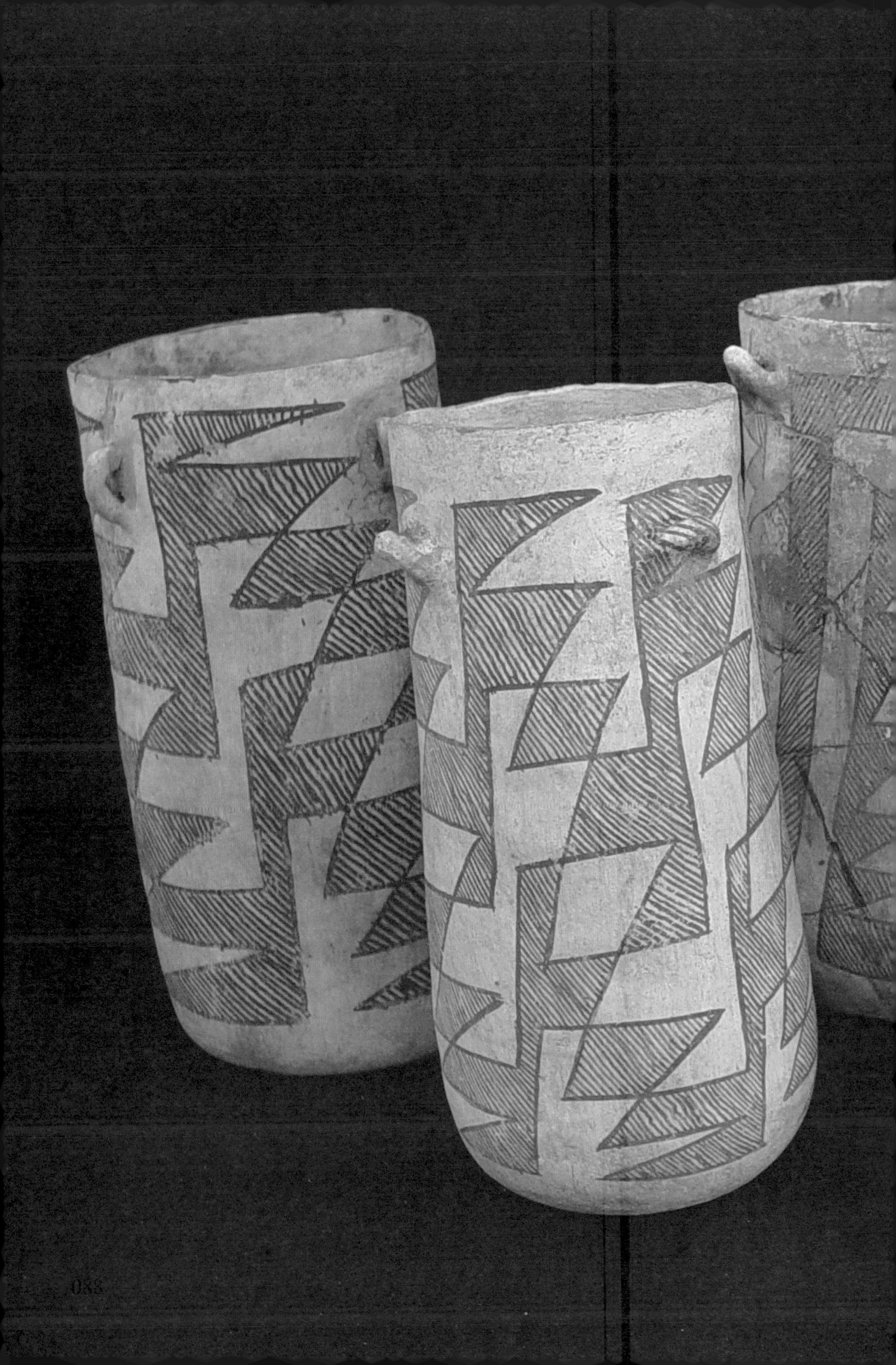

出土于普韦布洛博尼托的5个圆肩罐。编号H3414、H3229、H3406、H3415和H4153
（Patricia Crown自美国自然历史博物馆藏品中提供，Marianne Tyndall拍摄）

1896年在普韦布洛博尼托的28号房间。编号 88.42.14
（新墨西哥大学麦克斯韦人类学博物馆提供）

2013年，28号房间开挖
(Patricia Crown提供)

28号房址13层的绿松石、贝壳、黑玉和页岩饰品
(Jacque Kocer拍摄)

我们的发掘还显示，28号房址的回填显示两个不同的来源，一个是严重烧毁的，而另一种是未燃烧的。我们认为这些回填的堆积来自一年后发掘的另外两个与28相近的房址。房址28a位于房址28东侧，其中一个房间也被烧毁，本次发掘采集了大约2000件碳化木材样品可能主要来自28a。在28号房址发现的未燃烧堆积来自北侧的房址53号，这个房址在1897年春天被沃伦·摩尔黑德粗略地清理过，并将房址53的堆积扔至房址28。我们做出这个推断是基于2013年房址28的室内整理工作，我们发现其中的陶片能与房址53的拼对。根据对这三个单位出土遗物（在皮博迪博物馆、美国自然历史博物馆和查科文化国家公园博物馆展出）的仔细拼对，我们不仅证实28号房址的部分的回填物来自53号房址，而且发现并修复了至少12个形制先前未见的圆筒罐。

　　通过对28号房址的发掘，我们还发现了大量动物遗存，包括可能用于制作扇翼的各类鸟翼骨，近五千件绿松石和贝壳饰品，在南墙石膏中有一处畸形足印，还有织物残片、花粉和植物遗存。

　　从我们自己对房址28的发掘和对博物馆藏品的研究证实，大量圆筒罐曾储藏在该建筑中。现在已知的大约200个查科文化圆筒罐中，有178个发现在普韦布洛博尼托遗址，除6个以外剩下都出于查科峡谷地区。事实上，只有两个圆筒罐出土于与墓葬直接相关的单位，其余的都发现于储藏室，表明这些圆筒罐用于某团体，而不是个人或家庭。外来的可可豆以及使用特定容器饮用的行为为查科文化的社会阶级分化提供了机会，特别针对那些制定仪式规则的群体，他们同时承

2013年在普韦布洛博尼托，帐篷下发掘28号房间
(Wetherbee Dorshow拍摄)

担了相应的社会责任。在普韦布洛博尼托遗址，圆筒罐的集中发现和更频繁的饮用活动正是与建筑施工高峰为同一时期。这表明饮品可能用于交换劳动力。房址28的烧毁和房内圆筒罐的"终止"仪式发生在这段密集施工期的结束之时，也是在美国西南的北部圆筒罐的停产停用时间。

我们正在进行的工作包括在普韦布洛博尼托遗址西部的发掘，那里曾有威瑟利尔家族的宅地和贸易点。根据遗址公园的要求，这项工作会为整个遗址不同时期的利用情况提供准确的示意图。我们也发现了先前未知的前西班牙殖民时期的特征，可能是一个水库。此外，威尔斯主导的一个大型国家科学基金会资助的项目正在研究整个峡谷的埋在地下的结构和农业特征，以期了解洪水如何影响我们对查科峡谷地区人类活动的认识。

我们长期的野外工作采用了多种手段：使用探地雷达以探测地下遗存；使用激光雷达系统（LiDAR）和全景拍摄系统（Gigapan）进行记录和地图的绘制；电子扫描显微镜和电子探针分析陶器和石膏的组成；用稳定同位素分析动物遗存以了解它们是否在本地喂养；加速质谱仪和树轮测年；高效液相色谱质谱法检测有机残留物；并对所有文物、花粉、动物、大型植物遗存和蜗牛进行整理研究。我们的项目表明，对遗址的再发掘可以提供全新的材料，不仅通过使用现代技术记录出土信息和材料分析，还凝聚了原住民后裔、专业学者和跨学科专家多方面力量共同研究新发现。

2013年普韦布洛博尼托28号房间的地板
(Patricia Crown拍摄)

项目负责人简介

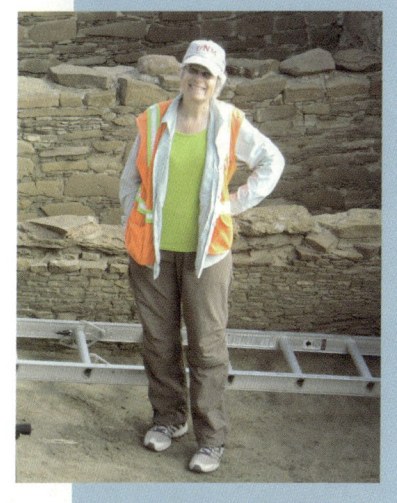

珀雀霞·库琅（Patricia L. Crown）是新墨西哥大学莱斯利杰出人类学教授，也是新墨西哥大学在普韦布洛博尼托遗址发掘的联合负责人。她在亚利桑那大学获得博士学位，并于2014年荣获美国国家科学院院士称号。库琅教授在美国西南部包括普韦布洛、莫高伦和霍霍坎地区进行田野考古工作，自2004年以来一直在查科峡谷的普韦布洛博尼托及其周边地区发掘。研究兴趣集中在仪式、女性地位，以及儿童如何学习成年后所需技能等方面。为解决这些问题，她研究陶器陶瓷，并与杰弗里·赫斯特合作使用有机残留物分析技术鉴别出了查科峡谷最早的可可（巧克力）利用。她的著作主要包括：三本联合编辑的论文集《查科与霍霍坎》《前西班牙殖民时期西南地区的社会暴力》《美国西南地区的陶器生产》；一本专著《陶器与意识形态》；还有一部编辑的合集《女与男：劳力、权利与威望》；她在2016年新出版的编辑论著是《查科峡谷中的普韦布洛博尼托：物质文化和动物群》。

珀雀霞·库琅

魏尔斯（W.H. Wills）是新墨西哥大学人类学教授。1985年魏尔斯博士毕业于密歇根大学，是一位考古学家，研究领域涉及社会经济结构的出现与转变，特别是关于农业和食物生产方面。他在美国西南部的田野工作包括四个主要方面：第一，原古晚期（公元前4000—前3000年）农业的引入；第二，早期陶器时期（公元200年到500年）村落的出现；第三，科罗拉多高原在公元1000年后等级化复杂社会的发展；第四，18世纪西班牙统治时期在里奥格兰德河谷北部聚落及其灌溉系统的形成。虽然这些研究代表了不同的时期，但魏尔斯采用一个共同的理论视角，即经济的变化模式是相对较小的社会群体之间相互作用的产物。

伍尔特·魏尔斯

本·马尔威克（华盛顿大学）等人在发掘坑的最低处
（图片来源：多米尼克·奥布莱恩。版权所有Gundjeihmi Aboriginal Corporation 2015）

澳大利亚六万五千年的人类居住历史

克里斯托弗·克拉克森（澳大利亚昆士兰大学）

现代人类何时走出非洲并扩散到亚洲、澳洲和太平洋等地？这一问题困扰了几代考古学家，由于众多原因该问题一直很难解决。首先，遗传分析表明，人类走出非洲可能发生在6万至8万年前，这一测年远远超出了放射性碳测年的范围。因此，要确定这个时期遗址的年代，必须寻求其他测年技术。其次，许多古代人种如丹尼索瓦人、弗洛瑞斯人、尼安德特人，甚至直立人可能居住在亚洲的不同地区，因此确定特定遗址由哪些特定人种所建立的是极其困难的。第三，现代人类到达东南亚岛屿、更新世时期萨胡尔陆地（澳大利亚和新几内亚）和众多美拉尼西亚岛屿的所走的路线现在已被冰后期海平面上升淹没。因此，许多早期迁移时期的遗址肯定被淹没于水下。最后，这一时期的遗址一般不会有遗骸保存下来，因此石器工具和其他物品的生产者仍神秘莫测。

　　澳洲是认识现代人类分布极其宝贵的地区，其原因众多。首先，这个地区从来没有古老的人类居住，因此最古老的活动遗迹确属于第一批到达的现代人类，这里是他们走出非洲漫长旅程的终点。其次，要到达澳洲和新几内亚，至少需要穿越65公里的大洋通道，这就需要有能够载人和充足的物资的远洋船只。再次，澳大利亚是世界上最干燥的大陆，拥有独特的动植物群，需要人类努力适应环境，来开发新资源，采取新的居住和生存策略。最后，遗传分析表明澳大利亚土著居民自从第一次到达此处以来就一直处于孤立状态，因此，这片大陆的文化和技术变化一定是独立于其他地方而产生的。

正处于发掘中的Madjedbebe遗址
(图片来源：多米尼克·奥布莱恩。版权所有Gundjeihmi Aboriginal Corporation)

我们的研究目的是确定现代人最早什么时候到达澳洲的,我们返回 Madjedbebe 岩厦遗址(以前称为 Malakunanja II),并利用恰当的测年技术进行最先进的发掘工作,这些技术可以突破放射性碳测年的局限。我们的团队由岩石学专家、释光测年专家、地质考古学家、使用痕和残留物专家、放射性碳测年专家、人类生态学家、生物考古学家、动物考古学家、软体动物学家、地貌学家和古气候专家组成。

2012 年和 2015 年,我们在两个漫长田野季的发掘深度达 3.5 米。这个结果具有全球性意义,因为这完全改变了我们对于最早人类到达澳洲广大地区的时间和性质的认识,我们的研究成果加深了我们对现代人最初走出非洲并经亚洲到达太平洋边缘地带的科学认识。对发掘材料的研究包含了三大方面。第一,进行了该地区有史以来最全面的释光和放射性碳联合测年项目,由 54 个样品中的 24800 粒砂和 50 个 AMS 放射性碳样本进行年代测定。人类活动的新基准年代确定在 65000 ± 5000 年,将现代人到达该地的年代前推了至少 1.5 万年。第二,对遗址结构进行了综合研究,包括对石质工具进行拼合,对燃烧遗迹和相关的炉灶遗迹进行评估,对体量大的沉积物块进行薄片分析,以确定过去活动面和随后的干扰状况。多措并举的研究显示该遗址没有受到严重的扰动,活动遗迹也没有受到后沉积过程的重大影响。第三,对遗址重大发现的研究表明,第一批进入该地区的现代人使用了当时技术相当复杂的石器,且举行了艺术活动,之前还从未有类似发现。该遗址出土了世界上已知最古老的石斧,并且在该地区首次使用磨石研磨种子,也是该地区进行颜料加工和添加反射云母以制造反射涂料的最早案例。

在与当地 Mirarr 土著传统业主的合作下,此研究于 2017 年 7 月在《自然》杂志(Nature)上发表,受到全球媒体的广泛关注和报道。它展示了现代人类到达澳洲的时间之久远,并扩展了我们对早期人类技术能力的认识,例如跨越海洋的能力以及在澳洲独特环境中群体生存所需的行为灵活性。

团队负责人克里斯托弗·克拉克森与理查德·福拉格和埃尔斯佩思·海斯一起研究了来自发掘区最底层稀有磨刀石
(图片来自Dominic O'Brien，版权所有Gundjeihmi Aboriginal Corporation)

发掘边缘地面的斧头
(图片来自克里斯托弗·克拉克森，版权所有Gundjeihmi Aboriginal Corporation)

重大田野考古发现奖获奖项目

埃尔斯佩思·海斯和马克·詹卓梅尔以及传统业主梅·南戈在毗邻的马吉贝贝（Madjedbebe）岩厦遗址的洞穴中提取对比样本
（图片来源：多米尼克·奥布莱恩。版权所有Gundjeihmi Aboriginal Corporation）

团队负责人克里斯托弗·克拉克森检查一个石制工具
（图片来源：多米尼克·奥布莱恩。版权所有Gundjeihmi Aboriginal Corporation 2015）

团队负责人克里斯托弗·克拉克森与Djurrubu当地土著游兵队的弗农·哈迪、米彻姆·南戈、雅各布·贝尔德和克劳德·哈迪站在2015年挖掘区前
（图片来源：多米尼克·奥布莱恩。版权所有Gundjeihmi Aboriginal Corporation）

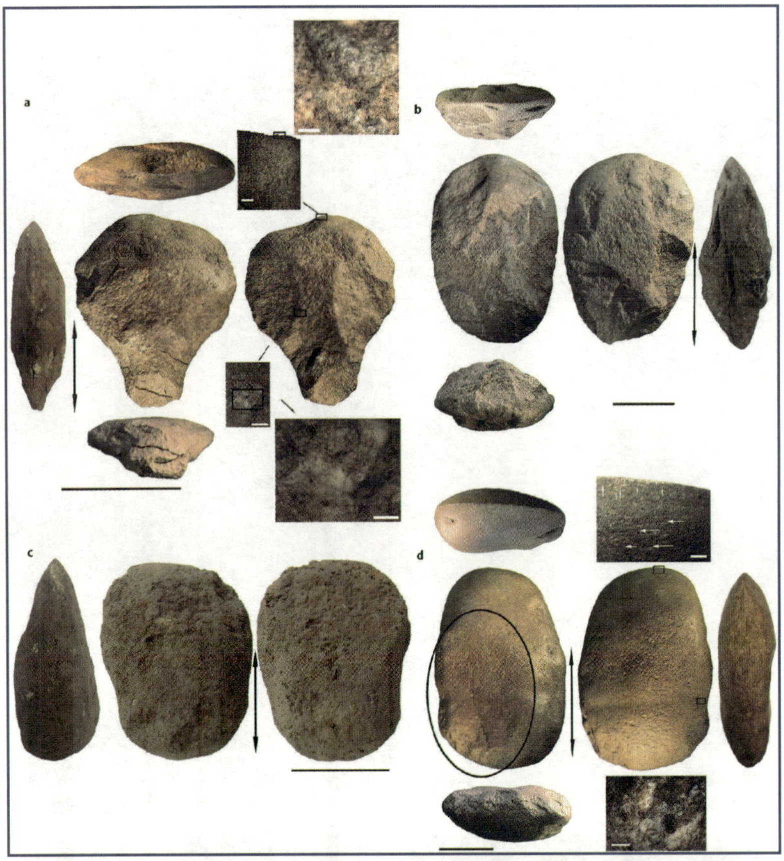
a
b
c
d

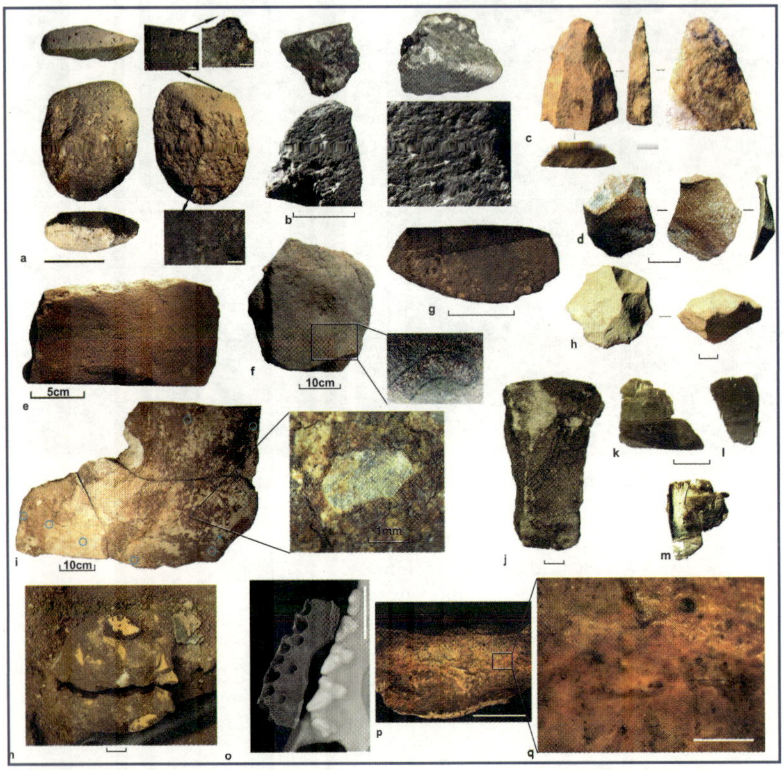
a
b
c
d
e
5cm
f
10cm
g
h
i
10cm
1mm
j
k
l
m
n
o
p
q

项目负责人简介

克里斯托弗·克拉克森（Chris Clarkson）教授是布里斯班昆士兰大学考古学家，于澳大利亚国立大学获得博士学位，师从澳大利亚史前史和石器研究专家皮特·希斯科克（Peter Hiscock）教授。在剑桥大学进行博士后研究时他开始研究现代人类走出非洲及现代人类的分布。此后，他回到了澳大利亚开始长期关注澳大利亚殖民和早期现代人的行为。他在澳大利亚北部进行了20年的田野项目，现在正与卡卡杜（Kakadu）、米拉尔（Mirarr）和曼尼卡尔（Manilikarr）的土著传统业主密切合作。克拉克森教授是澳大利亚地区、南亚和东南亚考古学的专家，实验考古和石器工具研究专家。

克里斯托弗·克拉克森

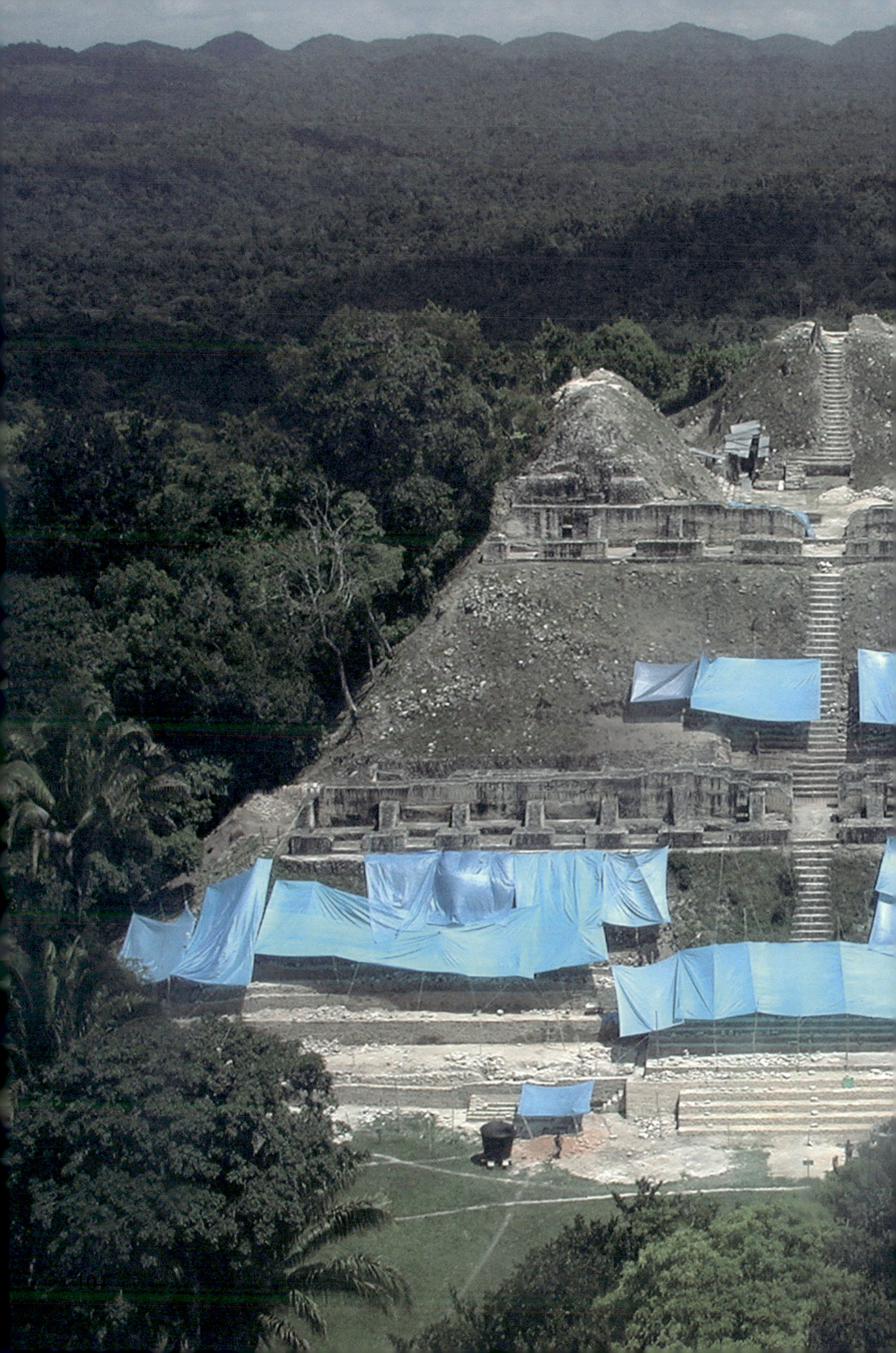

发掘期间的卡拉科尔金字塔（Caana Caracol）

伯利兹素那多尼基遗址A9古墓和第三、四号象形文字碑的发现及其政治意义

吉米·奥（美国北亚利桑那大学）

伯利兹河上游河谷位于与危地马拉接壤的边境，涵盖伯利兹最大的考古遗址群。尽管这里长期吸引考古者关注，只有极少数位于遗址中心区域的纪念性建筑曾经被系统调查过。为了填补这个缺漏并开发旅游业潜力，伯利兹政府于2000—2004年，在苏南图尼奇发起了一项为期四年的考古发掘与保护项目。该项目由吉米·奥领导，并成功发掘和保护了遗址核心区域的六座主要建筑。同时，这个项目修复了被称为卡斯蒂略（Castillo）的大型宫殿建筑群中一件灰泥檐壁饰带（stucco frieze），确定了三座雕刻纪念碑的残片位置，并发现了遗址内首批贵族墓葬中的其中一座。鉴于该项目的成功，吉米·奥于2015年重返此遗址，开启了另一项持续数年的发掘与保护项目。也就是苏南图尼奇考古及文保项目，该项目有两个主要目标：一是以进一步发展旅游为目的，继续保护遗址中心的宏伟建筑；二是取得更多资料，以期进一步理解苏南图尼奇于古典晚期（Late Classic period，公元650—850年）在伯利兹河谷所扮演的政治角色。

在2015年的田野工作期间我们在遗址中心东部边缘区域发掘并保存了一座位于主要卫城的小神殿以及两座寺庙金字塔。2016年的发掘工作移至中庭的西侧，并开始对建筑A9进行调查。如同苏南图尼奇大部分的建筑一样，A9在过去仅得到了有限的考古关注。A9的第一次发掘是在19世纪90年代末由英国医生同时兼考古爱好者汤马斯·江恩（Thomas Gann）进行的，他在土丘顶部发掘了一个大

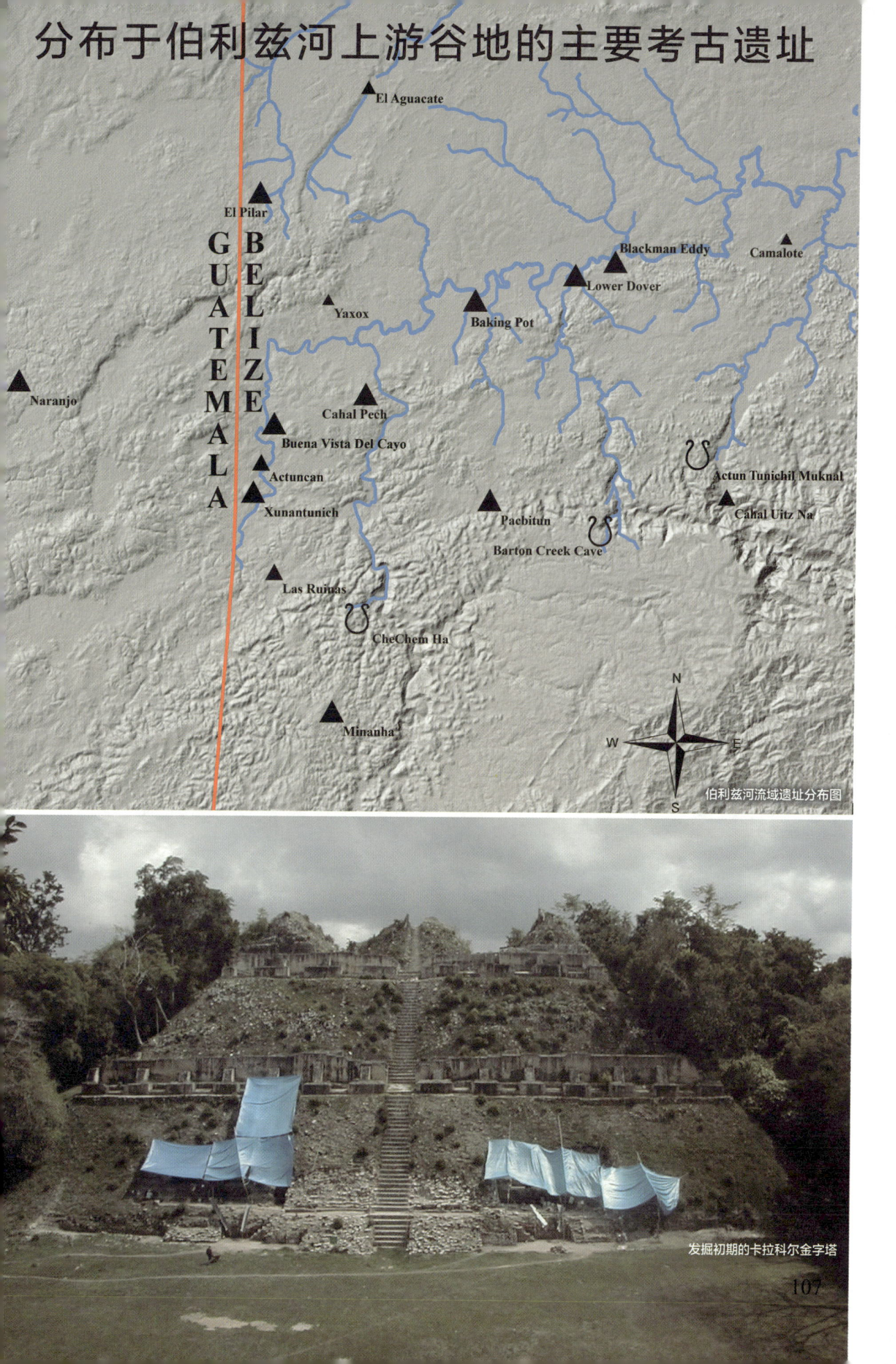

分布于伯利兹河上游谷地的主要考古遗址

伯利兹河流域遗址分布图

发掘初期的卡拉科尔金字塔

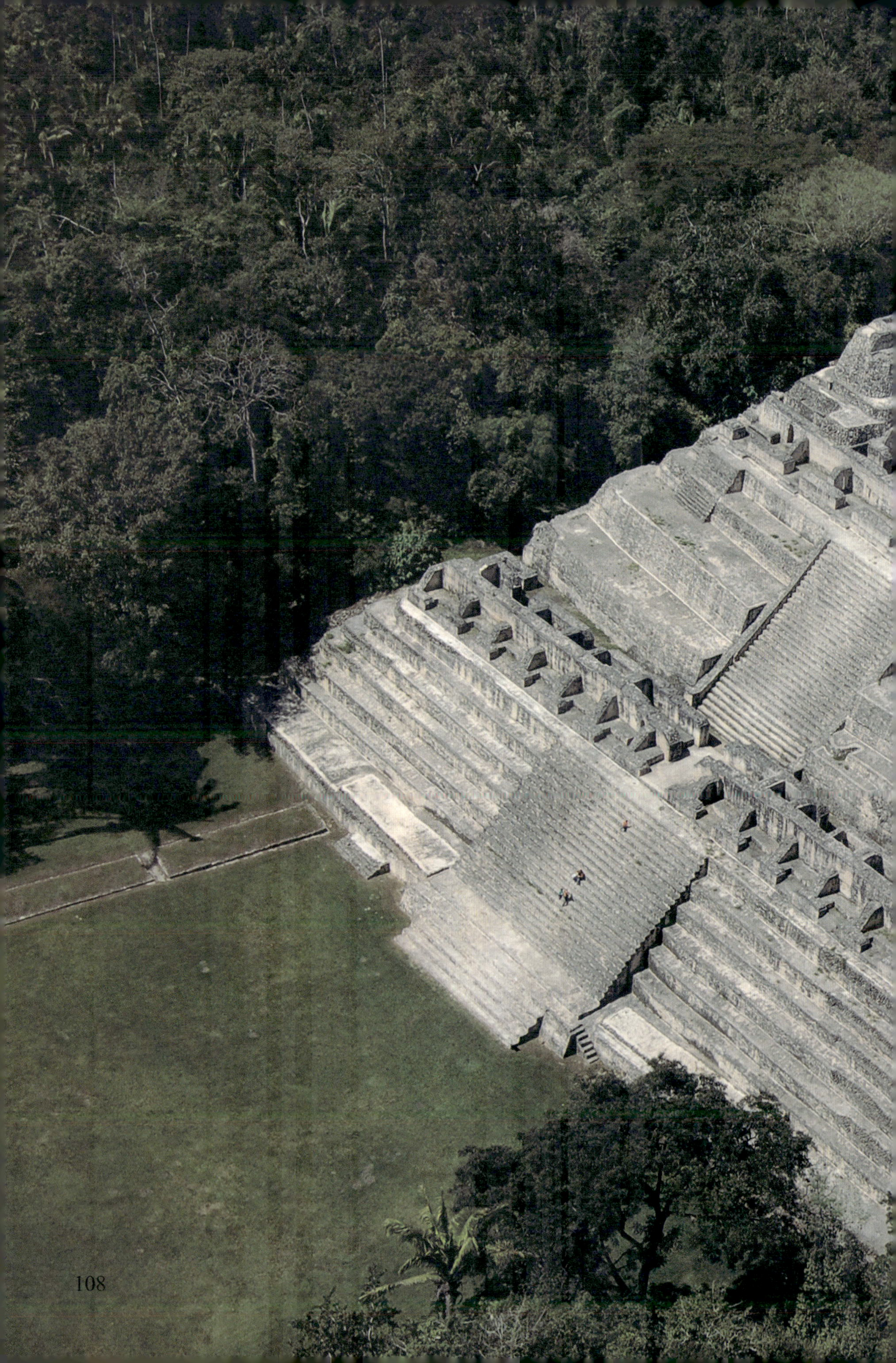

维护后的卡拉科尔金字塔

型坑口。第二次发掘工作则是在20世纪90年代由加州大学洛杉矶分校进行的，他们的工作集中在建筑物的南侧。第二次发掘揭露了建筑物的地基台面，而第一次发掘工作则在建筑物顶部的地表下方发现了一座简陋的墓葬。

我们2016年的调查工作集中于A9的东侧，包含了两个大型发掘单位。第一个发掘区包括整个土丘东部的地基，第二个发掘区则包括从地基延伸到建筑物顶部的轴向沟槽。在前三周的工期内，我们的调查取得了一些重大发现，包括三号和四号象形文字碑版、A9—2墓葬，建筑中央楼梯的第一阶下方发现的两个藏物箱或陪葬箱，以及在建筑底部下方所发现的未雕刻石碑。

随葬品可分为本地的和外来的，包括36件由黑曜石和燧石加工而成的奇异物品。A9-2墓葬的墓穴较大，其墓主为一健壮的成年男性（死亡年龄大概是40岁），随葬有32件陶器、玉饰、贝饰、黑曜石刀、美洲豹骨及鹿骨。

根据我们的解读，四号碑上的象形文字提到这座纪念碑含有一则自"18 K'ank'in"这个日期开始的重要条文，相当于公元642年12月7日。有趣的是，这个日期同时也出现在危地马拉纳兰霍（Naranjo）遗址的一个刻有象形文字的台阶上。然而，更重要的是四号碑上的条文清晰地描述了古典时期强盛的蛇王朝从原来的权力中心（位于墨西哥今日的迪齐班切，即Dzibanche）迁到卡拉克穆尔（Calakmul）的重建历程，经证实，这个过程已在Iahuntun历的9.10.10.0.0（公元642年12月7日）前完成。三号碑的铭文记录了三次事件。第一个事件是关于公元638年巴茨艾克女士（Lady Batz'Ek）的死亡事件。位于苏南图尼奇南边约50公里处的卡拉科尔

卡斯蒂略（Castillo）宫殿在古城苏南图尼奇（Xunantunich）的鸟瞰图

（Caracol）遗址的铭文认定巴茨艾克女士是该地拥有皇族血统的显赫统治者——君主卡恩二世（Lord Kan II）的母亲。第二个事件提到卡努尔王朝或蛇王朝的统治者 Waxaklajuun Ubaah Kan 死于公元 640 年。第三个事件则提到了一场球赛。

在发现了苏南图尼奇铭文之前，关于蛇王朝的统治中心从迪齐班切的地方转移到卡拉克穆尔只是铭文学家猜测出来的，未曾发现具体的证据。然而我们发

位于苏南图尼奇的卡斯蒂略宫殿的东侧雕带

苏南图尼奇卡斯蒂略宫殿及其东侧雕带

现的铭文明确指出这个权力转移其实是蛇王朝两派系之间"内战"的结果。由 Waxaklajuun Ubaah Kan 领导的迪齐班切派输掉了这场战争，并被俘虏。随后他被卡拉克穆尔的皇亲用来献祭。

随着在卡拉克穆尔的权力地位的建立，卡努尔王朝或蛇王朝最终成为玛雅文明古典时期最强大的王国之一。自公元 562 年到公元 7 世纪末，蛇王王国建立了战略联盟，使他们能够击败和征服位于玛雅低地的主要区域竞争对手。这些成功也使他们得以从被打败的政权实体中索取贡品，并将卡拉克穆尔建设成为玛雅文明中最大的核心城邦之一。

但是，这与苏南图尼奇又有什么关系呢？在发现苏南图尼奇的遗物不久之后，我们开始质疑象形文字碑的来源，因为这些铭文的制作风格与铭文的古文字都不像其他在苏南图尼奇发现的雕刻纪念碑。而用于生产面板的致密石灰石也同样如此。我们的地质学家证实用于制造三号和四号碑的原料更像是用于制作卡拉科尔（Caracol）的雕刻纪念碑的石灰石；卡拉科尔是位于伯利兹玛雅山脉南部约 50 公里的大型城市中心。我们项目的铭文学家对铭文的分析也表明，这两个文字碑实际上属于纳兰霍发现的象形文字台阶的一部分，纳兰霍是距离危地马拉西部 14 公里的另一个大型城市中心。

纳兰霍的象形文字台阶最早在 1905 年由奥地利探险家提欧柏·梅勒（Teobert Maler）在纳兰霍的危地马拉遗址记录下来。随后，铭文学家西尔韦纳斯·莫利（Sylvanus G. Morley）于 1909 年参观了这座遗址，并记录了雕刻在台阶上的历法信息。英国铭文学家伊恩·格雷厄姆（Ian Graham）在 20 世纪 70 年代对纳兰霍的另一次访问中，誊画并记录了雕刻在纪念碑上全部的象形文字资料。格雷厄姆对此象形文字台阶的原始记录仍然是纳兰霍象形文字台阶的一手信息来源，因为除了台阶的一部分之外，其余的台阶残块随后都从遗址被盗并在古物市场出售。

琳达·谢尔（Linda Schele）随后在 20 世纪 80 年代对格雷厄姆的照片和绘画进行分析，得出了几个非常有趣的观察结果。研究显示，台阶上的那些有铭文的区域或砌块是不符合语法的，台阶不但遗失了一些碎片，而且这些砌块是以一个难以辨认的顺序排列的。更有趣的是，尽管文字砌块的秩序是乱七八糟的，但铭文还是指出，阶梯是受卡拉科尔的统治者——君主卡恩二世委托制造，以记录他在公元 631 年击败纳兰霍一事。谢尔和大卫·弗道尔（David Freidel）都认为，君主卡恩二世是故意在败敌的首都建造了象形文字台阶，这显然是为了"痛上加辱"。然而，这个结论困扰了后来的铭文学家，因为它不能解释构成台阶的带字砌块放置顺序不合语序的原因。这种不一致最终导致西蒙·马丁（Simon Martin）和尼古拉·格鲁比（Nikolai Grube）在 2004 年提出了另一种假设。马丁和格鲁比提出，象形文字台阶最初在 631 年由卡恩二世在首都卡拉科尔建造。49 年后，在公元 680 年，纳兰霍的 K'ahk Chani Chan Chaahk 攻陷了卡拉科尔，为他统治的城市报

了仇，然后拆除了大部分的象形文字阶，并将砌块碎片运到纳兰霍。这些砌块随后被安装在现于纳兰霍被发现的建筑物上，但故意重新组装，使其无法辨认（或因语法不清而无法辨认）。

当我们把所有这些看似杂乱无章的信息连在一起后，以下的情况就逐渐明朗了。很显然，卡恩二世在公元 631 年击败纳兰霍之后，他委托工匠在首都卡拉科尔雕刻和建造象形文字阶梯。四号碑上的日期指明台阶是在公元 642 年完工并竖立起来。除了描述他击败纳兰霍之外，砌块上的铭文还提到了卡恩二世的母亲巴茨艾克女士的死亡，蛇王朝的 Waxaklajuun Ubaah Kan 之死，以及将蛇王朝权力中心移至卡拉克穆尔等事件。卡恩二世之所以在这个象形文字台阶上提到这些事件，是因为他是蛇王朝的卡拉克穆尔分支的一个盟友，而且他的母亲很可能与该王朝有关联，并以联姻的方式来到卡拉科尔。公元 680 年，在卡恩二世击败纳兰霍 49 年后，纳兰霍统治者向卡拉科尔实施复仇。除了击败后者，纳兰霍统治者拆除了在卡拉科尔的象形文字的台阶，然后将大部分的砌砖移到了纳兰霍，并重新组合使它们难以辨认。

后种解释确实使我们能够将苏南图尼奇三号和四号碑上的象形文字置于大背景下思考，同时有助于我们断定这两处古迹的起源，但仍然无法回答两个主要问题：所谓纳兰霍象形文字台阶的两块残片是如何到达苏南图尼奇的？为什么它们被放置在建筑 A9 的侧面呢？一个假说是：埋葬在 A9—2 中的贵族与导致阶梯在卡拉科尔原址被拆除的原因有关。位于纳兰霍和苏南图尼奇的铭文都表明，这两地在 7 世纪和 8 世纪存在密切联

卡斯蒂略宫殿东侧雕带的绘图

发掘前的古城苏南图尼奇A20建筑

发掘、维护后的古城苏南图尼奇A20建筑

116

图1　古城苏南图尼奇A9建筑展示的是19世纪90年代Gann在顶部的发掘和我们的发掘工作（2016年）
图2　古城苏南图尼奇A9建筑的局部还原
图3、4　古城苏南图尼奇的铭刻
图5　Maler拍摄的纳兰霍（Naranjo）遗址的象形文字台阶

古城苏南图尼奇A9—2墓葬

卡拉科尔金字塔旧照

盟关系。因此我们假设，如果 A9 的墓主在公元 680 年参与了击败卡拉科尔的战役，并且这些碑可能是他所分配到的战利品。这也可以解释为什么此二碑最终竖立在他的墓葬寺庙台阶的两侧。为了验证这个假设，在公元 680 年纳兰霍和卡拉科尔战斗期间，A9-2 中的墓主必定是在世的成年人。为了检验这种可能性，我们将出于墓穴的人类和动物骨骼进行加速器质谱碳十四定年分析。人类遗骸所测得的年代是公元 660—775 年（经校准），而鹿骨的年代是公元 690—890 年。虽然两者跨度的时间都是 100 年左右，但是这两个测年结果都证实彼时墓主还活着，并且年龄足以参加纳兰霍与卡拉科尔之间的战役。在墓中发现的两件陶器上所记录的结束日期也为这种可能证实：其中一件陶器的结束日期为 10 Ajaw，即公元 672 年，另一件则为 8 Ajaw，即公元 692 年。同样的，这两个日期都与战役日期重叠，并为 A9—2 号墓墓主可能作为纳兰霍盟友参加战役的假设提供了辅助。

我们在苏南图尼奇进行调查之前，过去的研究人员已经注意到这个遗址直到 7、8 世纪才崛起。他们推测苏南图尼奇能在此时快速发展，与这一政治组织从一个自治中心转为一个隶属于纳兰霍的政治实体相关。他们还推测，苏南图尼奇可能是一个依附于纳兰霍的盟友，也可能是一个受纳兰霍直接统治的省；而这位统治者可能是被扶持上位的当地贵族成员，也可能是来自外地而被指派到这个新权位上的。为了确定 A9—2 墓中墓主是本地的还是外地的，我们决定对其遗骸进行锶同位素分析。过去的研究表明，伯利兹河流域的锶平均值约为 0.7086，范围为 0.7082—0.709。而 A9 墓中个体的分析结果为 0.708386。这个锶值非常符合伯利兹河流域的典型特征，这表明埋在墓中的贵族是本地人，而不是从纳兰霍安插入苏南图尼奇政治体系的外来者。

我们在苏南图尼奇的调查体现了运用多学科手段对考古遗存进行科学分析的价值。它进一步证明了精细挖掘技术的价值、古人类遗骸中锶同位素分析的应用、动物遗骸的动物考古学分析、随葬器物的分析，人类和其他有机遗体的放射性测年，以及古代玛雅象形文字的破译。只有采用这种综合性方法，我们现在方可破解过去的许多秘密，同时也有助于伯利兹国家考古资源的开发。

吉米·奥和学生在伯利兹

吉米·奥和学生在古城苏南图尼奇

项目负责人简介

吉米·奥（Jaime Awe）是北亚利桑那大学人类学系的副教授，他是伯利兹谷考古勘察项目的主任，也是伯利兹考古学研究所名誉会员。他毕业于伯利兹市圣约翰短期大学，获得了加拿大安大略省特伦特大学荣誉学士学位和人类学硕士学位。1992年他在英国伦敦大学的考古学系完成了博士学位。1990—2000年，他先在加拿大特伦特大学，后在新罕布什尔大学担任考古学助理教授，还曾在伯利兹的加伦大学和蒙大拿大学任教。2000年夏天，他回到伯利兹，领导了在卡拉科尔、苏南图尼奇、卡哈帕奇、阿尔屯哈、赛罗斯、路邦屯和拉马奈的重大保护项目。随后，2003—2014年，他担任伯利兹考古学研究所的第一任主任，并负责管理伯利兹国家的考古遗产。在他的考古生涯中对伯利兹河流域的几个主要地点（包括卡哈帕奇、巴金帕、洛魏多佛、苏南图尼奇和几个洞穴）进行了重要的研究。他发表过一百多篇经过同行评审的期刊文章和书籍，其研究成果已经在几个国内外的电视纪录片中出现过。

吉米·奥

布鲁尼克尔洞穴位于法国西南部,亚奎丹盆地以东,奎尔西的钙质高原以南,其入口俯瞰着加龙河右岸塔恩河的支流阿韦龙河河谷(M. Soulier拍摄,法国科萨德洞穴考古学会提供)

世界上最早的深穴环境利用：
法国布鲁尼克尔遗址和早期尼安德特人

伊科·孟拜尔（法国波尔多大学）
索菲·梵赫旦（比利时皇家自然科学院）
多米尼克·让蒂（法国气候与环境科学实验室，法国国家科学研究中心，法国原子能和替代能源委员会，伊韦特河畔日夫凡尔赛大学）
米歇尔·苏尼及其他合作者（法国科萨德洞穴考古学会）

我们对尼安德特文化（距今 25 万—4 万年），尤其是其早期阶段（距今 25 万—13 万年）知之甚少。除了石质工具、工具组合和极少数骨质工具之外，尼安德特人的手工制品极少保留。而保留下来包括红（赭石）和黑（锰）颜料，以及丧葬遗址（在欧洲、近东和中东地区共约 50 处），这种现代性出现的迹象极其简陋，几乎没被准确断代，导致我们对这群人类祖先的认识十分有限。

我们在此发布布鲁尼克尔遗址（法国西南）环形构造的年代，该构造由整块或大部分破碎的石笋垒堆而成，距离真正入口深度 330 米。石笋圈规则的几何形状、破碎石笋的排列和数处用火痕迹表明这处结构具有人为痕迹。我们对石笋圈中的石笋再生和烧骨进行了铀系法断代（U-Th）测年，结合石笋圈中石笋顶部的测年，得出可靠的、可重复的定年：距今 176500±2100 年，此遗址成为人类活动形成的最古老的有准确测年数据的遗址之一。其 336 米的深度表明，这一时期的人类已经能控制地下环境，这是人类迈向现代性的重要一步。

布鲁尼克尔洞穴深处的石笋圈最近发表在《自然》（Jaubert 等，2016 年）杂志上，共同作者还有 Sophie Verheyden 博士（比利时皇家自然科学研究所）、

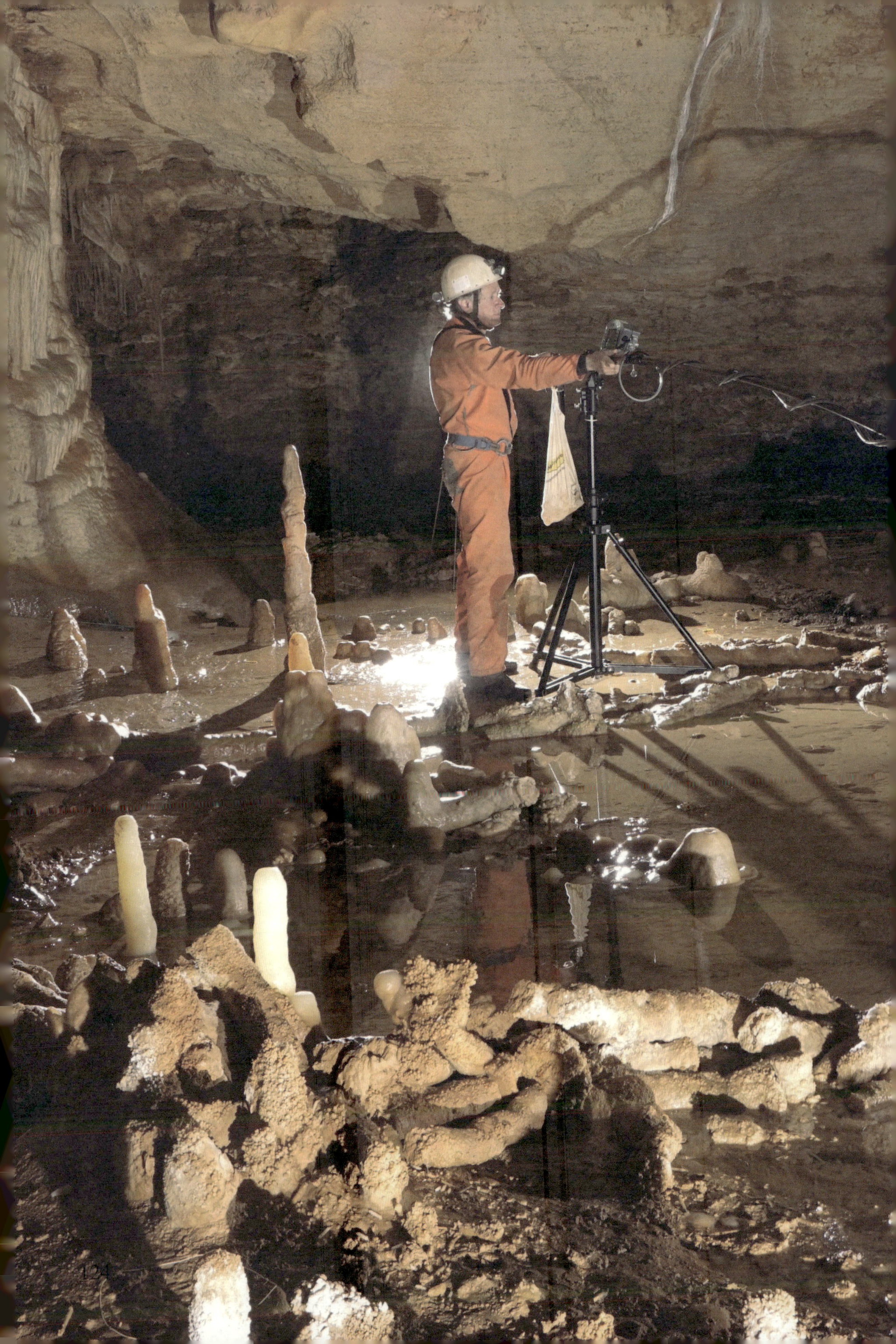

布鲁尼克尔洞穴内部结构全览。由完整和破碎的石笋组成的排列结构位于洞穴最大的房间，距离洞口处330米。洞穴专家米歇尔·苏利耶调查了洞内结构，以便在F.Lévêque博士（法国拉罗谢尔大学）的指导下设计磁力图
(E. Fabre拍摄，法国科萨德洞穴考古学会提供)

布鲁尼克尔洞穴主体结构全景，叠加的石笋层和"洞穴产物"垒叠在三四个水平面上，其中一些垂立在主体结构上
（M. Soulier拍摄，法国科萨德洞穴考古学会提供）

史前史学家Pr. Jaubert和洞穴专家Michel Soulier在研究洞穴结构，每个部分都经过精确记录、测量、拍照以建立数据库
（S. Verheyden拍摄，比利时皇家自然科学研究所提供）

Dominique Genty 教授（法国 LSCE，UMR 8212 CNRS—CEA—UVSQ，Gif—sur—Yvette）和 Michel Soulier（法国科萨德洞穴考古学会）。

科研团队由来自法国、比利时、中国和美国的专家组成：

— 铀系测年法断代：Hai Cheng 博士（中国西安交通大学全球环境变化研究院）和 R. Lawrence Edwards 教授（美国明尼苏达州明尼苏达大学地球科学系）；

— 古气候学：Dominique Blamart 教授、Édouard Régnier（法国气候与环境科学实验室，法国国家科学研究中心 UMR 8212—法国原子能和替代能源委员会—凡尔赛大学，伊韦特河畔日夫）；

— 岩溶学：Serge Delaby 博士（比利时蒙斯大学）；

— 地形学：Hubert Camus 博士（Protée Expert，法国索米耶尔），Xavier Muth（Get in Situ，瑞士）；

— 磁学：François Lévêque 博士（法国拉罗谢尔大学，LIENSs，UMR 7266 CNRS）；

— 地质考古学：Catherine Ferrier 博士（法国波尔多大学，PACEA，UMR 5199 CNRS-UB-MC）；

— 地球物理学：Christian Burlet 博士（比利时皇家自然科学研究所，布鲁塞尔）；

— 烧焦的残骸：Damien Deldicque、Jean-Noël Rouzaud 教授（法国巴黎高等师范学院地质实验室，UMR CNRS 8538）；

— 足迹化石学：Frédéric Maksud（法国文化部奥克西塔尼大区地区考古服务，图卢兹）；

— 摄影测量和 3D 建模：Pascal Mora（法国佩萨克 UMS 3657 SHS-3D）、Xavier Muth；

— 地理信息系统：François Lacrampe-Cuyaubère（Archéosphère，法国基尔巴茹）；

— 统计学：Frédéric Santos（法国波尔多大学，PACEA，UMR 5199 CNRS-UB-MC）。

布鲁尼克尔位于法国西南部（44°05 N，1°66 E）亚奎丹盆地东南，在图卢兹省以北 80 公里，位于阿韦龙河流域，这一地区旧石器时代遗址密集，集中于旧石器时代晚期。

洞穴的入口处有两条狭窄的通道，进入十分困难。我们必须爬行三十余米，边挖掘塌陷的入口才能抵达长 500 米的巷道，幽闭恐惧症患者无法胜任此项工作。通过入口的过道之后，抵达岩屑坡（松散石子构成的斜坡）的顶部，这片地带充满岩屑和碎石板。这处洞穴位于地面以下 336 米，完全隔绝天光。

我们对入口处堆积开展了研究，重点探索其年代问题。早先对洞穴堆积物的铀系法断代结果表明此处非常古老，至少是中更新世晚期（30万—13万年前）。S. Verheyden 认为碎石堆积可能早于石笋圈，问题在于此处是否是人类进入洞穴的通道。

这片碎石堆积之上发现了大型更新世动物群遗骸（包括棕熊、狼、欧洲马鹿、驯鹿和野生山羊等），我们未经取样在原地研究。这些动物的年代尚属未知，但有可能来自中更新世。由于没有发掘，我们将对狼的遗骸进行测量，以确定他们的生物年代（M. Boudadi-Maligne 博士，法国波尔多大学，PACEA, UMR 5199 CNRS-UB-MC）。熊也在巷道起点、碎石堆积底部留下了丰富的活动迹象，包括冬眠洞穴、爪印和足迹等。

第一批洞穴学家只在已经形成的通道上行进研究，以避免往返间对通道表面造成破坏。结石十分壮观，有石笋、钟乳石、石幔和漂浮着方解石的湖泊等。注意到这一点十分重要，因为尼安德特人大体上也看到了同样的环境。这两处奇特的石笋圈最初是由探险者发现的。1995年法国的一个洞穴探险杂志《洞穴》发表了一张地图，是关于这处洞穴最早的研究。Rouzaud 及其合作者辨认出了建筑材料（破碎或完整的石笋）、截取材料的痕迹和方解石的再生。他们同时也在石笋圈中发现了一片烧火痕迹及烧骨。Valladas 博士通过碳十四加速器质谱分析得出了至少距今 4.7 万年的数据，这一数据是该方法测年所能达到的极限（Rouzaud 等，1995 年）。

首次发表之后，除了极少数例外（Balter, 1996 年，Rouzaud, 1996 年、1997 年），布鲁尼克尔遗址未被提及。只有 M. Lorblanchet（1999）、J. Clottes（2005, 2006）和 B. Hayden（2011, 2012）等学者论及布鲁尼克尔遗址，并将其认定为旧石器时代中期，或者认为石笋圈是尼安德特人所为。

由于 François Rouzaud 的英年早逝，以及洞穴限入令的限制，直到 2014 年才重新启动对该遗址的进一步研究。我们与 Sophie Verheyden 博士、Dominique Genty 教授和 Michel Soulier 教授等学者一起研究这一神秘构造，并将研究成果发表于 2016 年的《自然》杂志（Jaubert 等，2016 年）上。

我们的研究目标主要有二，首先，利用现代科研手段开展更精确的调查，以数据库形式更准确地描述石笋圈的所有构建元素；其次，采用最简单的概念指导断代：石笋顶端代表的是最老年份，而封住这一构造（再生）的石笋底部则是石笋圈年代的下限。石笋圈的年代应该在上下限之间。

首先，石笋圈距离洞穴入口 336 米，建造于靠近洞穴中心的最大空间内。石笋圈的材料纯粹为方解石。我们已经辨认出两大类结构：两个环状圈（A 和 B）和 4 个略小的石笋堆积（C, D, E, F）。其中最大者面积为 7 x 5 米，小的直径约 1—2 米。整个构造采用了 420 块石笋，估计采用了重逾 2 吨的石笋，因此该遗迹被命名为"洞穴产物"。

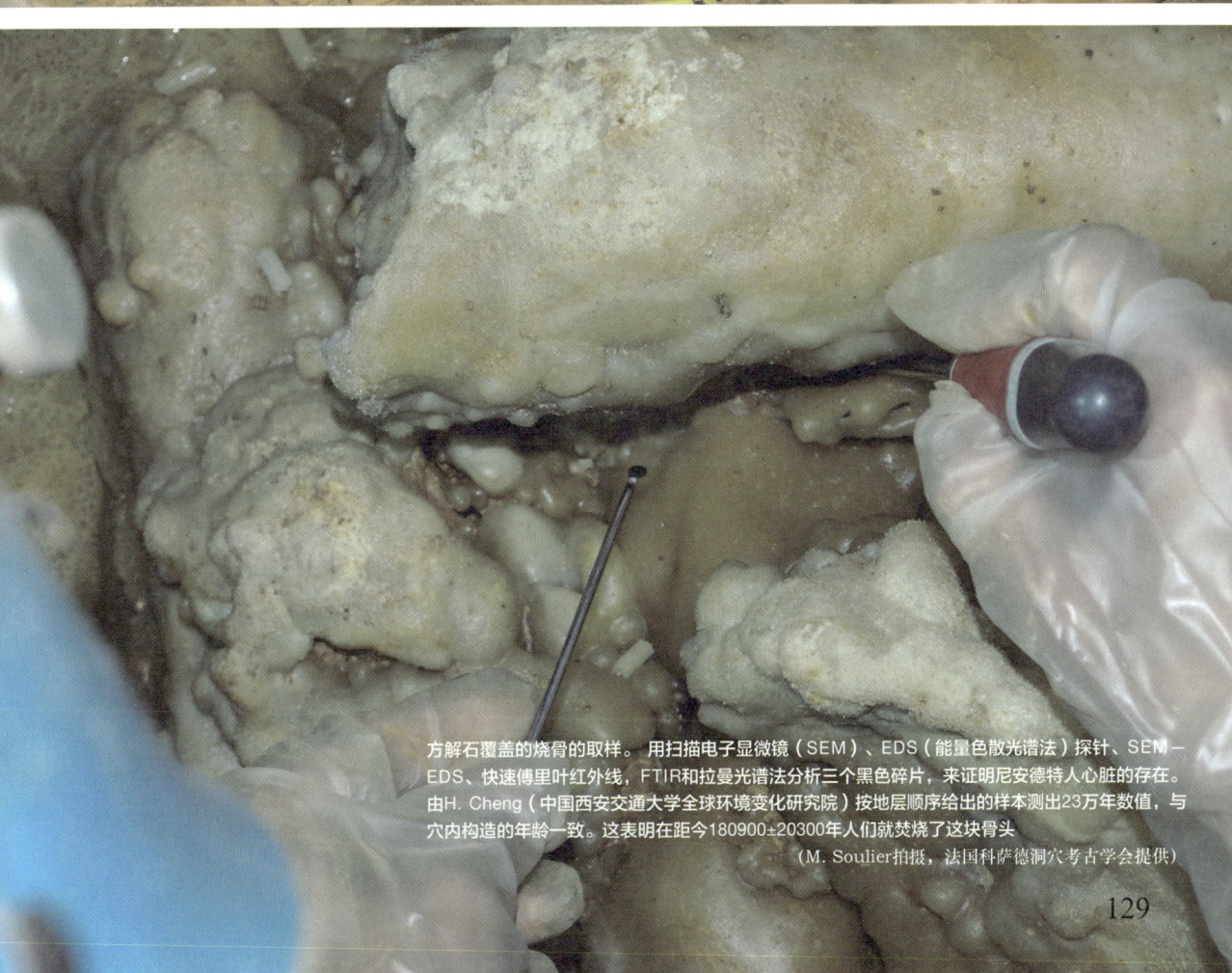

为了给方解石测年，洞穴堆积抽样专家É. Régnier（LSCE, UMR 8212 CNRS—CEA—UVSQ, Gif—sur—Yvette, France）在主体结构的石笋面上采集了一块方解石石核
（M. Soulier拍摄，法国科萨德洞穴考古学会提供）

方解石覆盖的烧骨的取样。用扫描电子显微镜（SEM）、EDS（能量色散光谱法）探针、SEM—EDS、快速傅里叶红外线，FTIR和拉曼光谱法分析三个黑色碎片，来证明尼安德特人心脏的存在。由H. Cheng（中国西安交通大学全球环境变化研究院）按地层顺序给出的样本测出23万年数值，与穴内构造的年龄一致。这表明在距今180900±20300年人们就焚烧了这块骨头
（M. Soulier拍摄，法国科萨德洞穴考古学会提供）

进入洞穴的其他区域绝非易事。首先需要进行翔实的埋藏学分析。固然部分石笋圈淹没在水中，而部分埋藏在土里。但是从埋藏学角度来看，主要问题是方解石的存在。石笋圈的大部分都被方解石覆盖，一层精细方解石、一层硬壳以及再生成分，均晚于石笋圈本身。通过 3D 建模（摄影测绘，P. Mora），我们请团队中的同事（F. Lacrampe-Cuyaubère, X. Muth）尽量清除近期方解石，尤其是再生成分，以确保获得原始结构。

此外很重要的一点是证明该结构与人类活动相关。我们计算（与 with F. Santos）并比较了熊的洞穴（凹陷）与两个石笋圈的尺寸。石笋圈的主要组成部分的方向和方位角相似，根据施密特图也没有显示出任何优势方向。这表明这种排列方向和坡度模式不可能是水流、质量流或者其他重力作用自然形成的。

至于建筑材料问题，通过初步观察，我们发现"洞穴产物"基本上完全采用石笋而非钟乳石，偶见流石，且首选材料的类型十分明确：几乎全部为单体石笋。同时我们发现，这些石笋甚少有完整的，基本都是碎块，明显是被打碎并截断所致。半数残块都是石笋的中段，其次是末梢和近端。这些石笋经过精确校准，大小石笋均有对应的平均长度。这些测量和测试结果强烈表明这是一处人为工程。基于大型洞穴产物的存在，石笋圈的主圈可与其他建筑部分明显区分。

主圈由一到两三层，甚至四层石笋整齐垒叠而成。有趣的是，石笋层的内侧放置较短的材料，意在以楔入的方式支撑石笋圈。其他石笋则垂直置放于主圈旁，以维持支撑的状态。

1995 年发表的第一篇研究报告（Rouzaud 等，1995 年）只确认了三处用火遗迹，而我们发现了 18 处。六个石笋结构中全都有用火痕迹和包含火烧遗存的区域。只有一处用火遗迹发现在地面上，但这是正常现象：因为除了该片没有被方解石覆盖的区域，其他厚厚的方解石外壳避免了原始土壤的暴露。我们已观察到烧骨、烟火痕迹、烧过的发红或发黑且有裂痕的洞穴产物，石笋圈中还发现 12 枚黑色骨骼残片。

我们对发红或发黑最明显的区域进行了磁性测量，确认这些遗迹都经过加热，磁性图（F. Lévêque）表明方解石层下方甚至还有三处用火遗迹。Genty 教授用于测年而取样的最大烧骨片就取自方解石层之下。另一件黑色碎片密封在所谓的"洞穴产物"和方解石再生层之间的核心处。分子与原子光谱（红外，拉曼光谱：Pr J.-N. Rouaud, D. Deldicque）表明，这些遗存显然经由人类加热。

石笋圈的年代问题，主要通过对石笋方解石进行铀系法断代确定（Pr Hai Cheng 和 Pr R. L. Edwards）。石笋顶端是最老年龄，底部的再生代表了石笋圈的最新年龄。

我们选取了 18 件样品进行电感耦合等离子体质谱法以及铀系同位素测年。还对另外四份样品进行测年：一份来自流石核，三份来自覆盖烧骨的方解石硬壳。

重大田野考古发现奖获奖项目

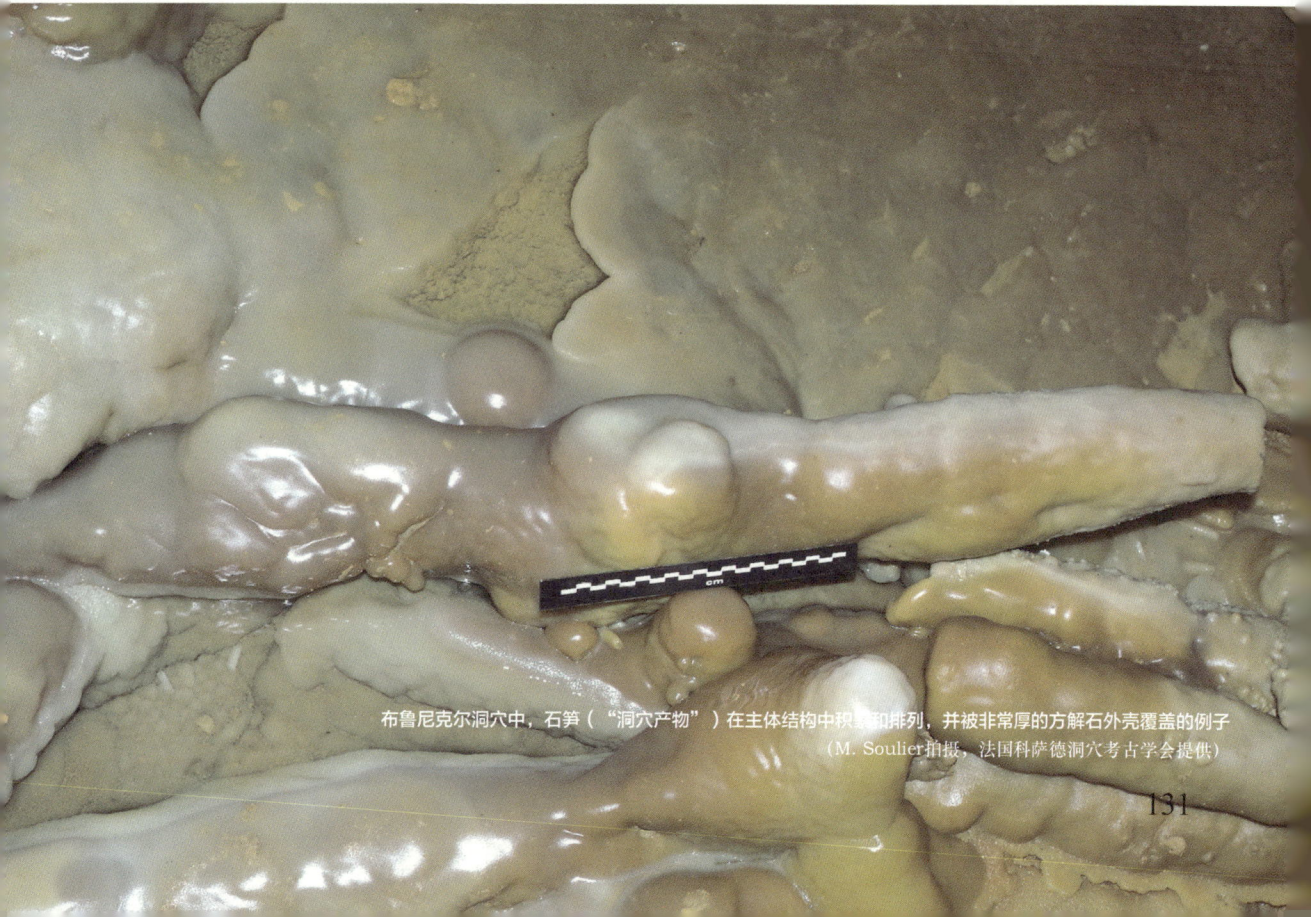

在穴内结构上方进行地磁测量。地磁测量旨在通过检测磁异常来揭示被加热的位置，包括加热点和细微的着火点。利用磁测技术实现对史前洞穴的加热点高空间分辨率探测是近年来法国拉罗谢尔大学F.Lévêque的一项创新
（M. Soulier拍摄，法国科萨德洞穴考古学会提供）

布鲁尼克尔洞穴中，石笋（"洞穴产物"）在主体结构中积累和排列，并被非常厚的方解石外壳覆盖的例子（M. Soulier拍摄，法国科萨德洞穴考古学会提供）

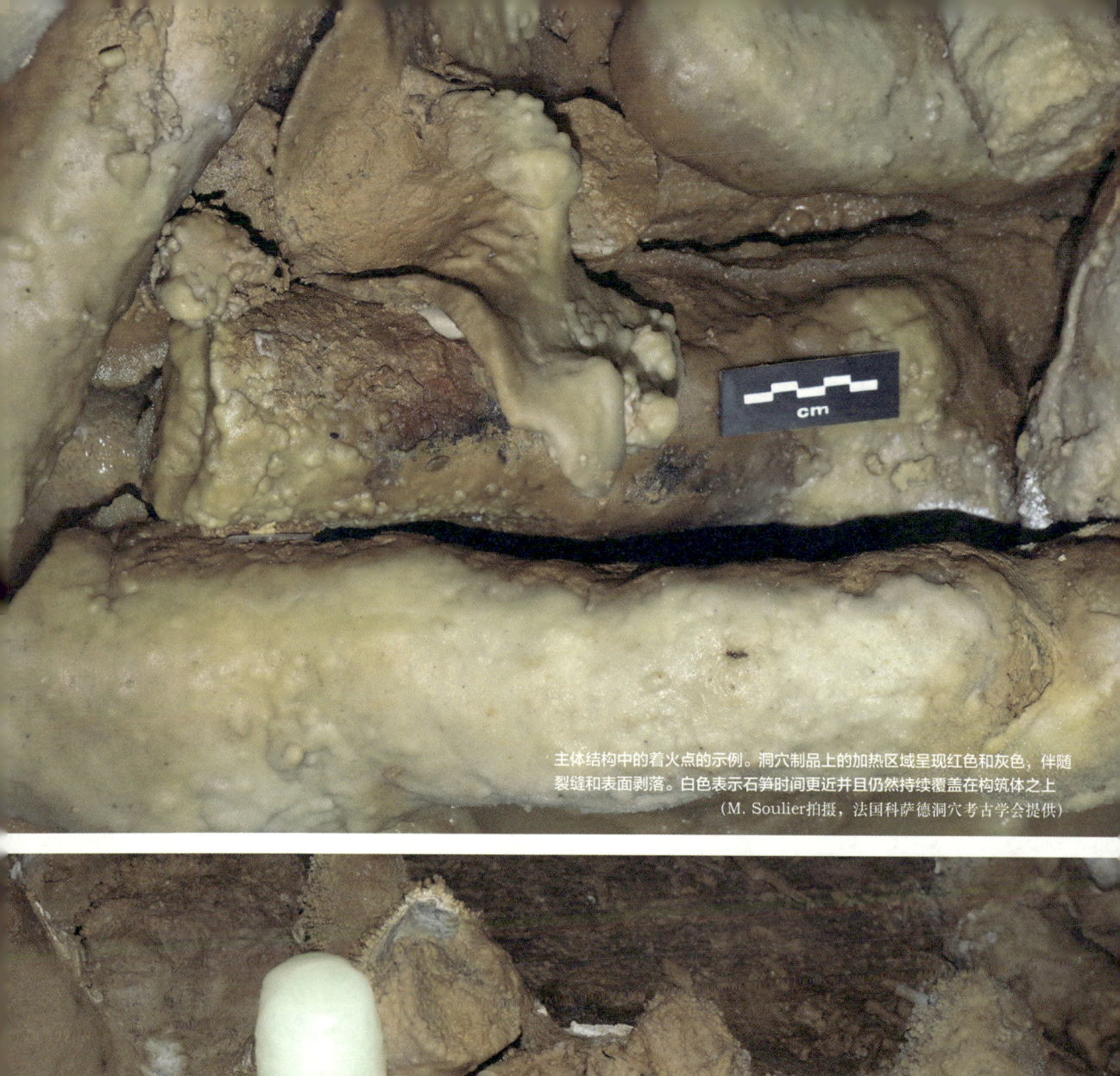

主体结构中的着火点的示例。洞穴制品上的加热区域呈现红色和灰色，伴随裂缝和表面剥落。白色表示石笋时间更近并且仍然持续覆盖在构筑体之上
（M. Soulier拍摄，法国科萨德洞穴考古学会提供）

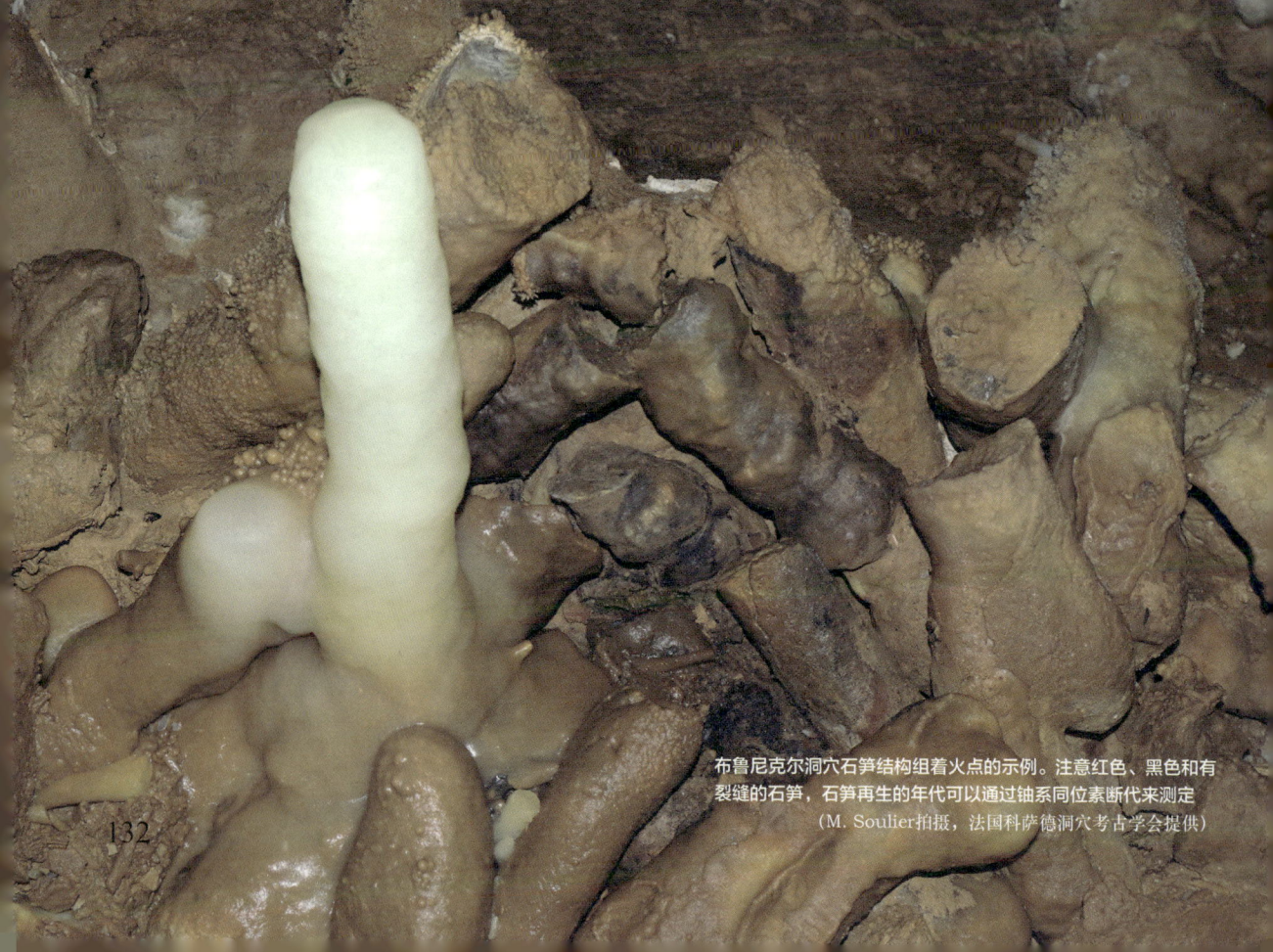

布鲁尼克尔洞穴石笋结构组着火点的示例。注意红色、黑色和有裂缝的石笋，石笋再生的年代可以通过铀系同位素断代来测定
（M. Soulier拍摄，法国科萨德洞穴考古学会提供）

对所使用石笋的测年提供了第一个指标，分布在距今 17.7 万年和 40 万年之间。更有趣的是覆盖在石笋圈上的方解石壳再生的年代，其两个最为久远的年代刚好落在同一时间框架内，部分与石笋圈中最新的石笋年份重合。这个年代序列表明石笋顶端与方解石再生层大致同时或略早于再生层。

烧骨表明了人类活动的存在，其年代在距今 18 万 ±2 万年前。石笋圈中的流石年代接近，表示这个时期（海洋同位素阶段 6）虽然处于冰川期，但其气候却足够温暖湿润，保证了持续的方解石沉积。这个结果表示石笋圈建于距今约 17.6 万年。

石笋圈的建造需要选择特定的原材料（石笋），根据标准尺寸进行取材、分解，并按计划运输及安置。所有这一切都需要一定程度的建筑技能，例如在两排构件之间插入支撑部件等。建筑过程中使用的"洞穴产物"的数量（420 件）及其总重量（2.1—2.4 吨）表明建筑过程简单而漫长。这项工作还需要充足的照明，考虑到进入洞室的通道较长，这必定是一项集体工程。而完成这样一个工程，需要有一个社会组织，由数个个体共同进行设计、商讨和分工。

布鲁尼克尔遗址对于早期尼安德特人研究的突出重要性主要体现在以下三个方面。

其一，它揭示了包括尼安德特人和早期尼安德特人在内的前现代人种对喀斯特地下深处洞穴的利用情况。在此之前从来没有发现过位处此类深穴环境的遗址。此前发现的零星几处旧石器时代中期遗址要么无法得到证实，要么只包含可见天光的入口处。目前最早的证据发现在欧洲（例如约距今 4.2 万—3.2 万年的西班牙埃尔·卡斯蒂略和法国科维洞穴遗址）、东南亚/巽他、华莱士地区（距今约 4 万—3.5 万年的印度尼西亚苏拉威西岛的佩塔克雷洞穴遗址）。这些遗址都不早于距今 4 万年，通常认为与智人相关，具有象征意义的岩画是证实智人痕迹的主要原因。这是另一个世界。

其二，它表现了此前从未被报道过的精密建筑活动。除法国尼斯的 Lazaret 洞穴遗址（距今 13 万—16 万年）之外，欧洲大多数此类遗址都是开放式场地，属于居址。例如荷兰的 Maastricht—Belvédère，乌克兰的莫洛多瓦一号遗址，罗马尼亚的 Ripiceni—Izvor 和法国的 La Folie 等遗址，都集中于中旧石器时代晚期。在此我们不准备讨论布鲁尼克尔遗址的功能，因为由 Brian Hayden 教授主持的这方面研究才刚刚起步。

其三，发现了用火遗迹。中旧石器时代早期的用火遗迹十分罕见，布鲁尼克尔洞穴中应该使用过可移动的灯或者火把，但是我们也知道，考古发现最早的灯属于旧石器时代晚期。

我们的发现表明，布鲁尼克尔遗址的尼安德特人已经具备了某些现代性要素，其出现时间远早于此前所知，在比旧石器时代晚期更早的时期对石笋的使用也十分引人注目。远离入口的石笋圈表明尼安德特人已经适应了这种奇特而危险的环境，我们认为这是人类历史上引人关注的一步。

133

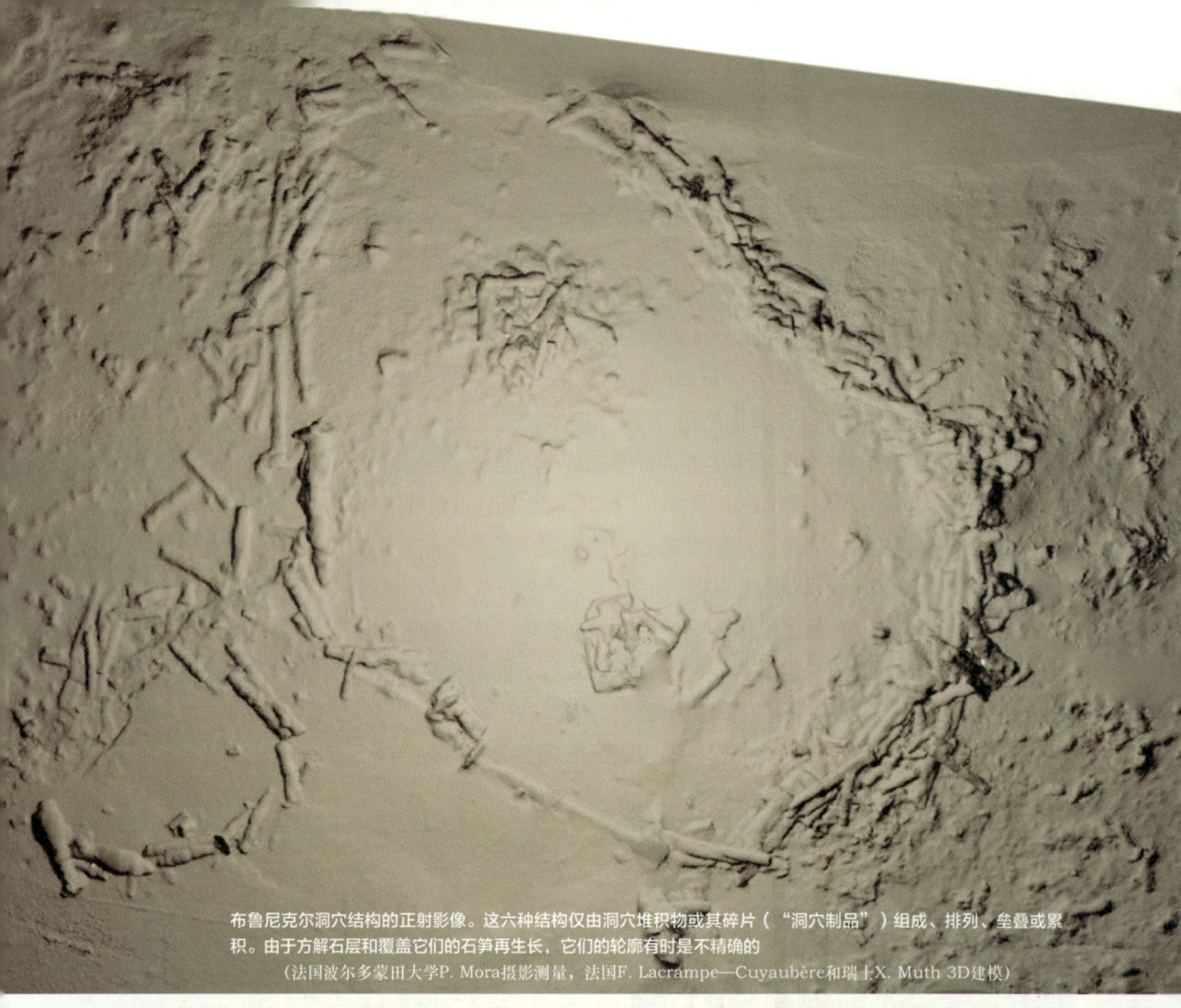

布鲁尼克尔洞穴结构的正射影像。这六种结构仅由洞穴堆积物或其碎片（"洞穴制品"）组成、排列、垒叠或累积。由于方解石层和覆盖它们的石笋再生长，它们的轮廓有时是不精确的
（法国波尔多蒙田大学P. Mora摄影测量，法国F. Lacrampe—Cuyaubère和瑞士X. Muth 3D建模）

布鲁尼克尔洞穴结构的正射影像。这六种结构仅由洞穴堆积物或其碎片（"洞穴制品"）组成、排列、垒叠或累积。最大的环形结构为6.7 x 4.5 m，较小的环形结构为2.2 x 2.1 m。堆积结构由石笋堆叠组成，直径为0.55米至2.60米
（法国波尔多蒙田大学P. Mora摄影测量，法国F. Lacrampe—Cuyaubère和瑞士X. Muth 3D建模）

项目负责人简介

伊科·孟拜尔（Jacques Jaubert）曾在巴黎第一大学学习考古学，专长旧石器时代考古。他于1984年以尼安德特人的工具（石器技术）为题完成学位论文，然后就职于文化局，先后在艾克斯省（1986—1990年）和图卢兹省（1991—2002年）负责法国东南和西南地区的史前考古工作。在南部比利牛斯地区，他致力于史前洞穴遗址的管理工作。他在诸多史前考古和旧石器时代考古研究委员会中任职，包括法国国家高等考古研究院、拉斯科洞窟科学委员会和科维岩洞研究委员会等。他于2002年被委任为波尔多大学史前考古教授。受科研及高等教育部委托，他创立了人类学和史前考古及地质学实验室。他协助创立了PACEA实验室（全名为"从史前到当代：文化、环境和人类学"实验室），并于2004—2010年出任该实验室负责人。他还与巴黎高校合作，指导了人类学和史前（生物地球科学）研究生课程，这是法国该领域内最重要的专业之一，并在由波尔多大学支持的"科学与环境"研究院中成为自己学科的代表。他致力于尼安德特人聚落与旧石器时代中期技术研究，同时也指导旧石器时代晚期岩画洞穴遗址研究工作。他曾率队在蒙古国和伊朗开展工作，并参与过亚美尼亚、也门、中亚和西伯利亚地区的相关工作。目前他在法国西南部指导库萨克洞穴遗址和布鲁尼克尔洞穴遗址这两项重要田野发掘。他撰写了数百篇论文，并撰写或指导了15部专著，参与了大量的展览和纪录片拍摄工作。

伊科·孟拜尔

谭家岭W9 玉冠饰

长江中游地区史前文明的中心——石家河聚落考古新发现

孟华平（中国湖北省文物考古研究所）

石家河遗址位于湖北省天门市石河镇，地处大洪山南麓、江汉平原北部的山前地带，是长江中游地区已知分布面积最大、保存最完整、延续时间最长的史前聚落群，面积约 8 平方公里。

石家河遗址最早发现于 1954 年。1955—1992 年，考古工作者多次调查、发掘石家河遗址，确立的考古学文化序列与谱系及以石家河城址为核心的聚落群奠定了石家河遗址研究的重要基础，发现的蕴含丰富史前文明信息的大型建筑、铜器、玉器、刻划符号、祭祀遗迹等是探索中华文明进程的重要内容。这里的考古学文化主要经历了油子岭文化（距今 5900—5100 年）、屈家岭文化（距今 5100—4500 年）、石家河文化（距今 4500—4200 年）、后石家河文化（距今 4200—4000 年）等 4 个发展阶段。其中，从油子岭文化到屈家岭文化再到石家河文化的基本文化特征非常相似，可以说是一脉相承。但到后石家河文化时期，其整体文化面貌发生较大的改变，存在文化谱系上的断裂或突变。

为深入了解石家河遗址的布局结构、探讨石家河遗址在中华文明进程中的作用与地位，2008 年，湖北省文物考古研究所对以石家河遗址为中心的 150 平方公里的区域进行系统调查，确认史前遗址 73 处。2011 年，发掘确认石家河城址东南段缺口存在城垣堆积。2014—2016 年，湖北省文物考古研究所联合北京大学考古文博学院、天门市博物馆对石家河遗址核心区进行系统勘探，并重点发掘谭家

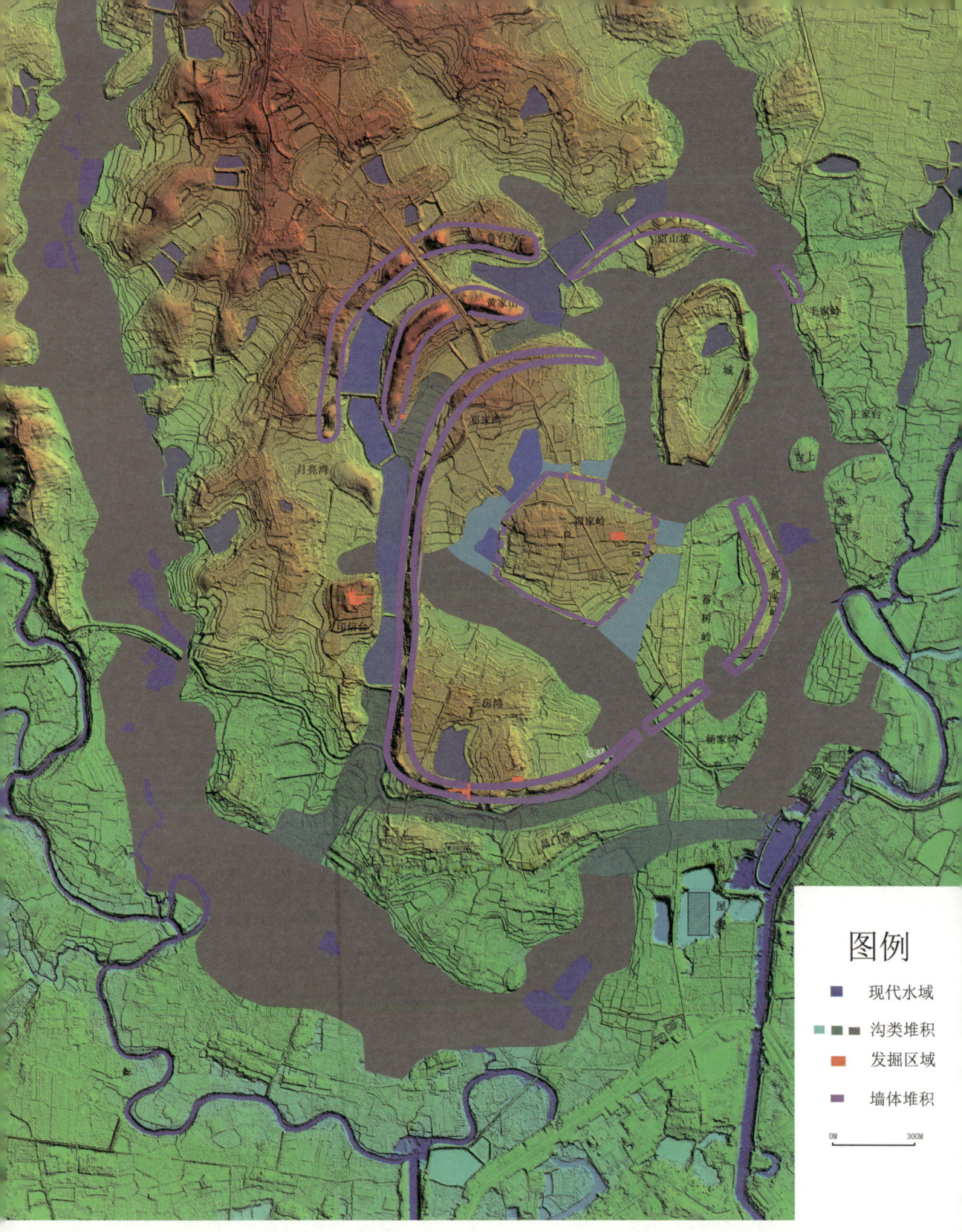

石家河遗址勘探与发掘位置图

138

岭、印信台、三房湾、严家山等遗址，共计勘探面积约3平方公里，发掘面积约3375平方米，取得一批新成果。

其一，勘探发现石家河遗址核心区域存在多重人工堆筑的大型城壕遗迹，为宏观上认识石家河遗址的布局结构提供了新视角。新发现的谭家岭城址位于石家河遗址的中心，平面大体呈圆角方形，城垣东西长440米、南北宽390米，城垣内总面积17万平方米，城壕内总面积则达26万平方米。

其二，发掘的谭家岭、三房湾、印信台、严家山等遗址，是深入研究石家河遗址聚落结构演变及石家河城址聚落功能区化的新物证。

谭家岭城址北部揭示的城垣由较纯净黄土堆筑而成，城垣顶宽约14.5米、厚约3.1米，城壕宽约30米、深达9米，城壕淤泥中残存一排木构遗迹，其始建年代属于油子岭文化晚期，是同时期中国发现规模最大的史前城址。

谭家岭遗址东部高地揭示的后石家河文化时期随葬玉器的瓮棺葬、石家河文化晚期面积达144平方米的大型建筑台基残迹以及屈家岭文化早期的土坑墓地，初步反映出该区域聚落格局的变化状况。

三房湾遗址揭示的陶窑、黄土堆积、黄土坑、洗泥池、蓄水缸以及数以万计的红陶杯残件等，具有典型的制陶作坊特征，是一处石家河文化晚期至后石家河文化时期以烧制红陶杯为主的专业窑场。

印信台遗址主要揭露出5座人工堆筑的台基以及沿台基边缘分布的100余座瓮棺、扣碗等遗迹。台基之间的低地填埋大量石家河文化晚期的厚胎红陶缸、红陶杯等废弃品及少量人骨残骸，有些废弃的红陶缸还呈现排列有序、相互套接的状态，部分红陶缸上新发现多种刻划符号，是一处石家河文化晚期多次进行祭祀活动的特殊场所，也是长江中游地区目前发现规模最大的史前祭祀场所。

石家河城址南城垣西段缺口的城垣被石家河文化晚期的文化堆积叠压，并叠压屈家岭文化早期的堆积，城垣之间的缺口宽约12米、残深2.6米，它至少在石家河文化早期依然存在，是人为设置的进出石家河城址的通道。

严家山遗址揭示的墙体堆积被石家河文化晚期的文化层堆积叠压，其年代不晚于石家河文化晚期。石家河文化晚期至后石家河文化时期石块堆积的石块属极易破碎的灰白色白云岩，且部分石块可见敲打、磨平、钻孔等痕迹，具有石器加工场所的若干特点。后石家河文化时期20座瓮棺葬仅见30余件玉器废料，反映出瓮棺葬主人身份的新线索。

其三，新发现一批后石家河文化时期的玉器，丰富了中华文明进程研究的内涵。谭家岭遗址5座瓮棺出土的240余件精美玉器是后石家河文化时期石家河遗址玉器的又一次集中发现，新见的神人头像、双人连体头像玉玦、虎座双鹰玉饰、玉牌饰、虎形玉冠饰、玉虎、玉鹰等，不仅类型丰富、造型生动，而且技术精湛，代表了史前中国乃至东亚地区玉器加工工艺的最高水平。

谭家岭城垣与城壕

谭家岭东部发掘现场

印信台套缸4刻划符号

谭家岭W9连体双人玉玦

谭家岭W9 玉鹰

谭家岭W9玉人头像

谭家岭W9玉虎头像

144

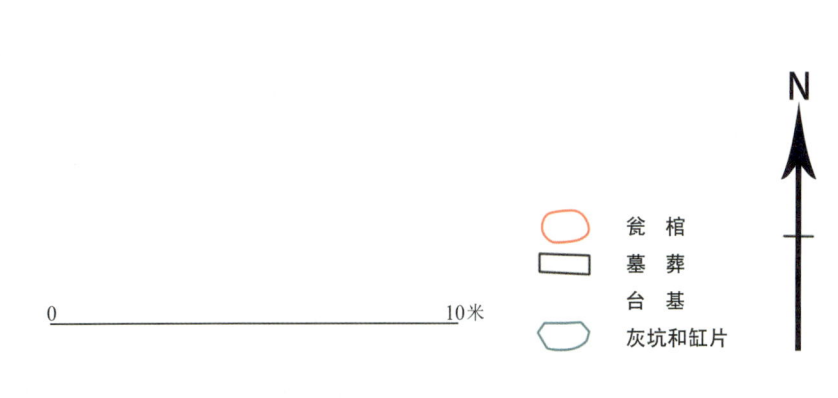

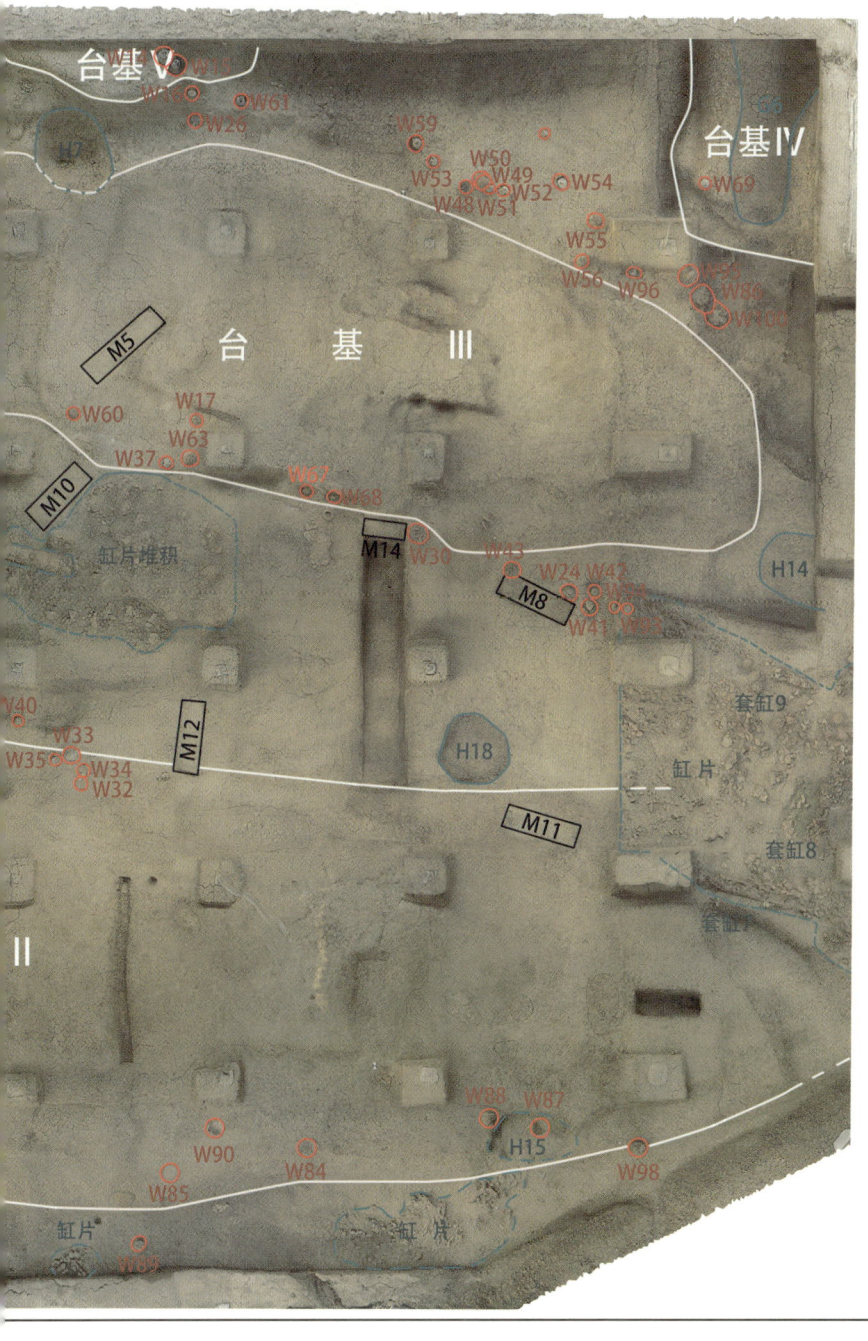

印信台遗迹平面图

上述考古工作为我们深入认识石家河遗址聚落结构的演变、区域文明中心的形成及在中华文明一体化进程的作用等方面具有重要价值。

石家河遗址核心区域存在的多重人工堆筑的大型城垣类遗迹及人工开挖的城壕类遗迹并非短期形成，而是经历了比较漫长的发展过程，其聚落结构的演变大致可分为三个阶段。年代最早的谭家岭城址位于石家河遗址的中部高地，其始建年代早到油子岭文化晚期并使用至屈家岭文化早期，此时，始建于油子岭文化早期的龙嘴城址废弃，距龙嘴城址北约6公里的谭家岭城址则成为油子岭文化发展的新中心。屈家岭文化晚期至石家河文化时期，石家河遗址的聚落结构出现明显变化，面积达120万平方米的石家河城址横空出世，位于石家河城址中心的谭家岭城址废弃但转变为重要的居住中心，以石家河城址为核心面积达8平方公里的石家河遗址聚落群开始形成。在石家河文化晚期，石家河城址外西、北部存在的两条人工堆筑的黄土墙体堆积可能系石家河城址的扩建工程。后石家河文化时期，石家河遗址的聚落结构再次发生显著变化，原有的城壕体系瓦解，聚落分布比较零散，未发现明显的聚落中心。

长江中游地区的文明化进程大约开始于油子岭文化时期，出现了一系列社会复杂化现象，其中的谭家岭城址是同时期规模最大的聚落。发展到屈家岭文化至石家河文化时期，长江中游地区的社会复杂化程度进一步加剧，成为中华早期文明多元格局中的重要代表。此时的长江中游地区已经形成文化面貌高度相似的文化统一体，存在十余座规模不等的城址所构成的网络体系，出现聚落等级与社会阶层的明显分化，社会分工日益细化，石家河遗址以其丰厚的文化积淀，无论是从长江中游地区规模最大的石家河城址看，还是从谭家岭大型居住址、印信台大型祭祀遗址、三房湾大型制陶作坊遗址等聚落功能的专门分区看，还是从出土遗物中刻划符号、孔雀石的代表性与出土遗物的丰富度看，无疑可视为长江中游地区文明的中心，具有文化引领与文化辐射的重要地位。

多元一体是中华文明进程的重要特点。长江中游地区以石家河遗址为中心的

印信台套缸3、套缸4、套缸6

区域文明发展进程到后石家河文化时期并未依照自身的轨迹运行，此时出现的非本区域文化传统的随葬玉器的瓮棺葬俗、大量涌现的源自中原王湾三期文化的陶器以及部分山东龙山文化因素等现象表明，长江中游地区早期文明的发展进程遭受黄河文明的强烈冲击被迫中断，以石家河遗址为代表的后石家河文化已被整体纳入黄河文明的进程中。虽然以石家河城址为核心的聚落模式瓦解，尚未发现这一时期明显的中心聚落，但石家河遗址多地发掘出的精美玉器、制玉遗迹、陶塑艺术品、铜器等，显示这里仍然存在发达的手工业，其文化依然相当繁盛，且瓮棺葬主人之间存在明显等级身份的分化，石家河遗址仍然可作为在后石家河文化时期中华文明一体化进程的典型代表。

烧土堆积1

黄土坑

黄土堆积

水缸

三房湾遗址发掘现场

三房湾遗址废弃红陶杯局部

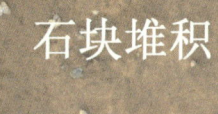

严家山遗址第2层下部瓮棺分布

谭家岭W8玉人头像

谭家岭W8虎座双鹰

项目负责人简介

孟华平，1990年毕业于吉林大学考古系，获硕士学位。现任湖北省博物馆副馆长、湖北省文物考古研究所副所长。多次主持大型考古发掘与研究项目，如石家河遗址、金鸡岭遗址、东门头遗址、庙坪遗址、辽瓦店子遗址等。自20世纪80年代末，即参与并负责石家河遗址的考古发掘和调查工作，发表《长江中游史前文化结构》《秭归庙坪》《邓家湾》《武昌放鹰台》《秭归东门头》《随州金鸡岭》等专著及数十篇论文。在中华文明探源与大遗址保护项目中，长期担任长江中游地区的课题负责人，在新石器考古、聚落考古等领域具有深厚的学术功底和较高的知名度。

孟华平

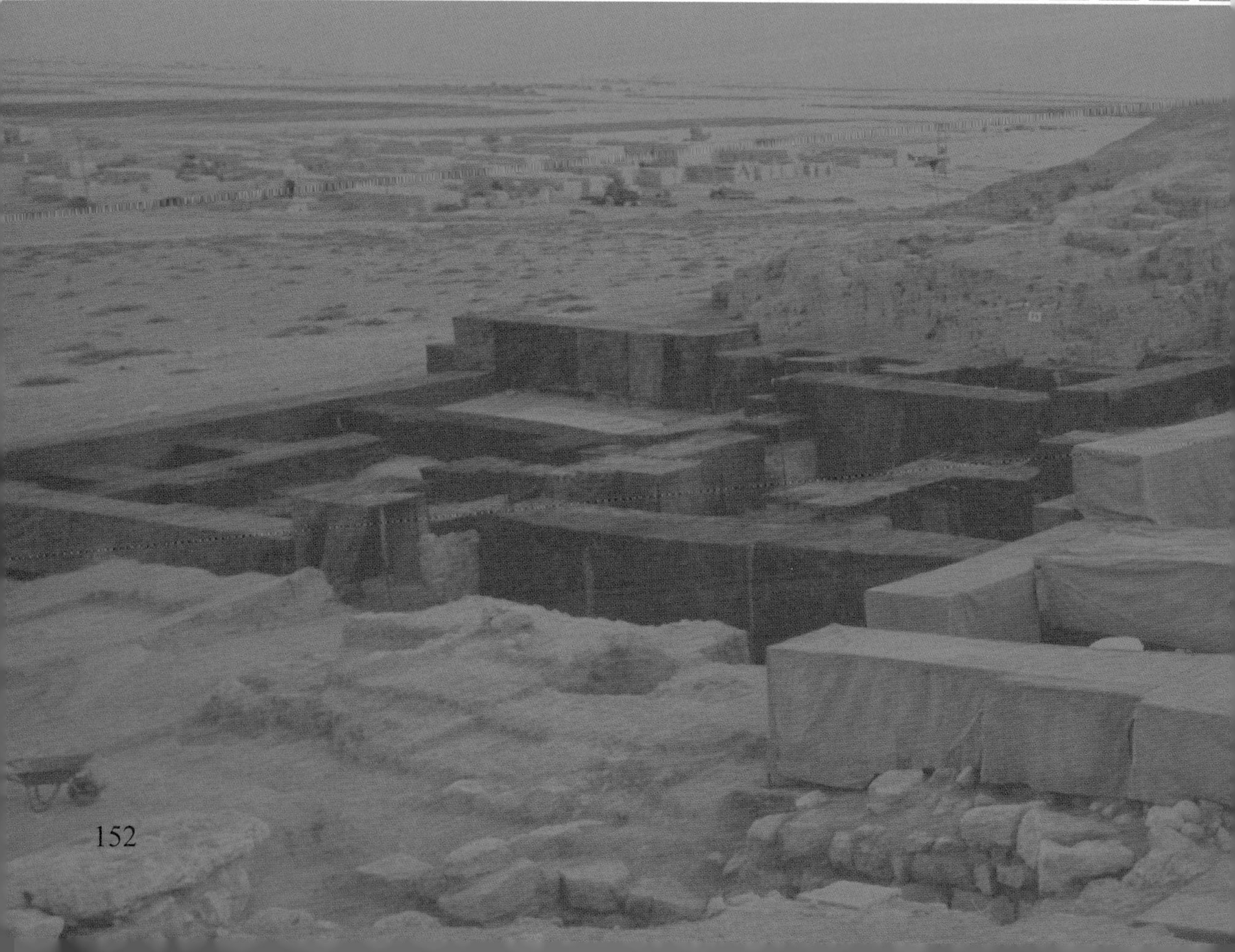

重要考古研究成果奖
获奖项目

Research Awards & Distinguished Service Awards
考古研究成果奖　　杰出贡献奖

UK 英国
Editing Antiquity
主编《古物》杂志

EUROPE 欧洲
The Milking Revolution in Temperate Neolithic Europe
欧洲温带地区新石器时代的奶业革命

USA&MEXICO 美国与墨西哥
Warfare, Agriculture and Environment: Coping with Conflict and Food Insecurity
战争、干旱与农业：应对冲突和食物短缺

SYRIA 叙利亚
Public Archaeology in the Service of Peace
造福世界和平的公众考古学

HONDURAS 洪都拉斯
Interdisciplinary Approaches to Investigating and Preserving Copán's Cultural Heritage
交叉学科研究与保护科潘文化遗产

SUDAN 苏丹
Amara West Research Project: Exploring Lived Experience in Pharaonic Egypt's Nubian Colony (1300-800 BC)
西阿玛拉遗址研究计划：探索努比亚古埃及法老时期殖民地的生活（公元前1300—前800年）

重要考古研究成果奖获奖项目

RUSSIA 俄罗斯
Early Humans at the Eastern Gate of Europe: The Discovery and Investigation of Oldowan Sites in Northern Caucasus
欧洲东缘的早期人类：北高加索奥杜威文化遗址的调查与发现

DENMARK 丹麦
The Tale of the Skrydstrup Woman
斯克吕斯楚普女尸传奇

CHINA 中国
Taosi: the Beginning of "China" and "Central Plain"
陶寺遗址："中国"与"中原"的肇端

CHINA 中国
The Archaeology of China: from the First Villages to the First States
中国考古学：从第一个村落到第一个国家

SYRIA 叙利亚
Archaeology for a Young Future: the New Syrian Life of the Ancient City of Urkesh
为一个年轻的未来而考古：乌尔卡什（Urkesh）古城在叙利亚的新生

155

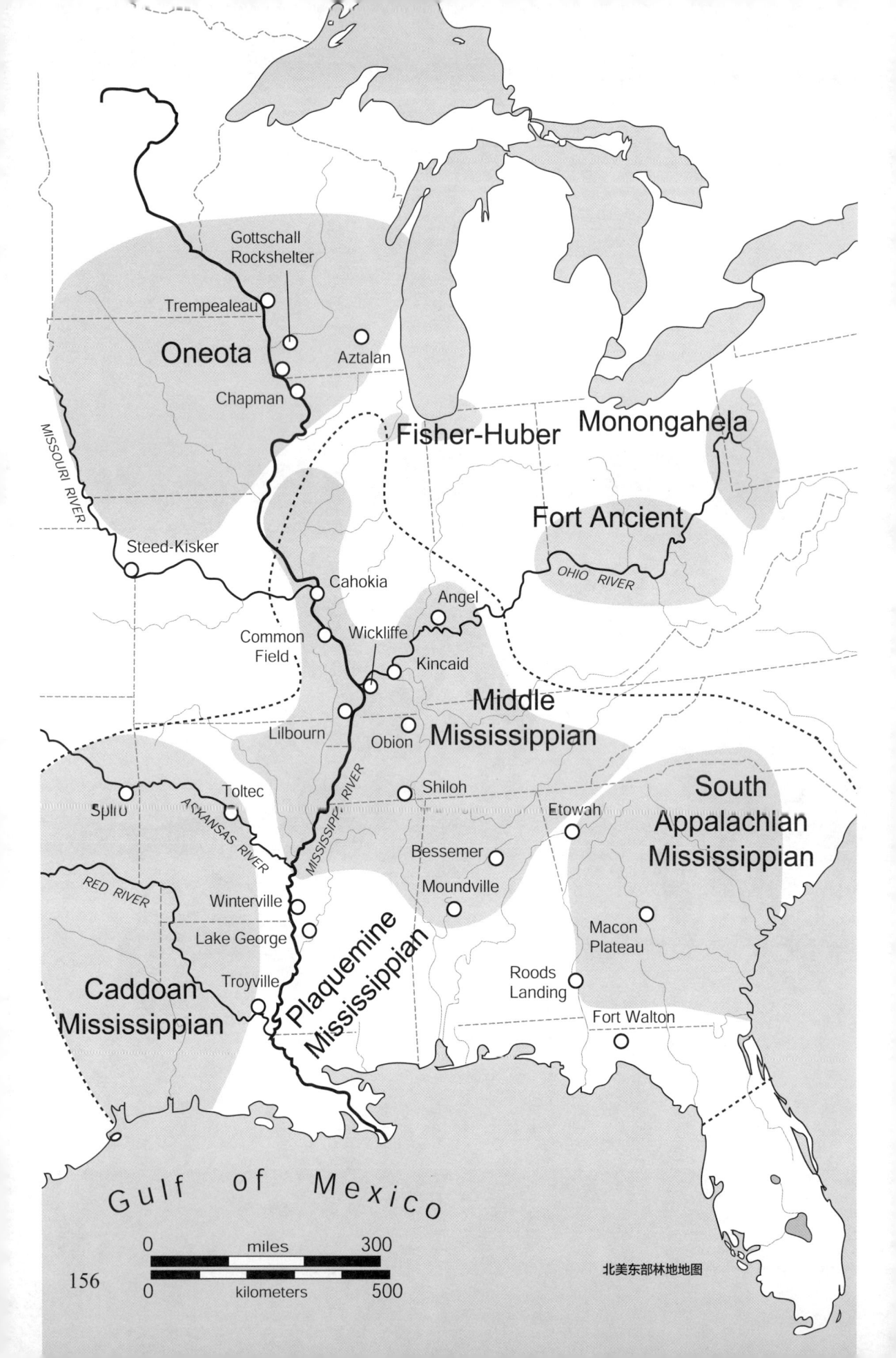

北美东部林地地图

战争、干旱与农业：
应对冲突和食物短缺

艾睦博·乌德沃克（美国加州大学圣塔芭芭拉分校）
格雷戈里·威尔逊（美国加州大学圣塔芭芭拉分校）

很多关于古代战争的研究的主要目标是确定敌对行为的原因。研究人员在最终和大致的原因之间仔细区分，但是环境原因，如长期干旱，通常被认为预示着古代世界中族际间冲突的爆发。很少有关于这种因素对日常生活影响的研究，如狩猎者和农户如何在缺水条件下和社会冲突中重建他们的生计，或在由冲突所导致的争议性环境下的性别和其他社会角色该如何重新调配。

北美东部林地史前时代晚期的考古学考古学研究已经反映出族群之间的紧张形势，如对房屋、村庄甚至是对整个区域的废弃。篱笆和被焚毁的村庄，以及与暴力冲突相关的骨骼创伤，这些都是最明显的古代敌对行为的考古学证据。虽然一些证据反映了冲突的规模和程度，但是他们并不能告诉我们古代人群如何在战争之中生活。长期的战争是否会危害和限制与家庭和社群的社会经济再生产有关的生存资料？农牧者如何调整食物的收集和生产策略以抵消战争所带来的危险？

我们的研究对象是位于美国中西部伊利诺伊中心西部的伊利诺伊河谷中部（CIRV）13世纪的密西西比群体，主要关注长期激烈的战争对他们生存的影响。除了长时间的冲突，生活于此时此地的村民还需要对抗长时间的干旱。而这种气候条件无疑导致了大规模紧张的战争。我们的研究检视了农牧者做出一些决定的原因，即避免暴露于冲突之中，同时试图在缺水的环境中生产出足够的粮食。我们还探究了人们如何调整他们每天、每季和每年的农猎活动,以维持社群和他们自身的生活。在研究过程中,……同位素,以探讨冲突和干旱对于当地农业社群的影响。为此,我们将重点放在了三种证据:古代植物数据、动物遗存和从玉米籽粒中提取的碳氮同位素数据。我们用这些证据来解读面对长期暴力冲突和干旱的主要应对措施:饮食上的历时性变化、食物生产与获取的季节性和习惯性变化,以及农业策略的改变。

背景介绍

在史前时代晚期的美国东南部和中西部经历了一个大范围文化传统的发展,那就是始于公元1000年左右的密西西比文化。密西西比文化社会通常有几个特征:区域政治等级、平台土丘和象征及仪式用具在地区之间的交换。大多数社群还有农业经济和世袭的领导权力。然而,从地理范围和政治复杂化的角度来看,不同的密西西比社群之间存在着巨大的差异。如一些在伊利诺伊西南部的大型政治组织,像卡霍基亚包含了许多居住了大量人口的大规模聚落。大多数其他密西西比文化群体,如那些伊利诺伊河谷中部的聚落,与卡霍基亚相比无论在规模或者复杂化程度上都显得更弱一些。

总体而言,虽然从玉米的重要性和集约种植的程度来看,区域之间的差异十分明显,但密西西比文化阶段仍被认作从狩猎和小规模食物生产到玉米集中种植业转变的开端。除了相对重要的作物种植,密西西比人还广泛采集坚果、水果和新鲜绿叶菜。采集的植物从主要或次要的主食(如山核桃)到补充性资源(如应季的新鲜蔬菜)应有尽有。广泛多样的可食植物为基于玉米的日常饮食提供了更均衡的营养,因为以玉米为基础的饮食缺乏烟酸、基本的氨基酸和异亮氨酸等。当时除了狗之外没有其他本地家养动物,人们通过渔猎来摄取蛋白质。虽然陆地与水生动物的相对比例(以及目标物种)因地区而不同,并且与定居地有关,但是仍有一些普遍而常见的猎物,如白尾鹿、野生火鸡、迁徙水禽、乌龟和各种鱼类。

密西西比河谷中部的密西西比文化始于公元1100年左右,到约公元1450年遭到废弃。这一区域早期密西西比文化的聚落通常由小而分散的居址组成。不同地点的聚落似乎在仪式和政治层面与一些小型庙宇和墓葬群相关。到公元1200年,这种分散的早期密西西比聚落模式被一些与外围小型聚落连接的核心城镇取代。大多数城镇都建在伊利诺伊河西侧的可防御的悬崖边缘地带。这些悬崖一般高38米到45米不等,可供人们监视广阔的洪积平原,以防敌方突袭。尽管防线坚固,在经历大规模的直接进攻或突发的战略性弃置之后,一些村庄仍被敌方付之一炬。

战争和干旱的共同出现使伊利诺伊河谷中部相比于其他史前时代晚期东部林地的形势更为紧张。残留人骨的分析揭示出了与整个东部林地其他密西西比文化遗址相比，这里有更高的因暴力冲突所致的骨骼创伤。与暴力相关的墓葬证据包括了一座至少埋有 15 人的合葬墓，以及大量身上插有箭镞、头皮被剥或头骨遭受钝击的个体。到了公元 1300 年，大部分地区的居民已经迁移到了戒备森严的城镇中，这表明在围墙保护范围之外的区域已经不再安全。除了与战争有关的风险，最近基于帕尔默干旱强度指数（PDSI）所得出的降水模型显示出该区域在公元 1100—1245 年遭受了长时间的干旱，包括之前的湿润期和之后的极端缺水期。因此，在公元 1200—1250 年，村民必须同以下两种情形相抗争：一是当他们离开村庄去打猎、捕鱼和觅食时，所面临的暴力袭击和死亡威胁；二是玉米等谷物的种植条件恶化，很可能导致他们到围墙之外去种植，而那里的农民多为女性，可由城墙上的弓箭手保护。这种靠近村庄的集中耕种使作物无法轮种，也降低了土壤的肥力。公元 1250 年之后，干旱季结束，但是区域的暴力冲突仍持续摧残本地人口。

我们通过对 4 个历经区域冲突与干旱地点的食物遗存进行历时性分析，评估了人们如何应对战争和干旱。最早的拉姆（Lamb）遗址是一处可以追溯到公元 1100—1150 年的农庄，同时也是密西西比文化的起源之地。拉姆的定居模式产生在干旱来袭之初，预示着地区冲突的爆发。卡铂（Copper）为一处小型村庄，存在于公元 1200—1235 年的持续干旱季之中，也发生了最早的地区冲突。带有栅栏的村庄欧伦多夫（Orendorf）在公元 1200 年前后建立，并于 1250 年被烧毁，与此同时山谷也再次变得潮湿起来。最后一处遗址迈尔—狄克森（Myer-Dickson），大致存在于公元 1250—1300 年，它代表了一个社区的流动。居民们仍旧面临着同样的敌对环境，但干旱早已不再是问题。

生存方面历时性的改变

通过对 4 处遗址中浮选样品的分析，揭示出了一种从野生采集食物开始的转变。统计数据显示坚果（在数量上与玉米存在竞争关系的一种主食）、水果、野生种子和新鲜绿叶菜的减少。伴随而来的是对其他植物的饮食总体上变得不再那么多样化，玉米成为主要的食物。这一发现表明，当时的生业形态大大缩短了植物采集者（主要为女性）远离村庄保护而外出收集食物的时间和路途。然而，在这一过程中，玉米的产量并没有增加，这表明村民不能够通过种植玉米来弥补野生食用植物的减少。

动物骨骼的分析，揭示了在战争开始后鱼类数量的急剧下降，同时伴随着哺乳动物在饮食中的增加。对鱼脊椎骨的分析表明，人们不再获取不同尺寸的鱼，而青睐体型更大的鱼，这表明网捕鱼技术有所下降。至于哺乳动物，出现了一个向猎捕更大动物（鹿和麋鹿），而不是向可以通过陷阱捕捉的更小猎物的转变。同时相关证据还指出，小鱼和哺乳动物往往不会被渔网和诱捕器捕获，它们通常是被妇女或儿童在寻找植物性食物的时候发现。因此，这种从鱼类和小型哺乳动物向大型猎物的转变表明妇女和儿童对蛋白质寻觅活动变得更加有限，而更倾向于与成年男性合作狩猎。虽然更大的鹿和麋鹿成为主要的肉食资源，但是它们的骨骼碎片在尺寸上却在减小。这种情况表明对油脂和骨髓的处理更为彻底，通常这种现象可能与食物短缺或营养不足有关。

季节性和产地的历时性改变

对野生植物生长地偏好的分析，揭示了从湿地的开发向集中在林地（坚果）和散布的植物的明显转变。对收集野生植物的季节性评估也表明，人们在春季和初夏的采集性活动转变为集中在夏末秋初进行。这时人们将注意力集中在坚果上，而对其他植物的收集则是在大范围开发活动中附带进行。动物数据显示这种季节性的觅食转变主要是在秋季。鹿和麋鹿的狩猎季节主要在秋天，并且此时野生动物群中此类猎物比重较高。捕鱼策略的改变也加剧了向秋季捕猎的季节性转变。我们可以清楚地从序列上看到从大到小的鱼。在一年的大多数时间中，这些大鱼生活在河湖深处且难以捕捞。每年春天和夏天，湖泊和河流都会泛滥，从而形成新的溪流，以连接河流、湖泊等。当秋天洪水泛滥结束时，湖底和泥沼被主要河流截断，留下浅滩，许多大鱼被困在其中，因此容易被人捕捞。因此，即使本地居民将捕鱼作为一种主要的生存手段，但他们把注意力集中在秋季这样一个短暂的季节中，因为在这期间可以迅速捕捉大型鱼类。这个季节性捕猎的转变暗示了这些地区的居民于春夏两季都在种植和保护他们的玉米作物。

重要考古研究成果奖获奖项目

农业模式的变化

从该地区爆发战争以来，野生植物种类和数量急剧下降，动物骨骼破碎程度加重，所以我们认为当时的人们更倾向于从农业生产中获得更多的食物资料。但实际情况却并非如此。所以我们便通过观察大量的玉米粒的度量数据和从每个遗址中获得的 15—20 个碳、氮同位素获取信息。玉米粒的度量数据显示，在公元1250 年之前，当地玉米粒个体偏小且大小差异明显，这表明密西西比文化晚期的农民种植玉米的间距较之前的时期更密集，导致了土壤肥力衰减。不出意外，密集的种植方式和衰减的土壤肥力使得农业产量并无增长，尽管当地在海拔较高处也有丰富的肥沃土壤可供人们迁移耕地，但在公元 1250 年之前，耕种高处分散的田地可能遭受武力攻击的风险大于潜在的食物短缺、粮食减产的风险，因此农民选择在居住地附近的田地上耕种更长的一段时间。

值得庆幸的是，在公元 1250 年，困扰本地区长达 150 年的干旱得到缓解。玉米籽粒中的碳和氮同位素支持帕默干旱严重程度指数模型，为地区干旱条件的时间提供依据。同时，碳、氮同位素还能追踪谷物的水量吸收与利用的效率，这种技术目前仅在旧大陆的遗址中有所运用。另外，氮元素还能够提供关于土壤肥力的信息。测年显示早于公元 1250 年的玉米粒遗存总体上比晚于 1250 年的玉米粒包含更多的碳和氮，所以可以说：公元 1250 年之后碳、氮同位素值下降的情况表明了当地玉米粒吸收了比之前更充足的水分。氮同位素值下降也说明当地土壤变得贫瘠。

尽管旱情在 1250 年结束，但生活在迈尔—狄克森遗址的居民依旧需要继续应对当地贫瘠的土壤，由于之前的过度耕种，这些土地的肥力极大衰减，我们从密集的耕种间距和玉米颗粒大小差别显著这两点上可以清晰地了解这一情况。但是，这些迈尔—狄克森居民非常精明且善于变通，他们在传统的豆类植物之外，引入了一系列新的玉米品种。这些新的颗粒更小的玉米，发芽和生长速度较以往的主要玉米品种更快，可以在一季耕种中更早被收获。另外，豆类植物的引入也提高了土壤中的氮含量，从而使得玉米的产量在土壤肥力衰减的情况下仍能够保持稳定。

结论

在本文中，通过解读各种综合利用的经济模式，我们揭示出了生活在中央河谷地带的人们的生存危机逐渐深化，这一地区变得危机四伏、气候干旱，并充斥着武力冲突。毫无疑问，发生在这里的旱情与之后地区内的冲突加剧密不可分。

在一定时间，生业经济转变的时间和地理位置表明当地的居民从比较局限的觅食行为逐渐向更广泛的食物资源利用模式发展。对补充性食物资源的开发也越来越与高产出的生业经济密切结合，例如农耕，橡果、鱼类资源的获取以及鹿、麋鹿的狩猎。考古证据显示大型哺乳类动物骨骼破损程度加重，同时可辨认标本量也在减少，两者结合，从而我们知道：麋鹿和鱼类资源的利用可能并不均衡，导致了当地人口蛋白质摄取量整体减少。

　　同样的，野生植物资源和农耕产品的获取也不均衡。尽管当地在海拔较高处也有丰富的肥沃土壤可供人们迁移耕地。但在公元 1250 年之前，耕种高处分散的田地可能遭受武力攻击的风险大于食物短缺、粮食减产的严重性，因此农民选择在居住地附近的田地上耕种更长的一段时间。此外，干旱对农业周期造成的影响十分明显：玉米颗粒整体变小、土壤肥力下降。然后，当地的农民及时适应并积极应对这些富有挑战的情况，他们引入新的生长周期更短的玉米品种并发展豆科植物——根瘤菌共生固氮体系。总而言之，这些考古材料清晰地显示出当时的人们如何在战争与和平的间隔时期应对干旱的气候条件，为我们提供了一个微妙的视角来审视那些生活在关键历史变迁时期的人群。通过将历史记载中生活在战争前与战争中的人们与高分辨率的气候资料结合在一起，我们可以更好地揭示古代人群是如何适应环境、调整生业模式来应对危机状况，以及当遇到生存瓶颈时人们如何做出关键决择，甚至牺牲物质资源和过去的意识价值体系，来保障自己和家人的生命安全。

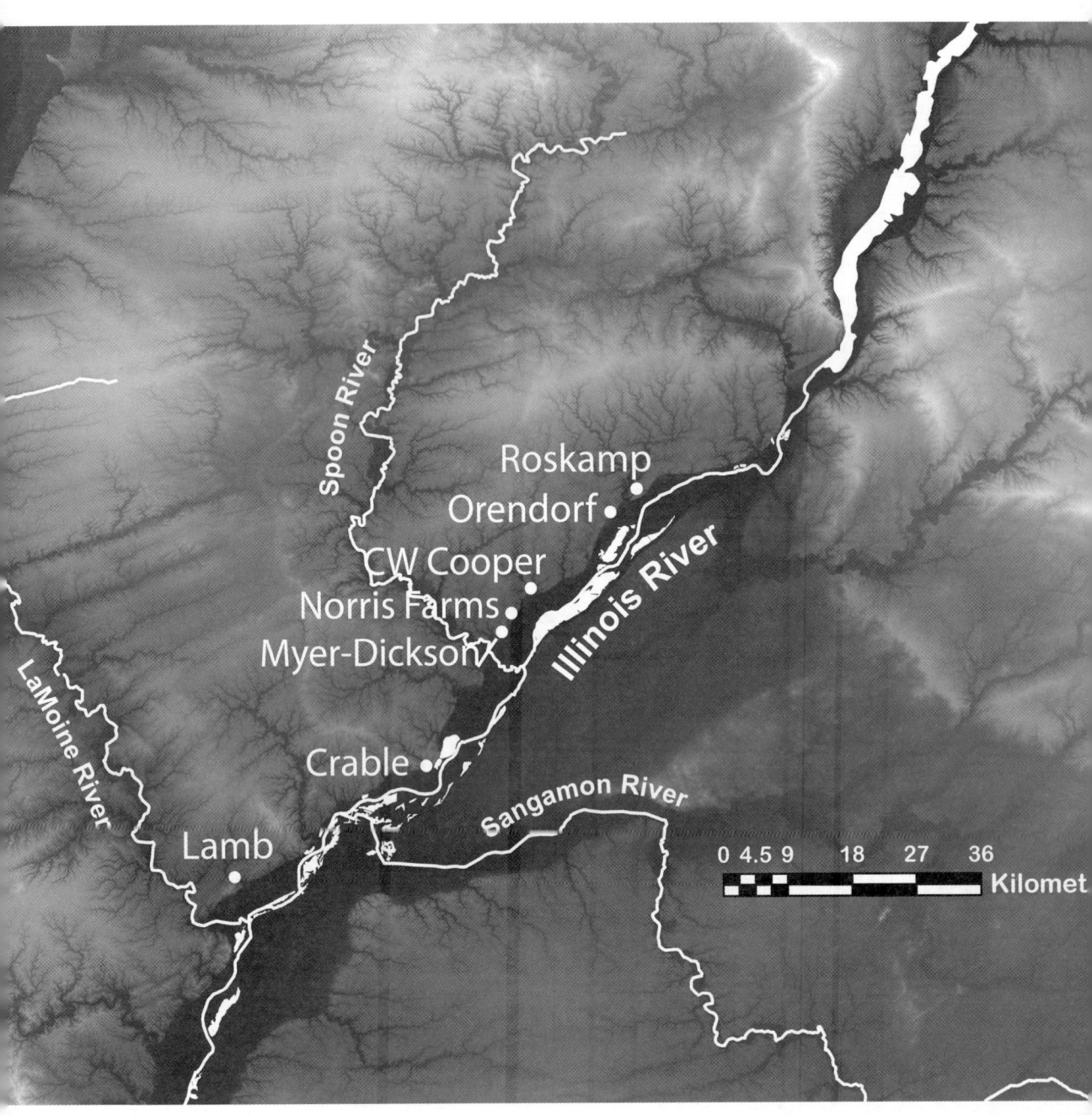

伊利诺斯州中部河谷（CIRV）遗址地图修订

项目负责人简介

艾睦博·乌德沃克（Amber VanDerwarker）于2003年在北卡罗莱纳大学教堂山分校获得博士学位，目前任教于加州大学圣塔芭芭拉分校人类学系，同时也担任该校综合生业经济研究所主任。乌德沃克教授的研究兴趣广泛且著作颇丰，主要涉及的领域包括社会复杂化，农业经济的起源、发展和维系，古代食物生产与人群性别研究，战争与食物供给以及同时期的社会公平与骚乱等问题。从地域上看，她关注的重点是中美洲以及美国中西部和东南部。在研究方法上，乌德沃克教授比较侧重于古代动植物的辨认和分析（包括淀粉粒和植硅石），除此之外，她也分析研究从古代动植物以及人骨上提取的稳定同位素信息。她目前在学界主要提倡综合利用定量和定性分析法研究古代遗存，更好更全面地复原古代生业经济和食物利用状况。

艾睦博·乌德沃克

西阿玛拉房屋中出土的装饰石门（约公元前1200年）

西阿玛拉遗址研究计划：
探索努比亚古埃及法老时期殖民地的生活
（公元前1300—前800年）

尼尔·斯番塞（英国大英博物馆）

公元前1500年前后，古埃及征服了上努比亚，开启了长达四个世纪的殖民统治。在过去150年间，通过详细地解读法老政权时期留下的官方皇家文书和纪念碑，我们最终得到了一种充满政治、军事和文化控制与统治的历史叙事。西阿玛拉遗址研究项目于2008年启动，深刻转变了我们对该地殖民时代的认知。特别是在青铜时代晚期和铁器时代早期尼罗河谷中游的动态环境之下，古埃及殖民主义的生活经历、文化交融现象、个人及家庭生活等方面都被着重强调。该项目充分利用苏丹北部基于出色保护水平进行高精度考古的潜力，以及输出样本进行分析的能力，并由大英博物馆联合多家博物馆、高校及研究机构组成多学科国际团队。

该项目主要聚焦于西阿玛拉遗址，这座城镇建立于公元前1300年前后，法老政权在此统治约三个世纪，而此处墓地的墓葬还继续延续了两个世纪。作为古埃及为控制和监督上努比亚殖民地的新行政中心而建立，这处遗址包含了保存良好的民房建筑、石庙、国家仓储设施和两个主要的墓地。

以下介绍该项目主要的五个成果，每个成果都包括有关专家、学科和方法的信息。

（1）自20世纪30年代该遗址被系统发掘以来，这处城镇被看作一处典型的、

西阿玛拉古镇的磁力调查（罗马英国学校/南安普顿大学）

西阿玛拉的泥砖房（约公元前1200年）

经过精心规划的埃及式的"庙宇城镇",象征了青铜时代晚期埃及对上努比亚的征服与控制。本项目的发掘和相关分析工作显示,最初,该处城镇(除庙宇、官邸和仓储设施)并没有经过规划,并只有本地的居民在这里生活。约在一代人的时间中,该地区发生了巨大的改变,该城镇内的人和家庭开始有序地分布,功能区也相应出现。对这一时期的历史而言,这处城镇反映的是地方机构而不是法老政权,因此需对努比亚地区埃及聚落的主要功能性进行重新解读。

（2）通过将大规模的考古发掘、地质考古学、微观形态学、物质分析[岩相学、扫描电子显微镜（SEM）、中子活化分析（NAA）、傅里叶变换红外光谱（FTIR）、气相色谱法—质谱联用（GC-MS）]和生物考古学（同位素分析）的研究相结合,同时得益于建筑和居住遗存良好的保存状态,我们对该遗址在生活区、墓地和周边等内外空间内的古代活动有了更丰富的理解。例证包括房屋中水的角色和普遍存在的状况、动物圈养或放养的畜养模式、当地金属生产的技术、谷物的差别（主要是大麦/二粒小麦）、颜料的获取、在当地环境下的准备及应用（包括对该时期/地区新的蓝色和绿色颜料的识别）,以及房屋间工艺生产的不同的分区等周围存在的操作链。对骨骼遗存进行的族群本身的研究,揭示了人群的健康、疾病（包括癌症、骨关节炎、心血管和呼吸性疾病）和伤痛、治愈（长骨骨折后的愈合）等方面的情况。

（3）该项目首次揭示了努比亚文化元素在表面埃及化聚落的重要性,其重要性甚至超过了墓葬资料和在诸多遗址中广泛可见的手制烹调罐。尤其在一系列典型的"埃及"建筑中发现了一种独特的努比亚设计方式的椭圆形建筑,我们需要重新评估在这些法老城镇中努比亚文化表达的可见性和存在性。更多关于本地影响的例子包括"交叉"制陶技术（如通过努比亚技术制作的埃及式陶器）和从埃及进口的带有户外游戏图像的储藏罐。城镇中关于古物（从沙漠腹地的遗址收集而来）的管理也反映了在更久远的时期埃及与该地区的接触。同时,我们发现了公元前2000年的诗歌文本。这是首次在埃及境外发现使用阿蒙涅姆赫特和凯米特等经典读物。

（4）以往的发掘者和对该遗址的研究都推测该遗址的"埃及"贵族并未埋葬在此,而是返回埃及埋葬。而一处有着金字塔形式教堂的墓地则指向了另一种可能,特别是作为库施代理人埋葬地点的三座大型金字塔的鉴定。该职位是法老在努比亚地区的最高代表,其中包括一位生活在拉美西斯三世统治时期（公元前1186—前1155年）名叫帕塞尔（Paser）的官员。另外,锶同位素的研究显示这些埋葬在墓中的个体与其他骨骼相比有很大的差异,因此,这些墓主并不是来自本地家族,而是来自于其他地区（可能是埃及）,死后埋葬于此的。

（5）通过试掘、探地雷达（GPR）调查以及对尼罗河洪积层的风积沙沉积物进行的光释光测年,我们对于遗址周边的沿河活动进行了一个高分辨率的复原。这证实了这处西阿玛拉城镇建立于一个正对尼罗河左岸（北岸）的小岛之上,但在城镇进行建设时,这条河道已经衰落。造成的影响包括应对风沙的屏障被削弱,

E12.11

E12.12

Villa E12.10

E12.13

西阿玛拉椭圆形努比亚房屋（约公元前1200年）

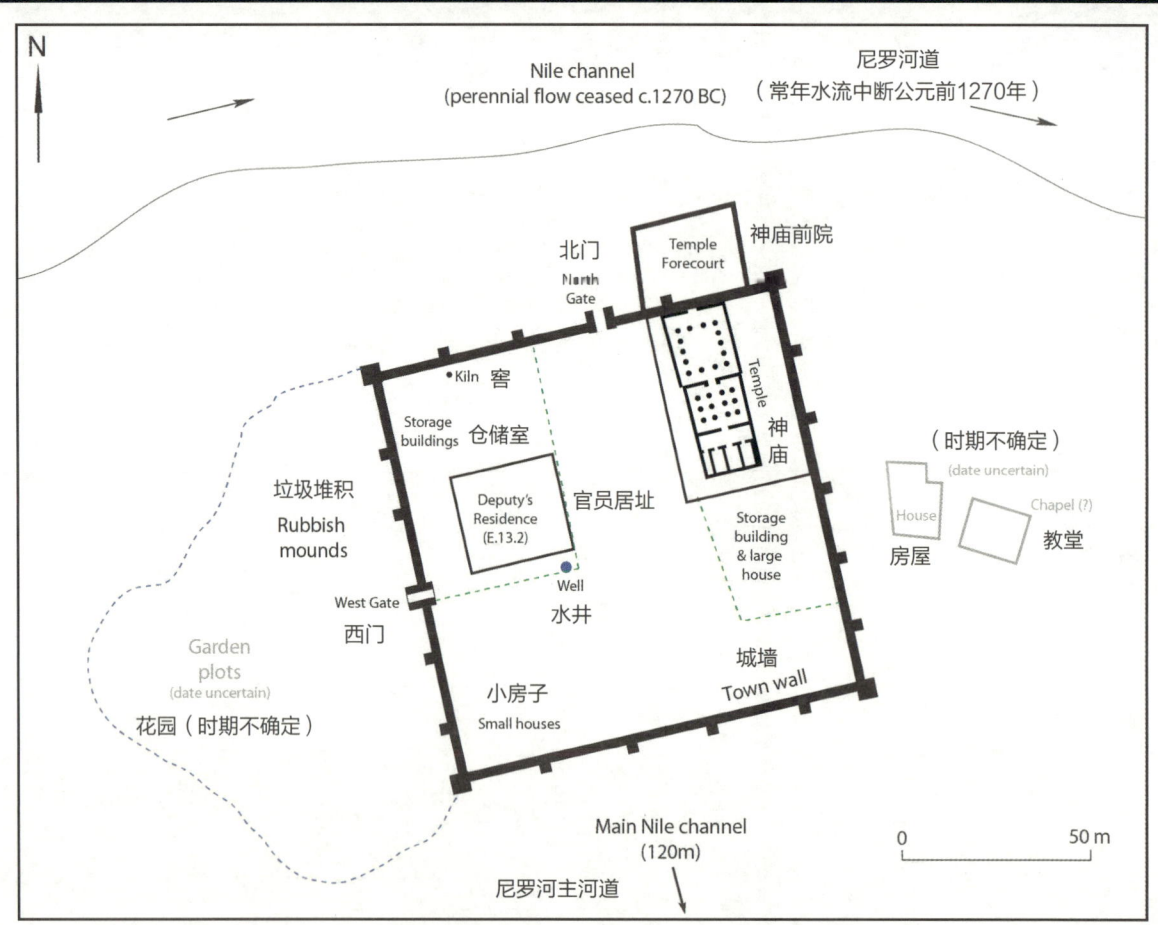

西阿玛拉出土贝斯象牙雕像（约公元前900年）

西阿玛拉古镇索引平面图

西阿玛拉出土的描绘有拉美西斯二世的圣甲虫（约公元前1250年）

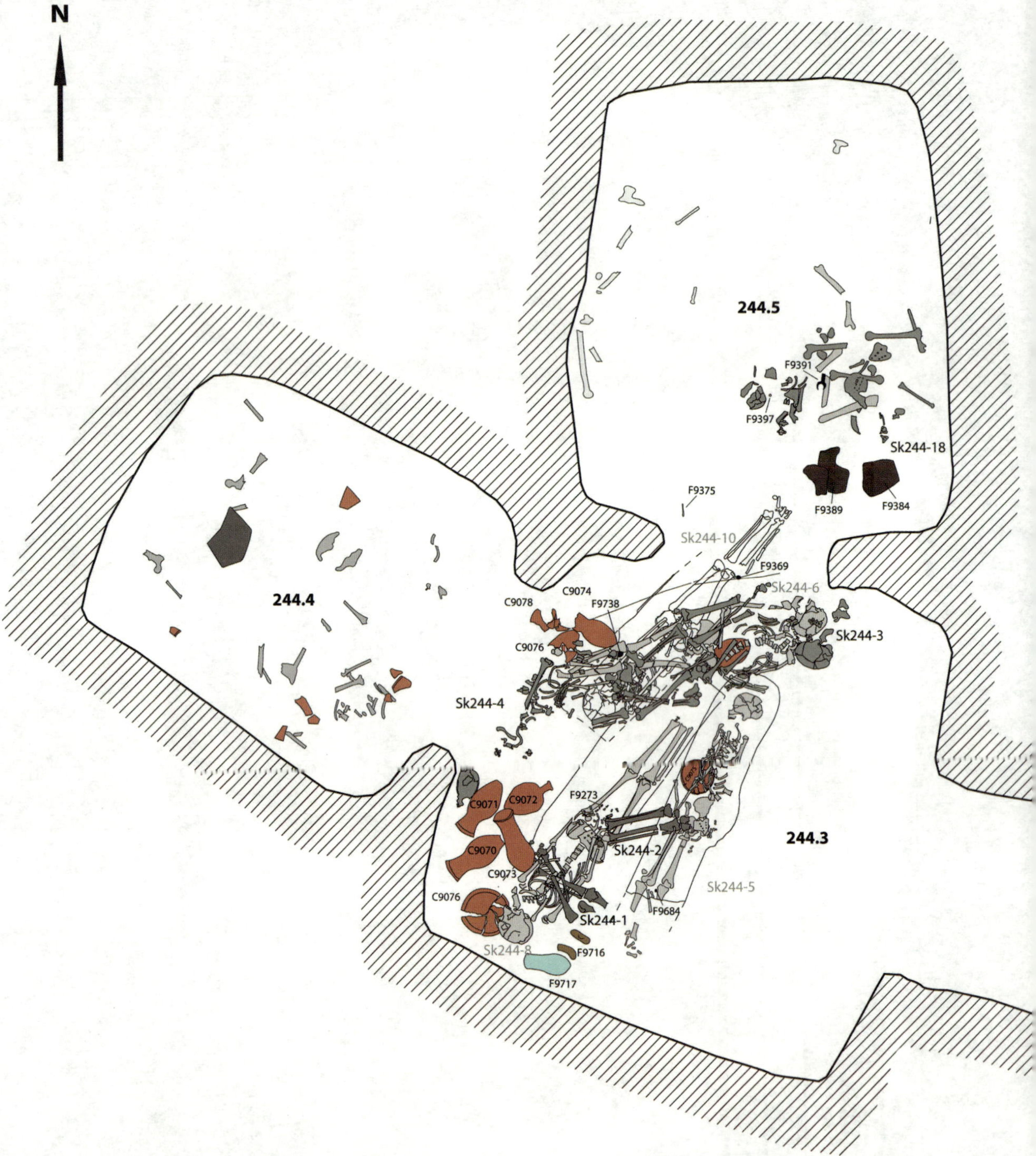
N
244.5
F9391
F9397
Sk244-18
F9389
F9384
F9375
Sk244-10
F9369
Sk244-6
244.4
C9078
C9074
F9738
C9076
Sk244-3
Sk244-4
C9071
C9072
F9273
C9070
Sk244-2
244.3
C9073
C9076
Sk244-5
F9684
Sk244-1
Sk244-8
F9716
F9717

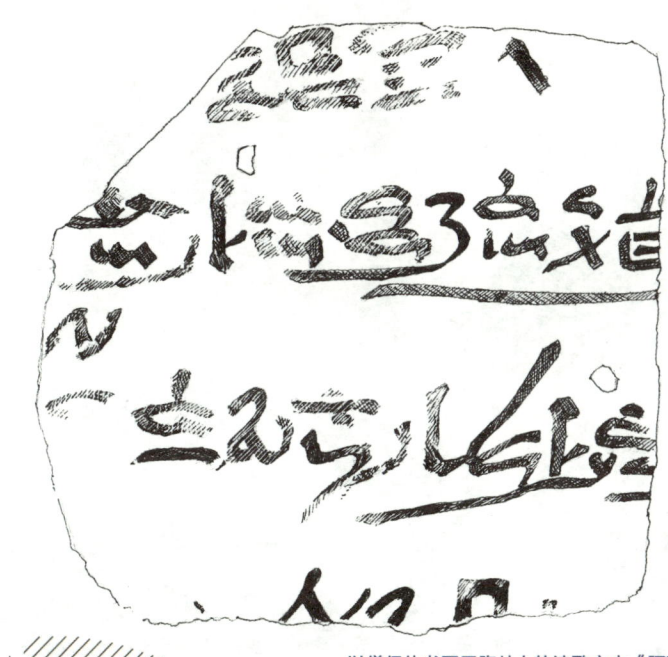

以僧侣体书写于陶片上的诗歌文本《阿蒙涅赫特的教学》摹本（约公元前1200年）

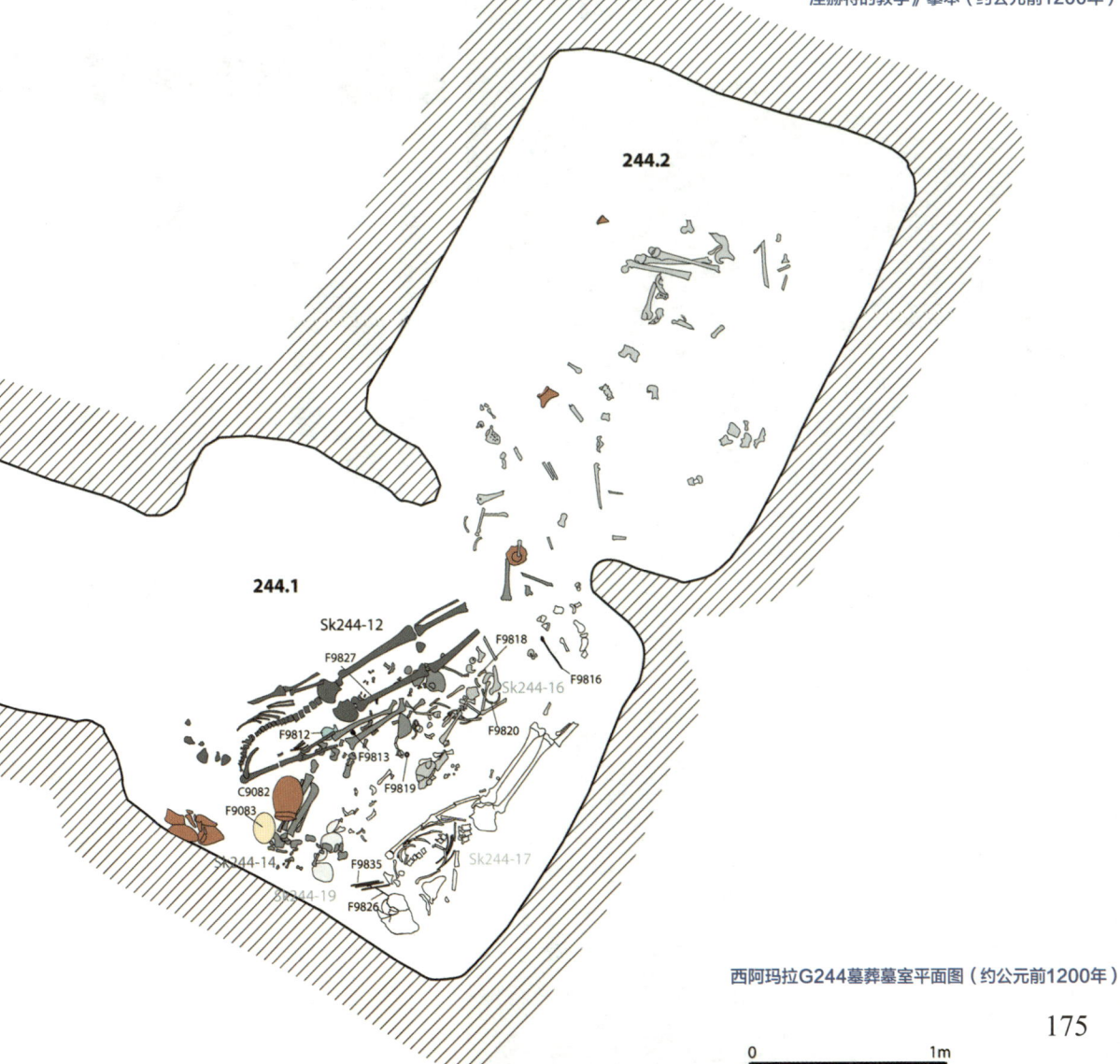

西阿玛拉G244墓葬墓室平面图（约公元前1200年）

175

西阿玛拉的小学活动

正在对西阿玛拉古镇的一条街道进行发掘

西阿玛拉墓地彩绘棺盖（约公元前1250年）

描绘库施总督Hekanakht在刻有拉美西斯二世象形茧之前的砂岩门楣（约公元前1250年）

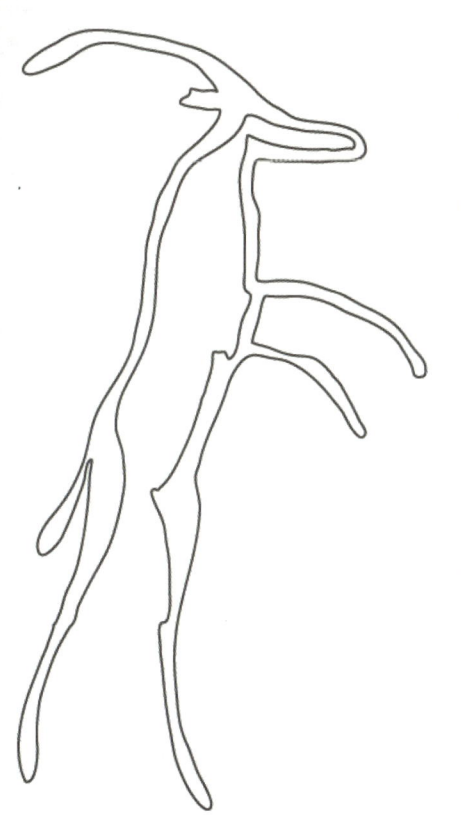

生活和农业的条件越发艰难。通过对街道和外部堆积的微观形态学分析，建筑内部缓冲措施和墓地中晚期骨骼压力标记的增加等现象，我们可以看到这一影响。这项发现的意义十分重大，尤其在于不仅解释了遗址遭到废弃的原因是环境的剧烈改变，而不是埃及政府的政治或军事撤退。

这项项目延续了10年，其结果从我们认知的角度对尼罗河谷和外围地区关于早期城市化、古代社会中的个人和家庭、殖民背景下文化的交融，以及超越古代城镇规范和功能化模型的重要性等方面产生了重要的影响。特别是它使我们从感知、古代经历和居民本身等方面对该处遗址进行了解读，超越了以往仅通过对建筑、发展变化阶段以及完成的手工制品的视觉或文本解读所得到的结果。

该研究项目在三个方面与当代社会紧密相连。首先，通过对青铜时代晚期和21世纪早期数据的双轨分析，综合考古、历史和民族学方面的数据库，对生存和风险管理策略进行研究，植物与作物的信息传播可能适用于当今多变的气候（受全球气候变

储藏罐上描绘的野生动物（约公元前1150年）

西阿玛拉房屋中砂岩制的祖先半身像（约公元前1150年）

化的推动，尤其是由大坝和水库建设引发的区域性的改变）。其次，经证实的最古老的转移性癌症（可能源于肺癌）案例，对我们了解这种疾病的深层历史提供了重要的帮助。最后，项目的结果可能从生活经历的角度，为未来对殖民主义和帝国统治的研究和理解提供关键助力。该项目不仅对古埃及帝国本身的研究产生影响，而且还对更晚期的案例，如错综复杂的欧洲国家历史以及非洲东北部和中东等区域产生影响。

除了上述列出的由科学和考古团队研究出的结果，西阿玛拉遗址项目自2014年起还进行了一项有当地社群参与的创新项目。这个计划包括建立面向游客的专门区域，区域内设置英语和阿拉伯语双语展示牌，同时在附近的村庄中组建演讲和讲习班，训练当地的工作人员，为前来遗址参观的当地学生提供便利。

目前，该项目已经完成三部阿拉伯语的书籍：

（1）一本面向成年人（2015年出版），书籍不仅包含主要研究成果，还涵盖了该地的历史背景与对遗址的探索历程；

（2）一本面向学龄儿童（2017年出版），由本项目组成员和当地小学教师共同完成，在关注考古工作的同时强调当地遗产和口述史的重要性；

（3）一本面向孩子，讲述过去和现今的农业，同样是项目组成员和当地人共同完成，最后这本书（2018年初面世）反映了农业在当地劳动模式中的压倒性优势。

由于移动终端技术的重要性日益提升，本项目还制作了视频广播（英语和阿拉伯语）以提升公众参与感。努比亚语是该地区大多数社区的第一语言，由于这一语言不再以文本形式流通，我们已经完成了与当地传统文化的活动家费克磊·哈桑·塔哈（Fekri Hassan Taha）合作的广播，并于2018年初发布。

考虑到国家规定的学校课程只关注重大历史事件，这些社区考古创新性活动为提升人们对于当地历史与文化遗产知识的了解提供了契机。

西阿玛拉遗址和尼罗河俯瞰

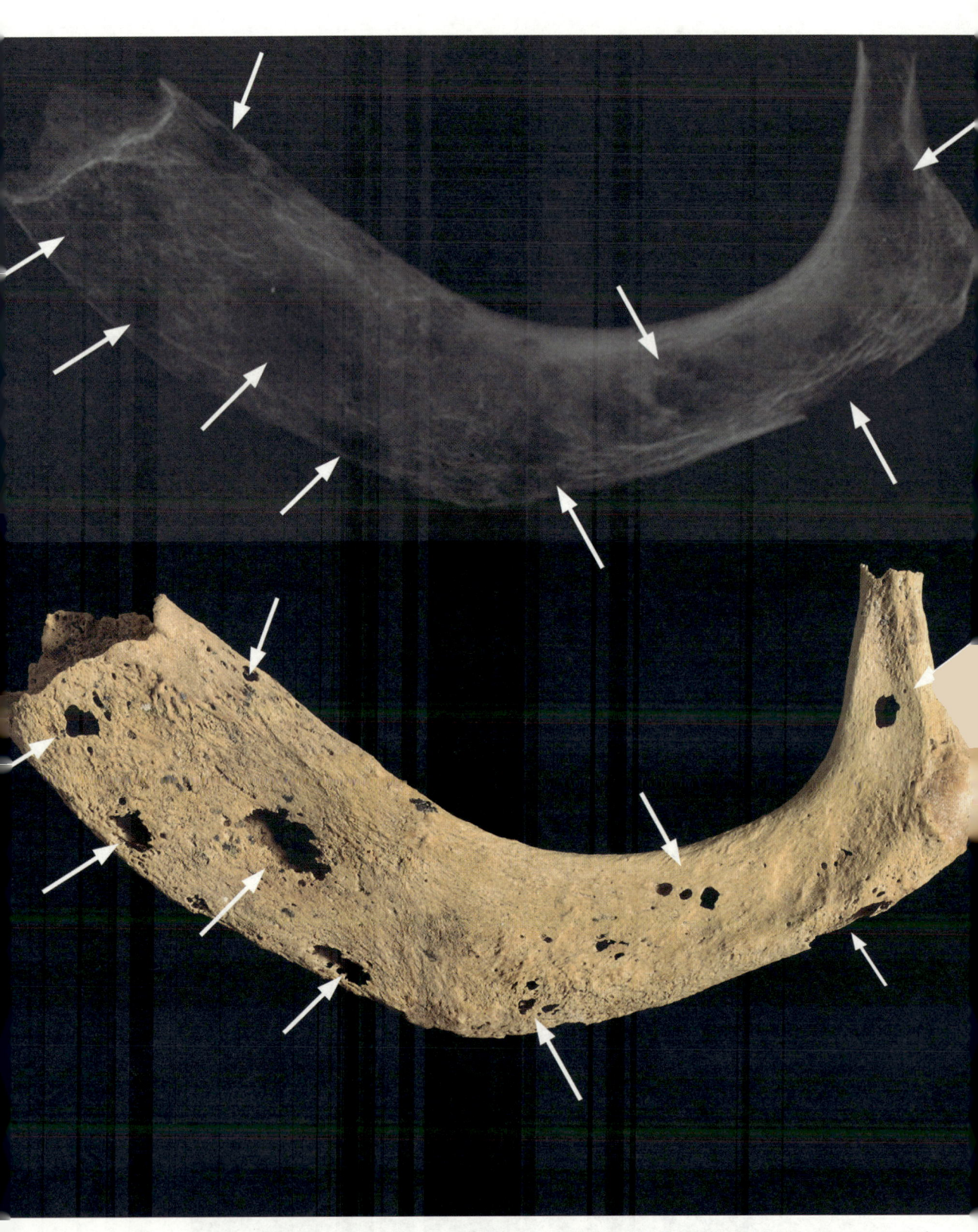

西阿玛拉墓葬中具有转移癌症特征的骨骼的照片和X光片（约公元前1200年）

项目负责人简介

尼尔·斯番塞（Neal Spencer）是大英博物馆古埃及和苏丹部的主任，主要负责对尼罗河流域史前、古代和中世纪文化的策展、研究和展示。该部门在埃及和苏丹领导开展了一项大范围的田野工作，并在两国进行培训和社区外延活动。自2015年起，尼尔在大英博物馆监管一项收集20—21世纪埃及物质文化材料的项目。尼尔在剑桥大学获得埃及学学士和博士学位。他主要的研究兴趣在于尼罗河谷庙宇的建设和城市体验，以及埃及与努比亚之间的关系。他还指导了位于埃及尼罗河三角洲的Samanud（1998—1999）和Kom Firin（2002—2011）的项目。2008年开始在苏丹进行阿尔马·维斯特项目。这是一项跨学科的考古学项目，主要包括生活经历、文化交织和区域管理方面的研究。他在很多机构资助的研究和项目中发挥领导作用，如利华休姆信托、英国科学院、阿卡迪亚信托、米切拉·斯基夫吉吉尼基金会、埃及探索协会生物考古研究所等。尼尔还担任埃及探索协会和苏丹考古研究协会的理事，同时也是博物馆科学委员会（都灵）和格里菲斯研究所（牛津大学）的委员会成员。他还曾担任伦敦弗洛伊德博物馆的董事。

尼尔·斯番塞

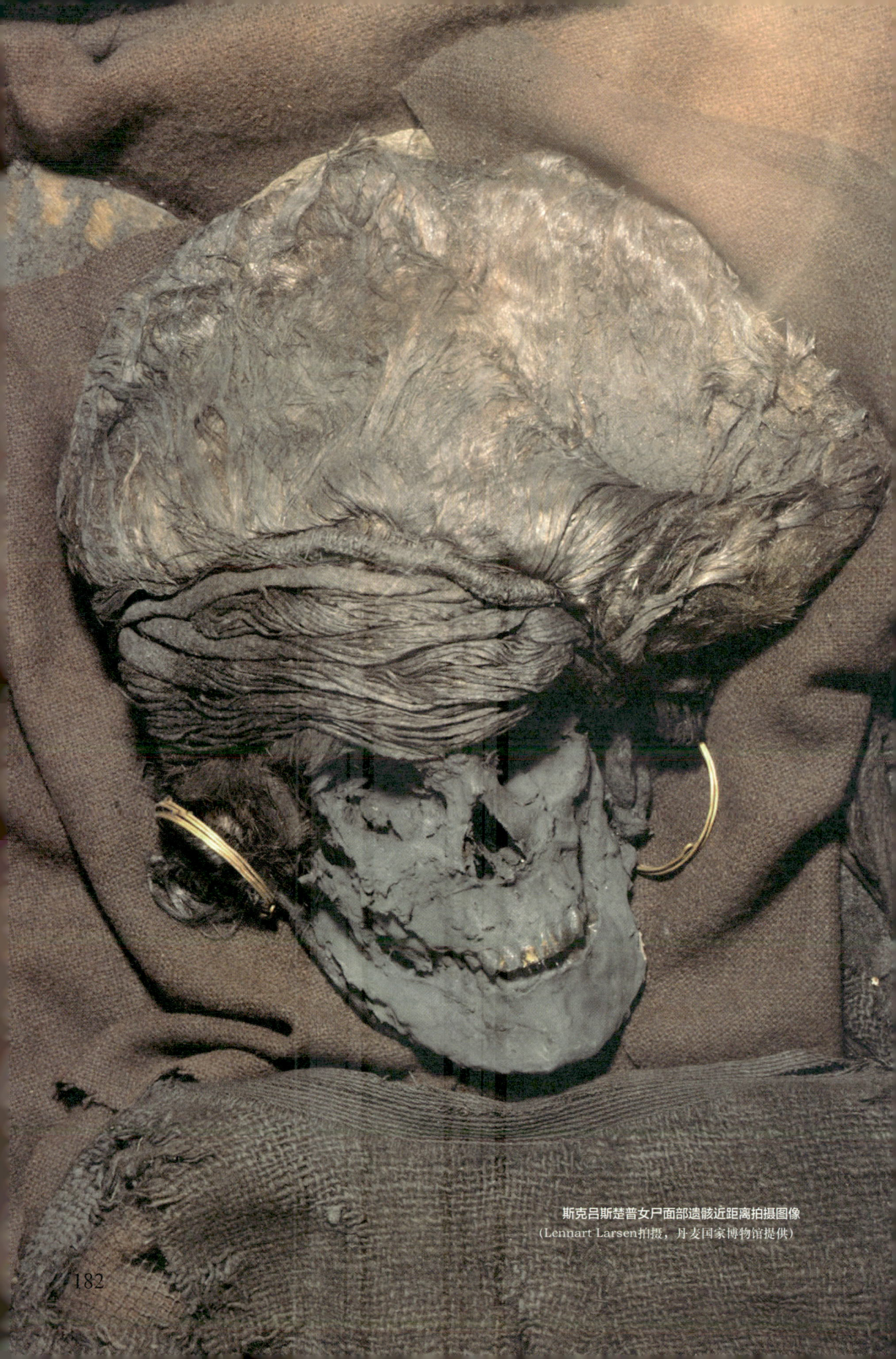

斯克吕斯楚普女尸面部遗骸近距离拍摄图像
(Lennart Larsen拍摄,丹麦国家博物馆提供)

斯克吕斯楚普女尸传奇

卡琳·玛格丽特·弗雷（丹麦国家博物馆）

欧洲的青铜时代亦称"欧洲的第一个黄金时代"，这一时期得益于远程交流的活跃，技术创新、社会变革和知识传播突飞猛进。鉴于其重要性，青铜时代受到各领域学者的广泛研究，但至今仍有许多关键问题无法解答。许多围绕长距离交流和古代流动程度的谜题都是在理解青铜时代社会时不可或缺的主题。在斯堪的纳维亚半岛，北欧青铜时代（公元前1700—前500年）的历史文化遗存仍在日常景观中清晰可见，其中包括不可胜数的墓冢、祭祀还愿堆积和岩画等。除此以外，丹麦还有大量令人称奇的保存完好的人类遗存，例如著名的橡木棺人。这些古人遗骸代表的是史前时期的社会精英，这一至关重要的时期是今天的欧洲雏形的产生阶段。这些遗骸对于理解世界史上这一重要时期国际贸易网的建立和维护至关重要。横跨整个北欧地区的外来手工制品的存在暗示着该地同远方的密切联系，目前还不知道这些外来产品是在相邻的酋邦之间流通（低流动性），还是通过一些远途旅行的人携带而来（高流动性）。更有甚者，长期以来，人们认为北欧的青铜时代人类的活动力非常有限，因此认为该行为最有可能是由男性战士完成的。

得益于古DNA和锶同位素（$^{87}Sr/^{86}Sr$）分析的突出贡献，关于古人迁徙的研究正在见证一场知识革命。古DNA分析为更大的年代与地理框架下发生的人类迁徙提供了新证据，锶同位素分析则为个体迁移提供了重要信息，从而为确定某些特定遗址的人类迁徙提供了可能性。最近，通过牙釉质（抑或骨骼）的锶同

Magnus Petersen于1875年绘制的水彩画，描绘了丹麦地表景观中的几处墓葬
（Lennart Larsen拍摄，丹麦国家博物馆提供）

斯克吕斯楚普女尸埋葬的土丘在1935年开始发掘之前的样子
（丹麦Sønderjylland博物馆提供）

位素（87Sr/86Sr）分析，史前人类的流动性个体案例研究取得了极大成功。基于若干年的个体平均饮食消费，牙釉质（例如第一臼齿）分析揭示了个体地缘背景，这些组织因此提供了可供追踪长期流动性的行为特征。我们进而发展出能够应用于头发和指甲的分析方法。这些新进展为探索以月为单位的短程人类流动提供了前所未有的机遇，古代个体流动性研究的精度飞速提升，从以若干年为单位提高到以月为单位。因此，我们可以把某一个个体的短期和长期的流动性加以确认和区分，从而复原一个人一生的运动轨迹，辨认出其复杂的旅行过程。这些分析结果给古代人类研究打开了一扇新的窗口，为提升对于古代社会动力机制的了解创造了巨大潜力。新技术的出现与前沿技术的应用，开启了新的故事之门，使博物馆收藏的人类遗骨重新焕发生机。

橡木棺葬

欧洲的青铜时代见证了国家形成和城市化的最初阶段。这一阶段的特征之一是由精英团体发起的知识的转变与传播。在丹麦早期北欧青铜时代传统中，社会精英以橡木棺葬入墓穴，墓上建封堆。高等级墓葬中保存的人类遗骸是欧洲保存最好的史前人类遗骸。封堆既保护了墓穴，又令其在地表显而易见，便于后辈缅怀先人。在整个青铜时代，一个封堆可能被后续的墓葬反复利用。一座或者一组封堆实际上可能是一处墓地，人们反复回到此地埋入新的死者，绵延数百年。今天这些封堆仍然在地表显著可见，是见证欧洲最早的全球化历程的史前社会的生动记忆。

青铜时代女性之谜研究项目

"青铜时代女性之谜"是一个由嘉士伯基金会（Carlsberg Foundation）支持、为期三年的多学科研究项目（2016—2019 年），该项目旨在探索丹麦青铜时代女性的流动性、身份和社会角色。项目以上述保存完好的橡木棺为出发点，探索北欧青铜时代最具代表性的人物和主题。该项目肇始于令人称奇的最具标志性的橡木棺葬女性"艾格特福德少女"（发表于 2015 年），为史前时期单个个体的远距离迁徙提供了最早的证据。艾格特福德少女的衣服上的羊毛纤维被证实来自远离她的葬身之所的某地。

随之而来的问题是，艾格特福德少女的惊人发现仅仅只是个例吗？还是那个时期的其他女性也都有同样的远距离旅行的经历？尽管这个问题似乎不可能得到答案，丹麦仍然有条件为这个引人入胜的话题提供一些线索，因为这里有保存良好的橡木棺精英女性墓葬，其中两名（分别命名为斯克吕斯楚普女尸和博拉姆·埃

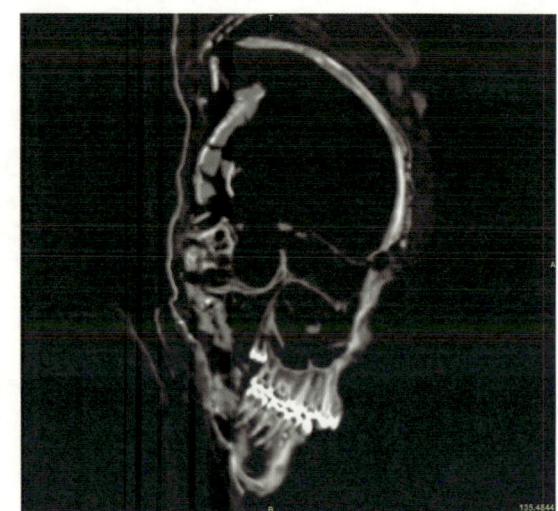

颅骨的矢状切面CT片，显示出牙齿的发育状态
（丹麦哥本哈根大学法医学系提供）

斯克吕斯楚普女尸如今在丹麦国家博物馆里展出
（Lennart Larsen拍摄，丹麦国家博物馆提供）

肖女尸）的状态尤为良好。这两项发现都与艾格特福德少女年代相近，埋葬方式也一致，都是封堆下的橡木棺葬。

此外，"青铜时代女性之谜"旨在从微观到宏观角度探索青铜时代女性，为她们生活的方方面面提供新的知识，研究的问题如下。

1. 青铜时代女性的流动性如何？

（1）从微观层面看青铜时代贵族女性的高精度个体移动性，以斯克吕斯楚普女尸和博拉姆·埃肖女尸的案例研究为例；

（2）从宏观层面看，包括用以比较的男性和儿童在内的大量个体的移动性。

2. 青铜时代的女性在远程贸易网中是否扮演某种特殊角色？

3. 我们能否确认青铜时代女性的不同身份？

我们运用了一系列当前最尖端的科技考古方法来解答这些问题，其中包括放射性同位素分析（87Sr/86Sr）、稳定同位素分析（δ13C 和 δ15N）、显微分析、法医学分析（包括 CT 扫描）、古 DNA 分析以及相应的考古学背景研究。这些方法手段协同增效，为我们理解这些精英女性的生活及其所处的社会的动力机制提供了全新的、多层次的信息。

斯克吕斯楚普女尸之谜

斯克吕斯楚普女尸出土于 1935 年丹麦南部墓冢。墓冢建于北欧青铜时代早期（公元前 1700—前 1100 年），由多层倒置的草皮垒建而成，底部环绕石墙。部分青铜时代墓冢内部的富铁层构成了一个饱水的缺氧环境，从而达到密封墓室的效果，斯克吕斯楚普大冢即属此类，这种环境避免了有机遗存的分解。斯克吕斯楚普女尸的墓冢从属一墓组（含 8 座墓葬），这具遗骸是该墓冢的主墓，其骨骼甚至软组织保存良好，后者包括部分脸颊、下颌、眉毛、眼皮、眼睫毛和她的长发，至今只有头发保留下来，长达 60 厘米，斯克吕斯楚普女尸的头发梳成极其复杂的发型，不属于当地的典型发式。她的骨骼，尤其是牙齿的大部分都保存完好。

像其他橡木棺葬一样，斯克吕斯楚普女尸被安置于牛皮之上，她身穿一件短袖羊毛衬衣，袖口和领口有刺绣装饰，从腰到踝裹有一条方形羊毛织物，以带系于腰间。另外，她还戴有一顶羊毛软帽、腰带上系有一枚角梳，耳旁有一对大型螺旋形金耳环。

对斯克吕斯楚普女尸遗存进行的体质人类学研究最早开始于 1939 年。首次牙科检查表明除了智齿之外，她的牙齿全部可见。上颌中的智齿尚未完全发育，下颌的智齿尚未萌出。牙齿状况良好，没有任何龋齿和其他牙科疾病。因此推测这具遗骸属于一名不超过 20 岁的青年女性。

我们基于骨学材料评估标准对她进行了体质人类学分析，同时采用了 CT 影像

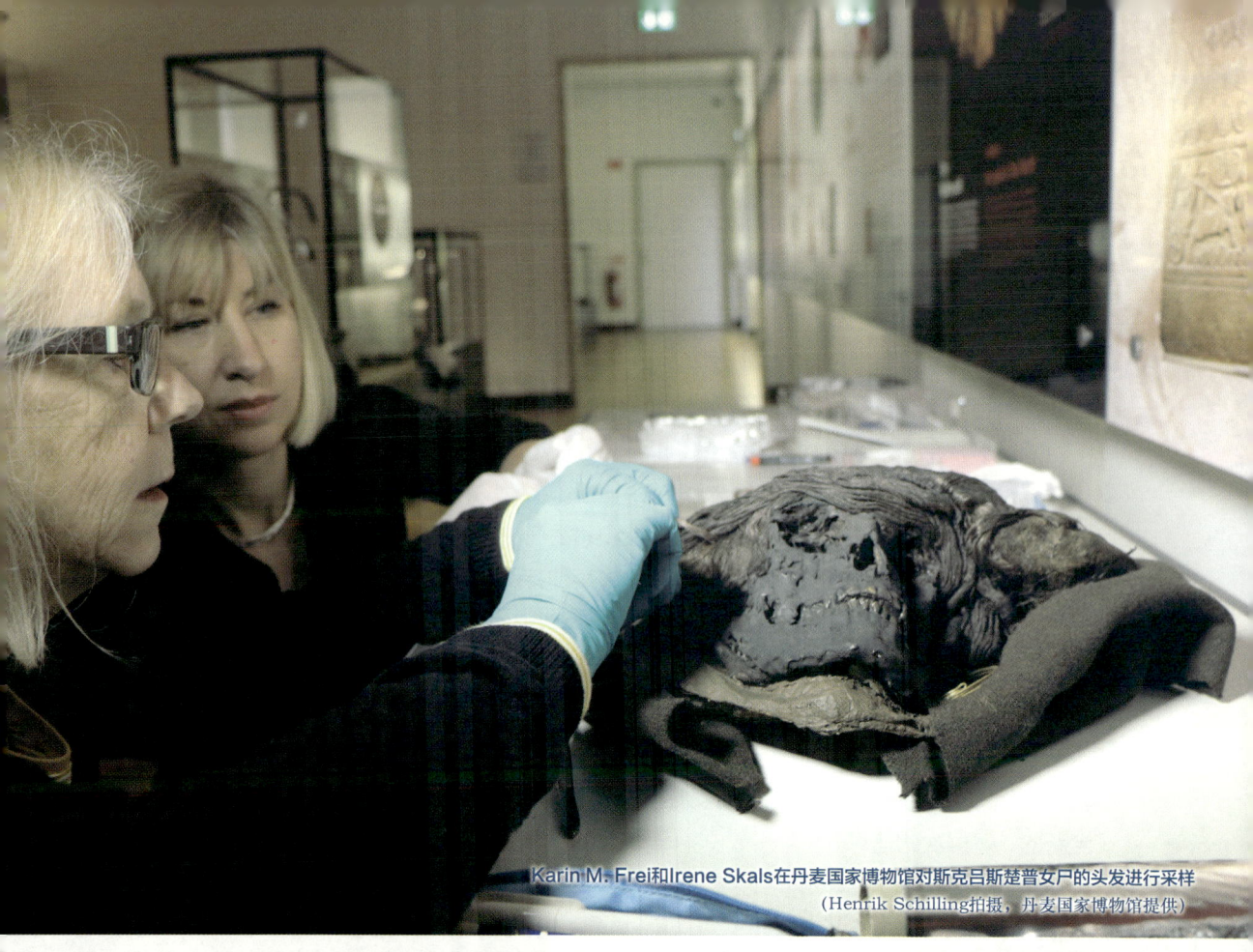

Karin M. Frei和Irene Skals在丹麦国家博物馆对斯克吕斯楚普女尸的头发进行采样
（Henrik Schilling拍摄，丹麦国家博物馆提供）

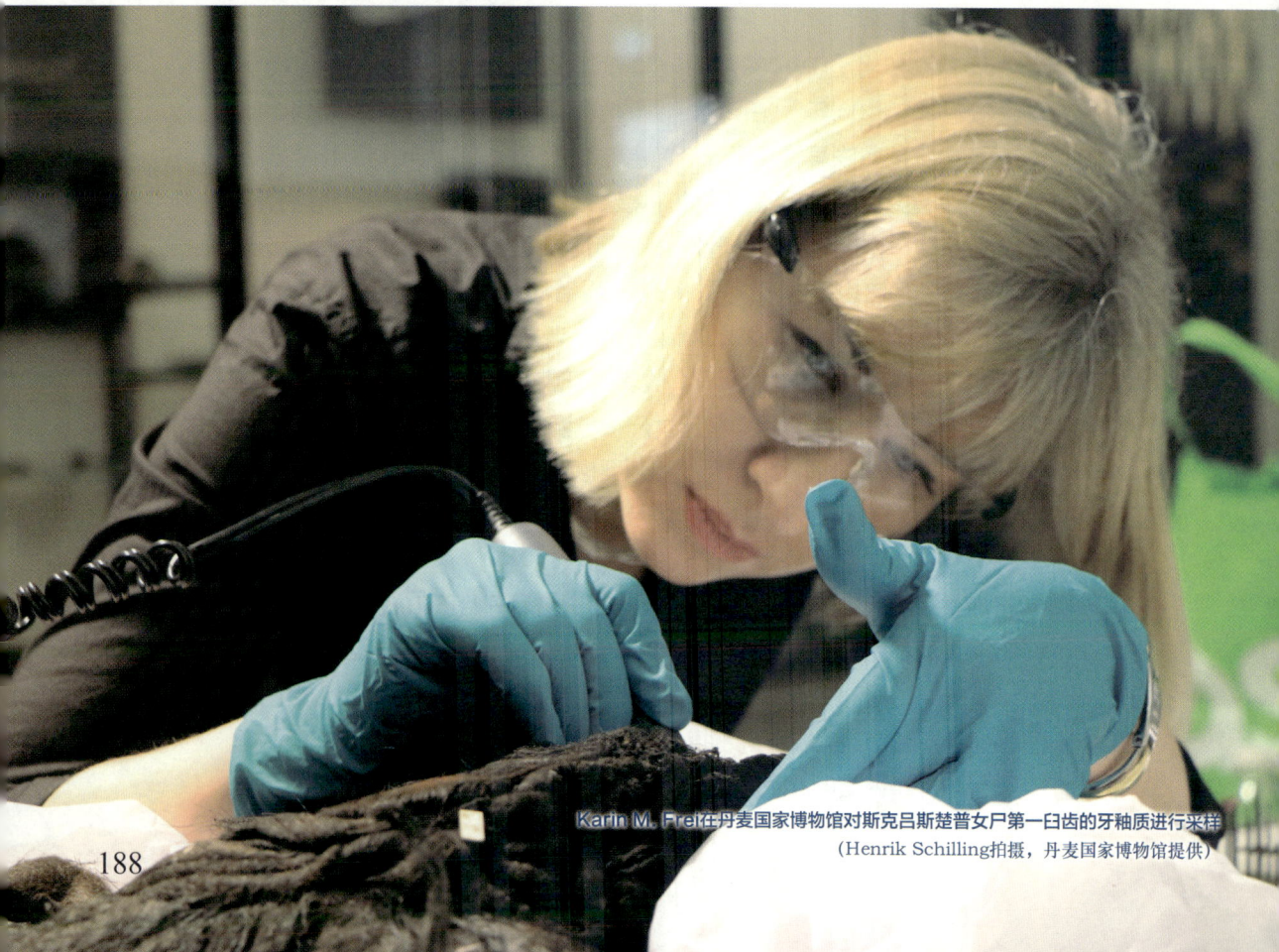

Karin M. Frei在丹麦国家博物馆对斯克吕斯楚普女尸第一臼齿的牙釉质进行采样
（Henrik Schilling拍摄，丹麦国家博物馆提供）

和 3D 可视化技术。性别判断是基于标准体质人类学技术，建立在髋骨、骶骨形态学特征、股骨头最大径以及长骨形态等判断的基础之上。在所有这些新的研究基础之上，我们重新估算了斯克吕斯楚普女尸的死亡年龄，对长骨骨骺闭合情况、骨盆带、脊椎骨边缘以及牙齿的发育和萌出情况都进行了重新评估。两组研究都认为她的可能死亡年龄在 17—18 岁，她在同时代属于较高女性个体（接近1.7 米）。

我们对斯克吕斯楚普女尸的一枚第一臼齿和一枚第三臼齿（智齿）的牙釉质进行了锶同位素分析。人类牙釉质的耐岩化性使其成为考古学追踪人类迁徙的重要材料。第一臼齿的釉质在胚胎期形成，最终于三岁左右矿化，因此它提供了个体童年出生地的信息。反之，第三臼齿的牙冠变量更大，代表的是从青春期早期直到约 16 岁之间的长时段。我们同时提取了这两枚牙齿，以创造一个与斯克吕斯楚普女尸生前曾居住过的地方相关联的长期时间表。

由于现代人的头发大约每个月生长 1 厘米，通过多学科的追踪调查，头发实际上可以提供高精度的饮食和活动历时信息。由于斯克吕斯楚普女尸复杂的发型及其埋藏地点独特的考古学特征，获得可靠锶同位素分析所需的样品量需要与文物保护达成平衡。为了实现头发的锶同位素研究，我们将长达 42.5 厘米的头发截成 17 段，涵盖了死亡之前 51 个月的生长周期。

我们的锶同位素分析结果显示，斯克吕斯楚普女尸来自遥远的外地，她的出身地与埋葬地相距遥远。她的部分头发片段的锶同位素比值为本地值，但也有部分片段的锶同位素值与她的牙齿所记录的稍高的非本地比值接近。有趣的是，锶同位素比值的突然变化出现在死亡前 47—42 个月。我们推想这种相对较短的时间段所表示的是斯克吕斯楚普女尸从现如今的丹麦以外的地方来到斯克吕斯楚普所需的时间。这个时期之后的头发片段上的锶同位素比值（代表的是早于死前约 40 个月）与本地比值相同。后者的范围与当地独有的同位素斯克吕斯楚普生物利用同位素数值范围相吻合。这说明进入斯克吕斯楚普地区之后，她很可能在斯克吕斯楚普度过余生。

为获取斯克吕斯楚普女尸生前饮食的增量数据，我们对一根 12 厘米长的头发样品进行了稳定同位素分析。基于 $\delta 13C$ and $\delta 15N$ 分析的同位素数据会根据饮食摄入有预测地变化，因此，可以用来区分古人是依赖陆地还是海洋食物资源。稳定同位素分析同时也可以为饮食的季节性变化提供信息，可以确定生理学影响。这些分析表明斯克吕斯楚普女尸的饮食结构是具有季节性变化的陆地型饮食。同时，我们也对从头发样品中选择的子样品进行了古 DNA 提取。

我们研究的主要成果是能够确认史前人类个体进行首次迁移的年龄。具体来讲，我们的研究结果揭示了斯克吕斯楚普女尸迁移至此地（现今丹麦）的年龄在 13—14 岁，随后她定居于斯克吕斯楚普地区，直到去世。从考古学角度出发，处于适婚年龄的贵族女性单独且单向的迁移，暗示其目的是建立酋邦之间的联盟关系。同时，我们的研究提供了新手段，以斯克吕斯楚普为例，个体流动性的高精度时间轴对于研究史前社会与经济相互作用的复杂模型而言拥有无法估量的价值。

我们的研究首次将单一古代人类个体中不同人体组织的高精度溯源分析与多方位体质人类学分析相结合，将其作为确认人进行迁移时年龄的方法。这些分析也因此打开了史前历史的新窗口，提升了我们对过去社会动力知识的认知，也为大家呈现了古代人生活的景况。

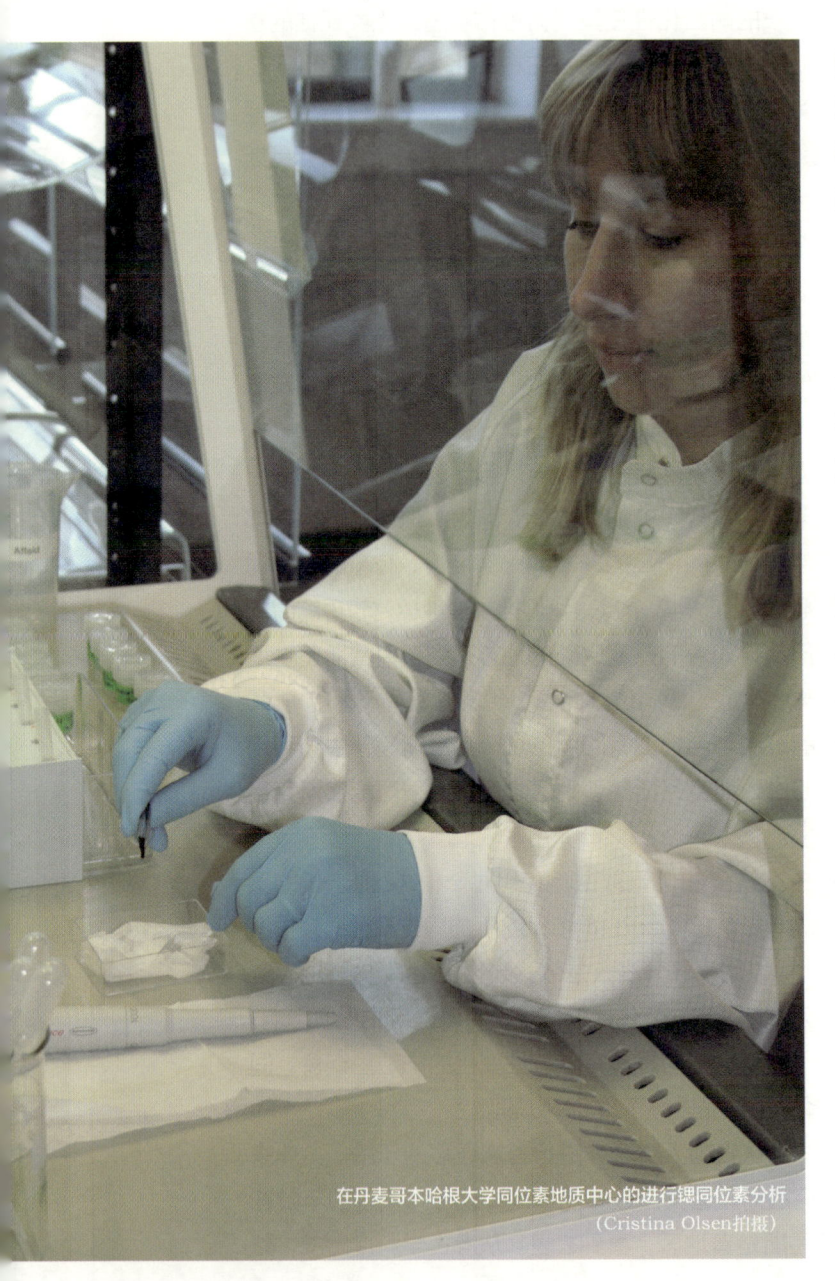

当我们用新的方法和研究问题重新审视博物馆藏品时，我们的发现也揭示了博物馆藏品所包含的潜在信息的价值。

"青铜时代女尸传奇"项目的新发现，包括基于斯克吕斯楚普女尸的新研究，是来自不同领域和不同机构的研究人员协力合作的成果。其中包括：

来自丹麦国立博物馆的弗莱明·考尔，萨曼莎·S·赖特，乌拉·曼纳海因和米歇尔·陶贝；来自丹麦南日德兰博物馆的佩尔·艾塞尔伯格；来自瑞典哥德堡大学的克里斯蒂安·克里斯蒂安森；来自丹麦哥本哈根大学的罗伯特·弗莱，奇亚拉·维拉，玛丽·路易斯·S.约尔科夫，尼尔斯·林纳鲁普，莫滕·艾伦托夫特和埃斯克·威勒斯列夫；来自英国布拉德福德大学的安德鲁·S·威尔逊，以及来自丹麦奥胡斯大学的杰斯珀·奥尔森。

在丹麦哥本哈根大学同位素地质中心的进行锶同位素分析
(Cristina Olsen拍摄)

项目负责人简介

卡琳·玛格丽特·弗莱（Karin Margarita Frei）是丹麦国家博物馆科技考古研究教授，"青铜时代女尸传奇"项目负责人。她在哥本哈根大学科学系获得地质学与地球化学硕士学位，继而转向跨学科研究，在丹麦国家研究基金会的纺织物研究中心（隶属于哥本哈根人文学系）攻读科技考古博士学位。她的博士研究项目以锶同位素方法探讨古代纺织品的原材料产地为核心。此后数年，她在丹麦和其他国家从事数个博士后研究，曾是瑞典哥森堡大学高级客座研究员。现在她主持多个国际跨学科研究项目，旨在探索世界各地史前人类和动物的流动性。卡琳·弗莱是高精度人类流动性研究的领军人物，此外，她积极致力于探索基于锶同位素对考古学遗存进行追踪溯源的新方法。她的研究屡获殊荣，其中包括：2017年丹麦Magisterbladet研究奖；2015年丹麦Ingeniøren最佳研究奖；2015年皇家北欧古代文本科学院Eilschou Holms奖；2015年《考古》杂志十大考古发现奖。卡琳·玛格丽特·弗莱于2017年5月成为丹麦皇家科学院终身院士。

卡琳·玛格丽特·弗莱

192

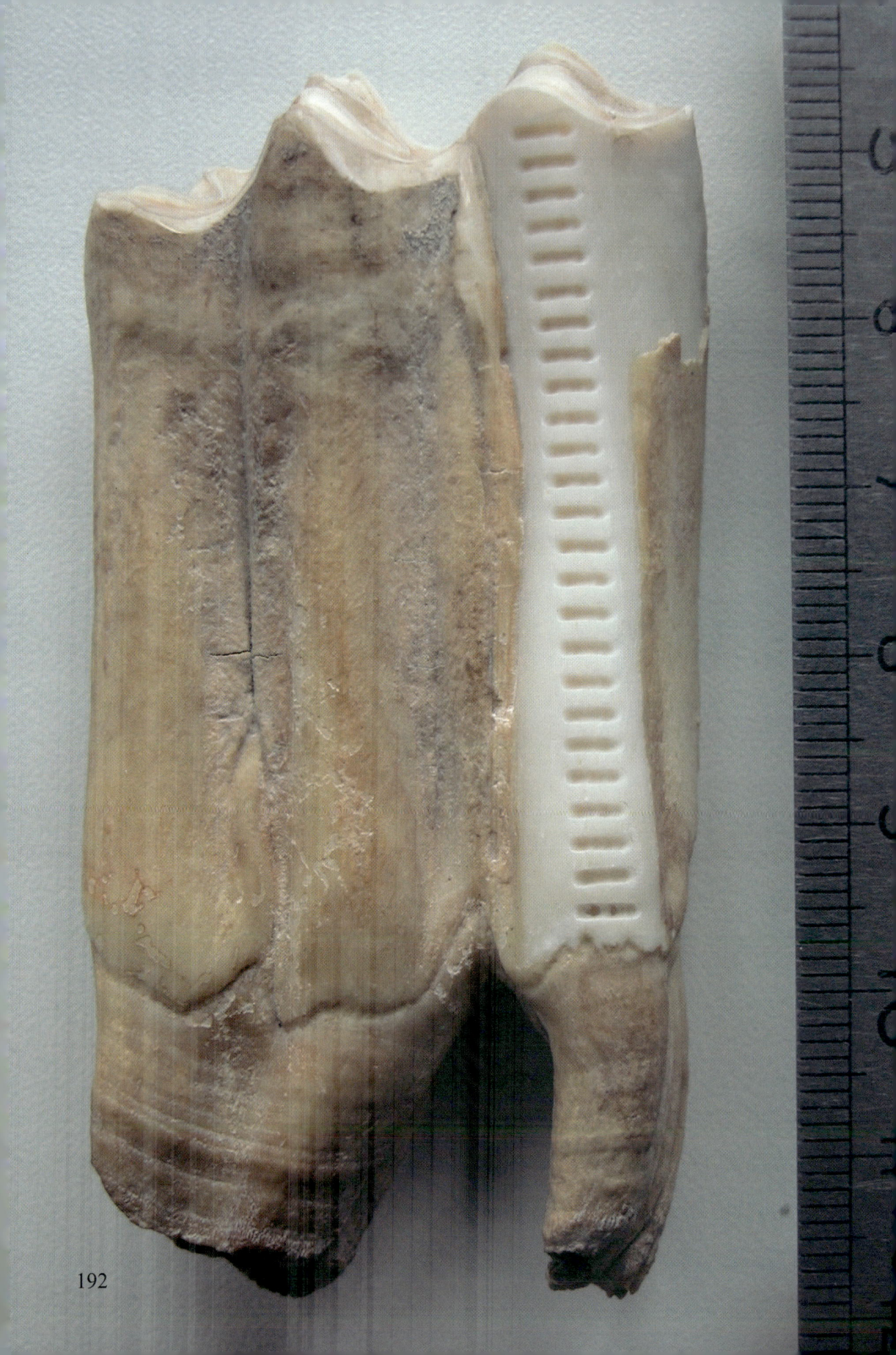

欧洲温带地区新石器时代的奶业革命

理查德·艾夫希德（英国布里斯托大学）

欧洲研究委员会资助的新石器时代奶业项目（NeoMilk）包括了来自英国的布里斯托大学、埃克塞特大学、伦敦大学学院，法国的国家自然历史博物馆、索邦大学和波兰的波兹南密茨凯维奇大学的研究人员，其成员的具体信息请参考网站内容（https://neomilk—erc.eu/）。

新石器时代早期农民引入和扩散了以反刍动物为基础的农业，这对评估欧洲中石器—新石器时代转变意义重大。人类生存策略中这一革命性转变彻底改变了欧洲史前文化、生物和经济，几乎在全世界范围内构成了现代生活的基础。至关重要的是，这些变化是全球范围内乳制品经济广泛传播和欧洲乳糖耐受性（LP）进化的基础。价值数十亿欧元的现代乳品经济是欧洲史前时期这一关键阶段所做出的人为生物改革的直接结果。因此，我们的研究集中在这些早期农业社群生活中意义最深远的一个方面，即家养动物在不断发展的自给经济和定居农业中的突出作用，特别要考虑牛成为温带欧洲新石器时代农民家养动物这一因素。

畜牧业是生存的基石，对考古遗址发现的动物遗存进行最先进的动物考古和化学及同位素的研究能够对史前养殖、草料和土地利用情况提供前所未有的见解。环境可能在驯养动物的选择上起到了基础性的作用。在新石器时代早期，由于绵羊和山羊的生理机能能够适应半干旱和灌木丛环境，因此它们主要出现在南部纬度地带，而牛则主要出现在北欧和中欧。牛是中北欧文化的重要组成部分，可能促进了新石器时代早期文化的迅速扩张，例如该地区公元前六千纪的线纹陶文化

194

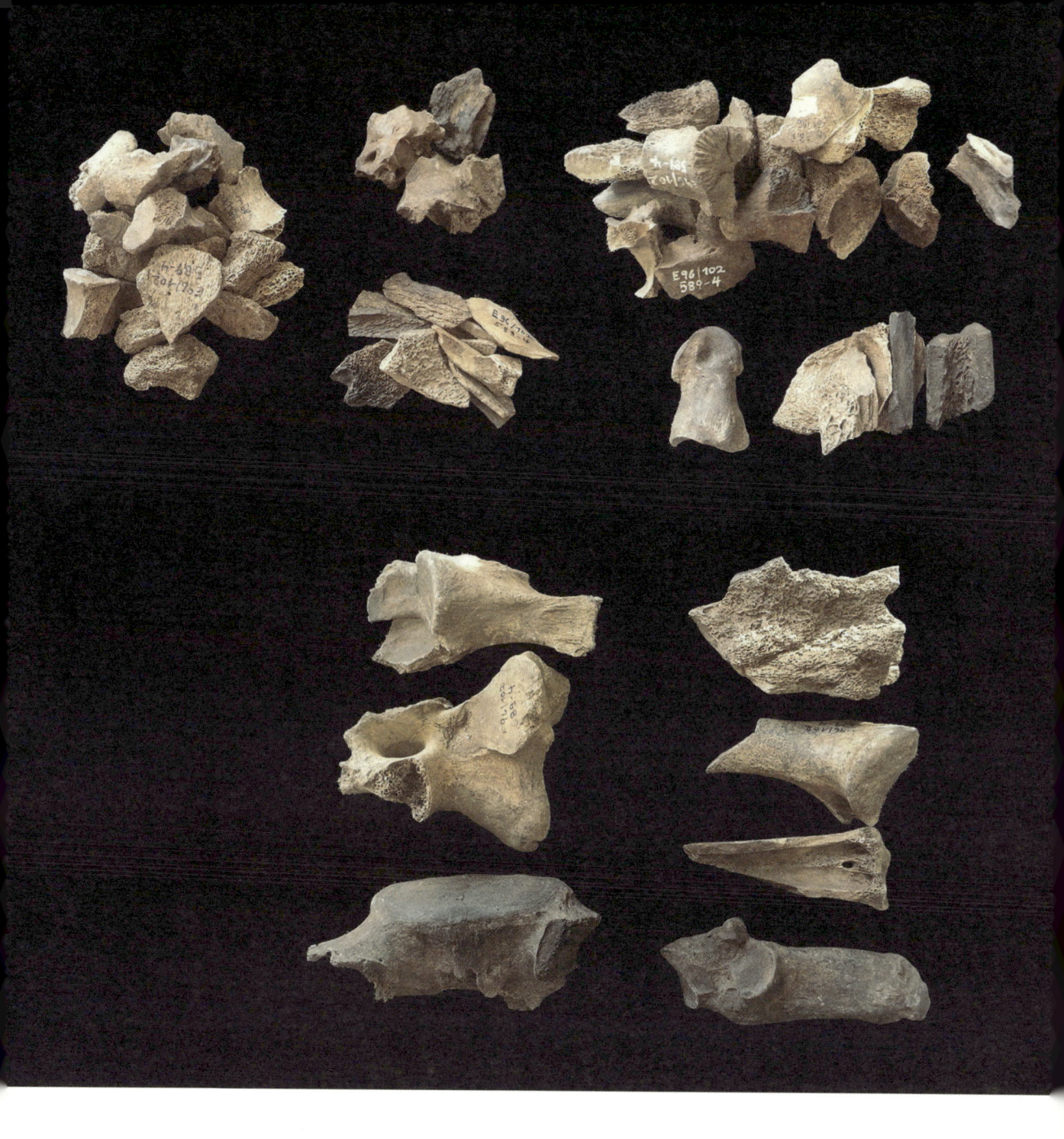

（LBK, Linearbandkeramik Kultur）。

我们基于对动物考古遗存中的牙齿萌出、磨损和替换阶段观察得出的死亡率数据来概述动物的屠宰管理状况，这又可以反过来用于研究动物饲养状况。乳业的特征是宰杀掉雄性幼崽和成年雌性。死亡率概况不能反映性别状况，但是通过统计幼崽和成年个体的出现频率我们可以推断出存在奶的利用状况。我们已经证明了新石器早期心形贝壳压纹陶器文化（Cardial/Impressa，ICW）和 LBK 的社群主要将反刍动物用于产奶。地中海西北部 ICW 社群主要用羊类产奶，而新石器时代早期 LBK 中部和北部社群的主要产奶动物是奶牛。与羊类相比，奶牛成熟较慢，因此需要持续的草料来源以便动物越冬。

保证奶牛的牧草和冬季草料库存将是一整年的活动，这对内陆地区的聚落有巨大的影响。温带地区的自然景观主要是森林，新石器时代早期的社区主要是利用自然开拓或人工清理掉森林形成的。牧民可能集中收集森林中的干草而用于整个冬季喂养牲畜。由于在考古中很少发现叶类遗存，因此在史前时代确定草和叶的消耗尤其困难。通过反刍动物的牙釉质、牙本质和骨骼胶原蛋白的同位素分析可以获取饮食指标，可以用来确定史前养殖、草料种类和土地利用策略。森林冠层的密度会影响到 $^{13}C/^{12}C$ 比值，这可以记录在身体组织中，比如那些以草叶为食的反刍动物的牙本质、牙釉质和骨胶原。本项目研发了一种新的基于牙本质氨基酸中的氮同位素的单体稳定同位素方法，该方法已经被用于鉴定以森林资源为草料来源的喂养状况，本方法成功的关键在于木质素生物合成中的氨基酸差异分馏，这种氨基酸在木质素高低不同的植物中存在着系统差异。牛臼齿的增量采样和稳定同位素分析为评估动物饲料的季节性变化提供了一个多重稳定同位素框架，这涉及森林管理和树叶喂养的程度，以及可以估计生育季节的时长。

因此，我们已经有了冬天人为使用草叶喂养的最早证据。值得注意的是，生育季节大概持续4—5个月，表明了对牲畜育种有高度控制以保证冬季能有好的奶源供应。检视死亡率数据和稳定同位素数据表明LBK社群大力投资于牛群饲养，冬季持续不断的草料供应将会影响到社会组织，可能刺激了新石器时代欧洲中部地区与牛有关的象征符号的出现。

尽管肉和奶是畜牧业的主要产品，但它们的脂肪也是人类饮食的重要组成部分，我们的祖先也有相应策略保证其稳定供应。对动物躯体脂肪的利用模式最直接的证据来源于动物骨骼的研究。我们对LBK文化的研究代表了在骨骼脂肪加工处理方面有史以来最全面的研究。我们分析了过去人群是怎么集中利用动物骨骼的脂肪资源，通过不同骨折和骨碎片模型来获取骨髓和骨脂的利用证据。根据水分流失和胶原蛋白的成岩作用的程度，骨折具有不同的特征，使得我们能够从由践踏、再沉积和上下扰动，包括发掘损坏导致的沉积后埋藏骨折中区分出为了获取骨髓的人为骨折。基于这些发现，我们认为骨折可以用于判断动物残骸加工、

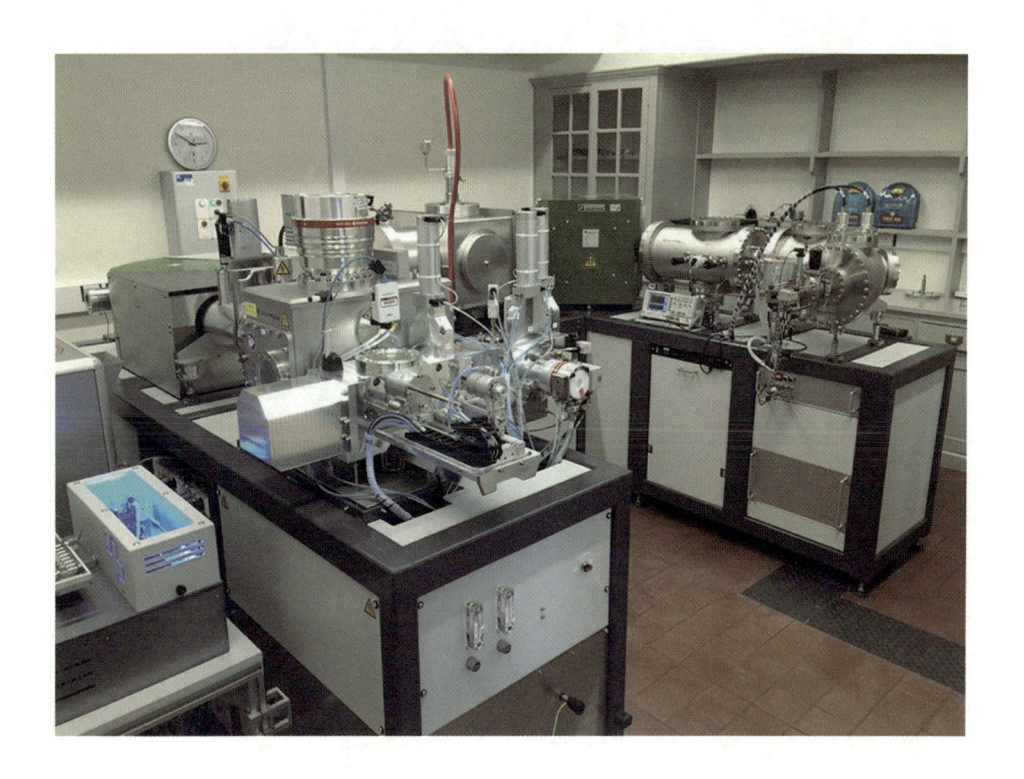

垃圾堆积和考古遗址的形成。

　　重要的是，骨脂肪开采提供了一个重要的饮食需求指标。对骨髓和骨脂不同程度的加工可能是对不同程度饮食压力的响应，并留下不同的考古特征。骨髓加工需要分裂开新鲜长骨以获取骨髓腔骨髓，而骨脂的提取需要大量粉碎骨骼并将松质骨进行烹煮以获取油脂。因此脂肪的利用模式及其强度可能与饮食压力或某种脂肪来源的缺乏相关。我们在新石器奶业项目中进行该研究的目的是评估动物骨脂对饮食的贡献，尤其是考虑到可能存在的乳业活动，这是脂肪的另一个来源。乳业提供了丰富的可存储的脂肪来源，所以随着乳制品使用量的增加，对骨脂的大量开采可能会减少。这是需要我们验证的假设。

　　我们的研究表明并不是在每个遗址都有大规模提取骨脂的活动。该过程往往和狩猎采集群体很难获取大规模碳水化合物和丰富的脂肪相关，对于有作物和家养动物的LBK文化农民来说骨脂可能并不是营养必需品。松质骨的碎裂证据都是非集中和孤立的，少数几例类似的碎骨例子更多可能是与各种各样的炖菜有关。骨髓加工则存在于每处遗址，但是新鲜骨骼产生的骨裂（表明骨髓加工）比例在各处遗址变化很大。我们的研究表明新鲜骨骼产生的骨裂比例和产奶的反刍动物（奶牛、绵羊和山羊）的数量负相关，这一证据可能表明了那些具有较高奶制品生产能力的遗址对骨脂的依赖较少。

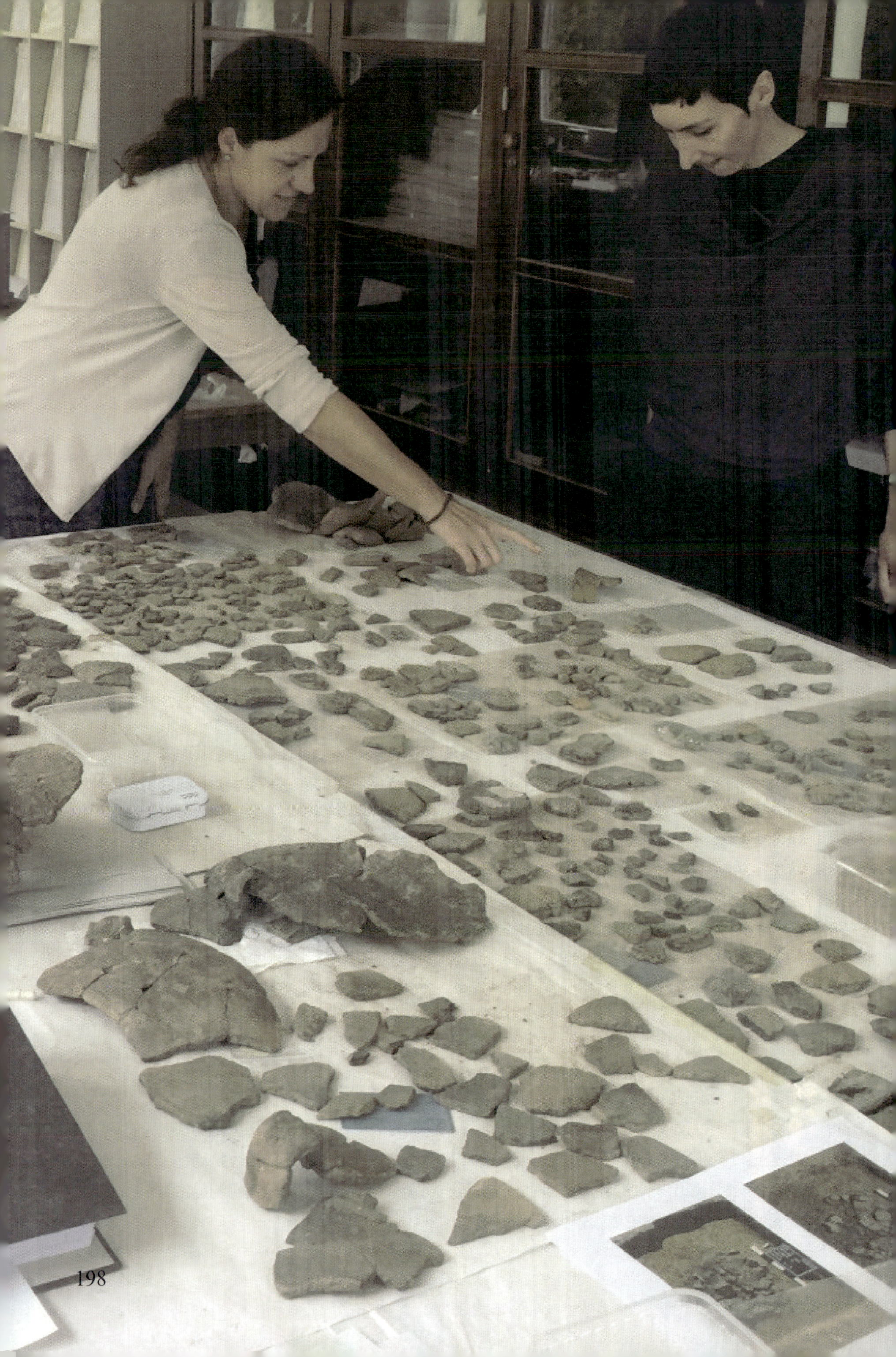

为获取骨髓导致的骨裂和后沉积导致的骨裂比例在遗址内部不同环境中差异也很大。这些环境中的不同骨折比例表明了动物残骸不同的加工情况和遗址本身的埋藏历史。我们能从中鉴别出可能代表着宴享事件的场景，包含有在被快速堆积和填埋前被炙烤过的骨髓骨。这些遗址内部的差异显示了考古活动的空间差异，也帮助我们将遗址作为一个整体去理解，并超越了纯粹的动物考古问题。这些研究突出了该类型动物考古研究的重要性和广泛适用性。我们的方法论允许一系列人为导致的断裂和后天埋藏扰动导致的破碎存在，这可以被用来反映遗址形成过程，该过程与考古遗址中所有人工遗物都息息相关。这对于研究那些不像动物骨骼一样有明确的时间断代分析标准的文物极其重要。这种类型的动物考古学研究可以并且已经用于不同时段的多个遗址中，为饮食和生存压力、埋藏学和遗址形成过程的考古学讨论提供了信息。

总之，我们的中心假设"乳业的兴起降低了其他低效获取动物脂肪方式的需求"是可成立的，现在我们将这些结果与相同遗址中的乳制品的加工证据相关联起来。

化学分析方法的出现使得来自于考古环境中的模糊不可见的有机物能够被检测和识别，这对于在时间和空间尺度上回答迄今难以解决的考古学问题意义重大。这种研究主要的分析目标是无釉陶器中广泛保存吸收的脂质残留物。这些脂质来源于在这些容器中储存和加工的物品。它们来源于单次使用或者该容器生命史上所有烹饪事件的逐渐集聚。脂质残留物分析适用于刚出土的陶器和博物馆藏品。高灵敏度的仪器检测方法比如气相色谱和质谱法可以检测和鉴定大量的化合物。使用离子检测方法可以达到超痕量灵敏度，比如用于检测水生资源开发的特定脂质标志物。气相色谱—燃烧同位素比值质谱仪在 20 世纪 90 年代出现，使得从各个生物标志性结构中获取稳定同位素信息成为可能，为考古学中有机残留分析的应用开辟了一系列新的途径。使用有机残留物分析可以在史前陶器中检测一系列物质，比如陆生动物脂肪（动物体脂和乳脂）、水生动物脂肪、植物油和蜡、树脂和蜂蜡。该项目的一项重大创新是对单个脂质的高精度放射性碳（14C）测年，尤其是通常在陶器中发现的来自于动物的脂肪酸。

我们运用该方法进行了有史以来最大规模的陶器有机残留物分析。我们对来自于 LBK 文化聚落的 5000 个陶器碎片样本进行了检测，这些采样的聚落覆盖了这个史前重要文化的全部分布范围，西起大西洋，北到波罗的海，东至黑海，在南部到达了北纬 44 度的萨瓦河和多瑙河下游。因此来自于所有生态区和环境变量（例如波兰低地和高地遗址）的 LBK 遗址陶器都有采样。最近的研究表明 LBK 文化在公元前 6000 年初就已经出现。早形成阶段的发现主要分布在历史上的外多瑙河流域地区（Transdanubia）西北部，包括现代的匈牙利、奥地利和斯洛伐克的一部分。LBK 文化在早期阶段从此处向西扩张，大约在公元前 5500 年到达莱茵河

0 ⸺ 5 cm

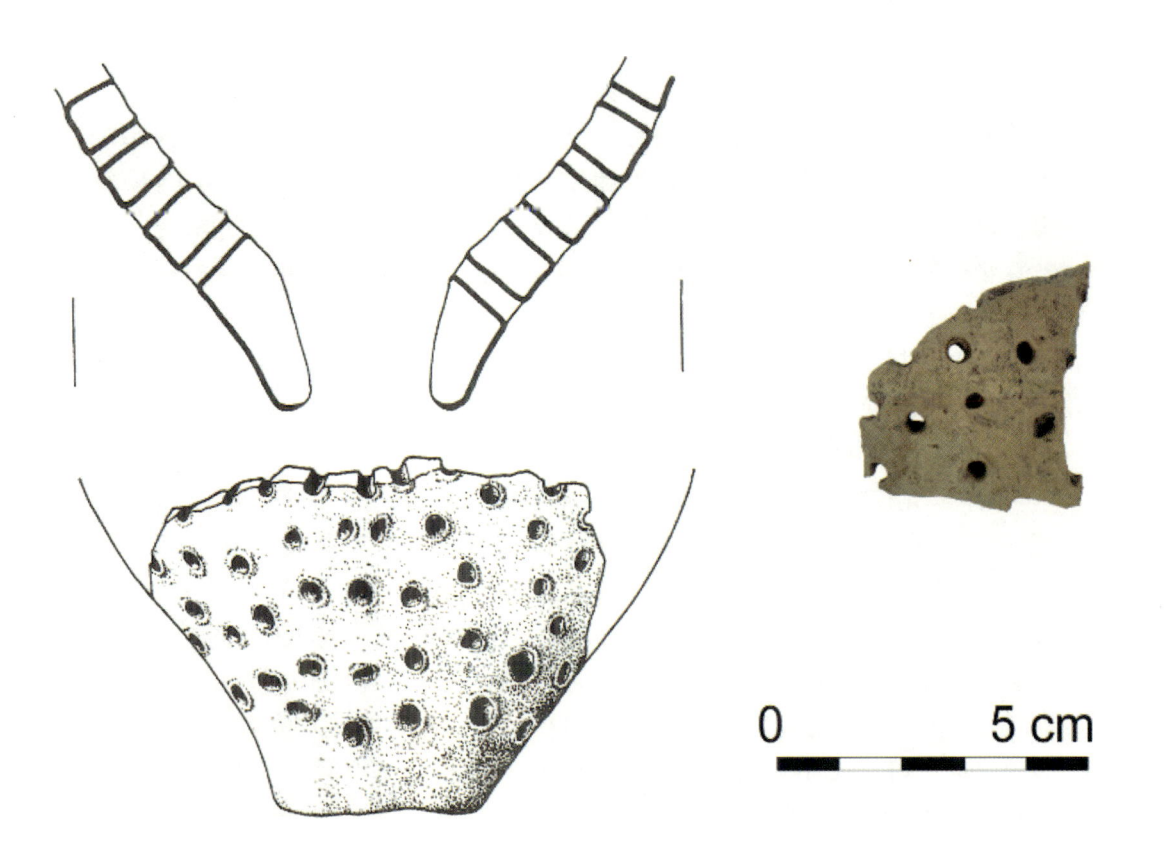

流域，大约在同一时间，北部和东北部到达了维斯瓦河上游支流地区。下一阶段，即所谓的"中"LBK阶段，LBK文化进一步扩张，在公元前5300年之后分布范围达到最大。接下来是所谓的LBK"晚期"和"末期"文化，从公元前5150年开始形成许多区域性集团。到公元前4900年，最晚的LBK陶器类型（sensu stricto）也已经消失不见，这些发展阶段很好地体现在了陶器装饰和陶器风格演变上，给予了我们一个很好的年代学指标框架。

新石器时代奶业项目的陶器样本涵盖了LBK文化各个区域的所有年代阶段以研究动物利用的年代趋势。LBK文化聚落陶器组合非常单一，除了一些半球形的杯子、瓶子和双耳罐之外，80%的陶容器是"烹饪陶罐"，它们往往都有装饰。所有陶器种类的碎片在抽样时都有所涉及。到目前为止，大部分LBK陶片都来自于欧洲发掘的数千个聚落点，尤其是典型的LBK长屋旁的椭圆形灰坑。这种灰坑最初被挖掘用来为建设房屋墙体提供黏土，在房屋使用过程中被用作垃圾坑，从而使我们有机会探索房屋的演变规律，并对聚落和区域作比较。

来自于50多个考古遗址的大约5000个陶片样本的残留物分析结果使我们可以从遗址、区域以及大陆层面上获取欧洲中部早期农业区动物开发利用的时间和地域趋势。结果发现在整个LBK文化分布范围内，乳制品和非乳制品活动在很大程度上存在差异。显然，一些早期的农业社区依赖奶和奶制品，另外一些社区主要从动物躯体、骨髓和油脂中提取膳食脂肪。将一些奶转化为奶酪的证据是在一些特定容器中检测到奶残留物，这种容器穿有毫米尺寸的孔洞，和现代正在使用的民族志记录中的奶酪过滤器十分相似。奶酪的生产将减轻乳制品处理难度并在一整年内保证其奶制品的营养价值。

总之，新石器奶业项目整合了最先进的方法，为LBK文化区管理动物、处理和消费其产品的方式提供了新的定性和定量的证据，以及在整个欧洲时空范围内的变化过程。陶器中有机残留物的分子和稳定同位素分析为乳制品加工和消费提供了一个关键指标。该项目的一个主要优势是将动物证据与有机残留物证据进行互证，建立了在容器里加工动物产品和管理、屠宰动物方式之间的重要联系。这些新的发现被汇集，并与新的测年、古环境和考古信息相结合，以鉴别在LBK文化整个时空范围内对动物管理和开发模式变化的主要影响。新石器时代奶业项目的数据整合工作是测试与史前环境有关的地理和生态模型，来定义LBK文化期间对畜牧业的控制。最后的关键一步是通过目前正在进行的aDNA研究，在史前人群中绘制出乳制品大量出现的LP等位基因分布图。

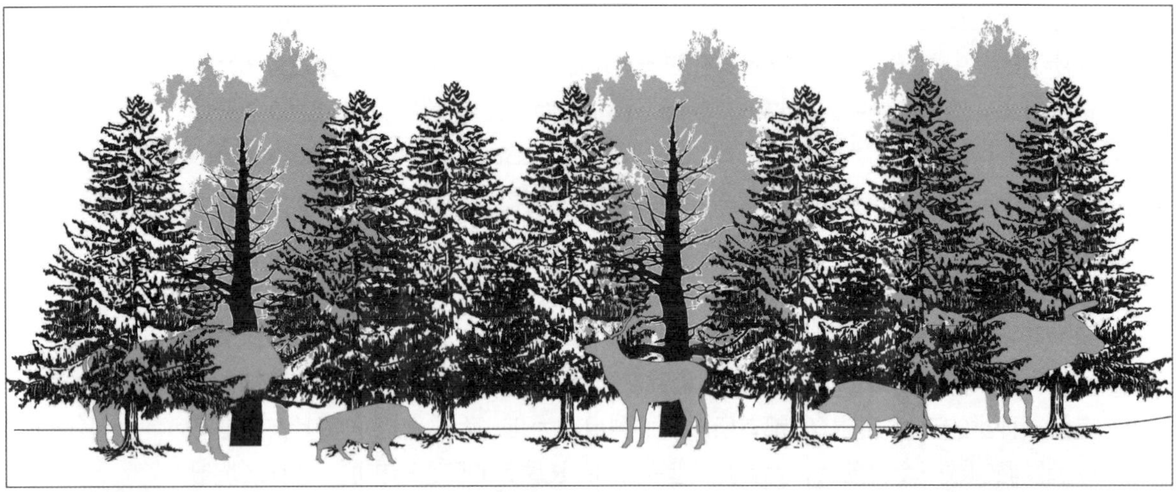

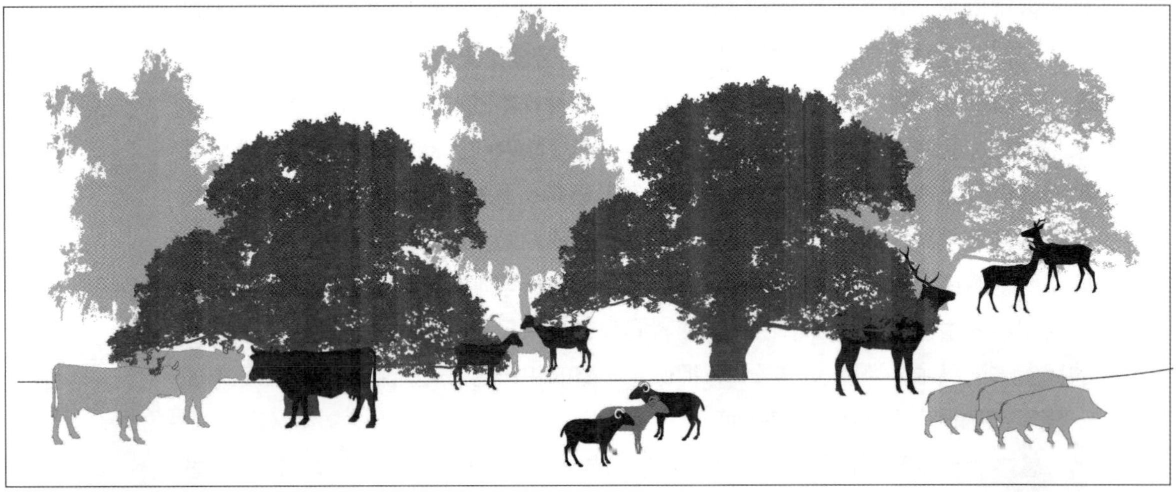

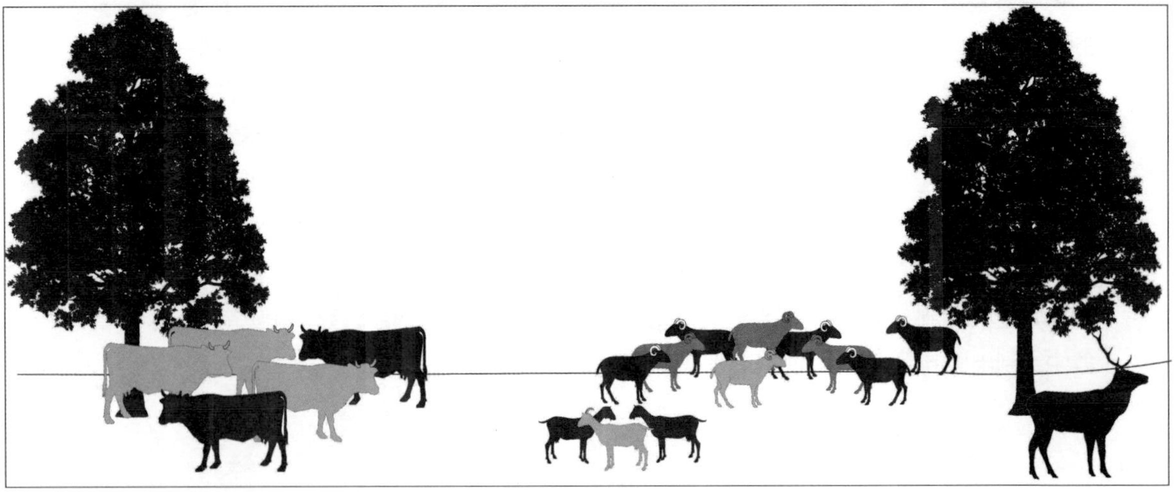

项目负责人简介

理查德·艾夫希德（Richard Evershed）是发展古代陶器脂质残留物和其他复杂化合物（生物分子）提取和描述方法的先驱，运用这些方法可以推断出容器的用途，可以分辨容器中装的是海产品、乳酪还是肉类产品。他的工作为重建自给经济开辟了新的道路。艾夫希德教授利用创新分子和稳定同位素技术研究考古发现，为人们呈现了一种可以清楚展现古人类猎杀动物和种植植物的"化学指纹"。他的工作提供了关于从近11000年前人类从中东迁移出来的过程中饮食是如何演变的深刻见解。他使用色谱、质谱技术和单体化合物稳定同位素技术，分离和识别古代陶罐和其他文物中发现的微量"生物分子"。他比较了人类历史上不同时期和不同地点的结果，揭示出饮食和加工获取方式的变化规律。他进一步将该方法运用到化石、古代沉积物，艾夫希德发现了有关史前人类、动物、植物和地球过去气候的新信息。理查德热衷于提高公众对他工作的理解度，积极参与互动展览、播客、公众演讲和媒体采访。因其工作获得大量奖项，其中包括英国皇家化学学会跨学科奖、西奥菲勒斯雷德伍德奖、罗伯特·博伊尔奖和英国质谱学会阿斯顿奖章。2010年，因对生物化学及其应用的贡献，他被选为英国皇家科学院院士。

理查德·艾夫希德

芭芭拉·费什教授

交叉学科研究与保护科潘文化遗产

芭芭拉·费什（美国哈佛大学）
威廉·费什（美国哈佛大学）

1980 年被认定的世界文化遗产、玛雅中心最南端的科潘，是一个富有多民族文化传统的古城。自 1977 年以来，我们一直是探索该遗址的调查队伍之一。我们的科潘马赛克项目开始于 1985 年，专门研究和保存洪都拉斯科潘古典晚期已倒塌的数千座立体雕塑。现在，这项工作得到了扩展，加入了正在进行的玛雅全集项目，这个项目 1968 年在皮博迪博物馆开始，将所有已知的玛雅象形文字记录在玛雅象形文字全集（Corpus of Maya Hieroglyphic Inscriptions，即 CMHI）中，其中所记录的无与伦比的准确线图和照片，已成为碑刻研究和玛雅文字、图像解密等研究的基础材料。

我们最初研究的是记录在 1∶2000 地图上，位于科潘河谷的古聚落（William L. Fash），以及在王权控制区和科潘河谷区的石刻碑文、图像（石碑和祭坛）和建筑装饰（象形文字宝座和建筑雕塑）（Barbara W. Fash）。我们从这发起了科潘马赛克项目以记录、调查、保护此宝贵文化遗产并传播有关知识。

我们重要的长期项目之一是关于著名的科潘象形文字梯道，这是新世界（玛雅文化）最长的象形文字雕刻。从 1986 年开始，我们主持了几个大规模的考古项目，以揭开埋藏在该金字塔深处的建筑序列，以便将考古记录与 64 级台阶上的铭文和金字塔顶部神庙墙体上的雕刻研究结合起来。曾经倒塌、现已混乱的梯道铭文的修复整理已经花费了几十年时间。在团队学者众力合作下，2017 年完成。

科潘项目的当地员工

1:10比例的象形文字梯的3D模型

芭芭拉·费什教授在使用沙盘

整个梯道的 3D 扫描是一个开创性的成就，并为未来这种新记录技术的应用设定了标准。科潘象形文字梯道项目作为科潘卫城考古项目（1988—1996 年）的最主要的一个部分，试图从以前在科潘卫城进行的调查中获得信息，用于研究和保护，且在致力于保存建筑和雕塑的同时记录王室区的朝代的历史和建筑史。

目前我们为玛雅雕塑研究和保护合作主持了"桑坦德项目"，该计划旨在促进科潘内外玛雅地区雕塑的保护。在此资助下，我们已进行了科潘玛雅遗产的宣传和研究工作，并建立了一个保护实验室，组织了一些研讨会，以解决保护考古遗存所面临的巨大挑战。我们还与众多纸媒、纪录片摄制组和电子媒体合作，传播科潘的知识。

在我们所有的工作中，社区参与和教育计划均与考古研究相结合。科潘雕塑博物馆这个项目就是一个出色的国际合作的结果。有洪都拉斯的机构、科潘社区和外国研究人员共同参与努力保护这个古老的城市遗产，向公众首次展示了许多宏伟的雕塑成果。作为一种教育手段，博物馆帮助成千上万的小学生了解古代玛雅文化、提高文化意识。旨在加强对本土艺术成就的尊重，并促进对本土人民的公平与正义。古老科潘的精美建筑应展览在科潘雕塑博物馆里，让后代、其他洪都拉斯国民和外国人都可以欣赏和学习玛雅艺术、宗教和历史。雕塑博物馆的每一名参与者都希望这种欣赏能激励人们为后代保护和研究这种无价的遗产。

作为中美洲的一个古老城市，科潘处在利用建筑作为视觉传播手段的最前沿。自从石刻艺术和建筑第一次被广泛解释，学者们就对这种高超的艺术表达的含义和目的进行了辩论。形象生动的科潘雕刻一直被认为是玛雅艺术的最高成就。它的神庙、宫殿和行政建筑因其雕塑装饰而生机勃勃，这是一种将存在于玛雅世界观中的生灵和超自然力量拟人化的方式，很少有其他城市可以媲美。

科潘建筑的图像是视觉语言的一种形式，虽然有不同的感受和体验，但却向所有人传达了类似的意义。不像象形文字所书写的或许只被受教育者理解，雕塑上的大型标志和图像可以被各个社会阶层的人理解。作为一个大都市，图像的设计可能是为了跨越文化边界并被不同语言的人理解。科潘雕塑家的超凡想象具象化地表达了精神信仰，并作为一种方式将宗教和艺术传播到其他地区。领袖和贵族团体试图神圣化统治和人，雕塑正是强有力的工具。统治者的名字、标志和神圣的地名，以富有标志性的形式刻在雕塑上，供所有人观看和阅读。

从 7、8 世纪开始，大部分雕塑已经创作出来了，我们需要寻找线索去理解它们随着时间的流逝而迷失的含义。我们通过考古发掘和对比分析获取了更多的信息，对雕塑的理解就随之发生了变化。因此，这就是为什么我们要表达特定条件下的可能性，而不是作为事实去陈述。要了解建筑上大型雕塑形象中的复杂宗教观念，就需要理解万物有灵论和拟人化的思想。基本上，一个人所经历的一切，背后都有可以被具象化并展现出精神力量。例如，水就被看作是具备多种外在形

雕塑博物馆（2014年）

博物馆藏品工作组（2015年）

科潘工作组（2016年）

式的生命力量。山泉或湖中之水（通常表现为一种具有睡莲特征的蛇），其视觉表现形式不同于雨（雨神面具）、露珠（珠状）或蒸汽（卷云形象）。玉米在其不同周期和发展阶段中，从种子（十字花）、萌芽（卷曲的植物）到玉米棒（玉米神），到干燥的秸秆，都有不同的代表图像。

科潘雕塑很多生动的图像都说明了，超自然力量存在于每日的生活中。希约勒（Hijole）结构上的水鸟，可能曾经是22号建筑上的装饰，是技术最精湛的石雕。罗萨里拉结构是一个宏伟的，保存完好的典例，博物馆里的复制品可以让我们感受并思考，这一整座建筑对人的影响。博物馆里做的复原有助于我们想象城市核心举行的庆典盛况，也帮助我们想象外围的家庭和庭院中，人们举办的公共或私人的仪式。这些都与充满活力与象征意义的时代背景相呼应。

下方广场上的人们可以很容易地辨识出那些宣扬社会和谐的符号和其中蕴含的政治信息，例如22A号建筑的编织图案。虽然我们只能假设谁参加了该遗址核心区（王室建筑群和市中心）的活动，但这些人应该来自不同的社会群体，在不同时间参加中心区域的特定活动。有时，实力强大的边远地区居民会自行建造生动的雕刻，以彰显当地的力量。

科潘众多的雕刻家和建筑师无疑在这一发展中起着直接作用。随着技艺增进和人数增加，他们似乎希望建立更醒目的住宅建筑来丰富核心区建筑或与其媲美。公共建筑项目最有可能从小酋邦或其他政治单位吸引劳动力，个人希望通过把自己附属于富裕的政治组织来提高他们的生活质量。通过石匠和雕塑家的吸引和培养，提供一支长久性的技术团队，使得执政王朝的权力不断增强。通过研究政治地位、社会权力和建筑之间的联系，我们认为科潘雕塑家和石匠形成了一个特殊的精英利益集团，始于早期古典阶段政权建立之时，至晚期古典阶段时，已拥有了强大的经济实力。

在科潘河谷，已知在14个居住区发现外墙带雕刻的建筑，其中有四个室内带雕刻的长椅，这使我们开始关注建筑施工和雕塑装饰的经济价值。在古典时代晚期，平民居址占85%，贵族居址占15%，只有不到1%属于王室建筑。据学者估计，30名工人大约需要一年的时间来建造像9N—82号那样的居址，50名工人需要两年在卫城建造更大的22号建筑。这表明了一个关键事实：建筑是反映社会权力关系的重要标志。

在核心城区一公里以内的区域以及西部的奥斯土曼（Ostuman），东部的拉斯特罗居（Rastrojon）和贝塔比拉（Petapilla）以及20公里外的里约阿玛利诺（Rio Amarillo）等更多的农村地区，住宅群的雕塑建筑中展示了大量不同的风格和信息。其中的大多数还没有完全被发掘或复原，但我们可以预见，他们的社会和政治地位也有很大差异，不仅体现在雕塑主题上，还有他们所在地的不同生活史。

我们最近在拉斯特罗居开展了为期七年的项目。三所学术院校和一支科潘技

科潘田野学校（2008年）

科潘田野学校（2010年）

术人员队伍参与了揭露这些建筑物。该遗址现在对外开放，当地教育及老师们正在帮助确定遗址的未来议程，并激励年轻人参与到未来的玛雅历史研究中。

为了理解古代科潘帝国王权崩溃背后的内部政治，我们还有很长的路要走，但对住宅和城市结构的持续调查，有助于我们理解参与者和政府如何在科潘的地位和权力的产生中扮演关键角色。王权秩序转变为政治混乱并终结神圣的统治是一个不可阻挡的过程，而这只是影响这一过程的众多因素之一。

科潘雕塑的研究是无止境的，因为有更多特征和重要的遗存会随着时间的推移而为人所知。例如，我们才刚开始了解雕塑颜色的含义和用法。先进的技术使我们能够看到肉眼看不见的灰泥和石孔中的细微色素残留。此发现为这项引人入胜的研究打开了新视野。三维记录为保存信息和复原坍塌的石像提供了新的手段。尽管拥有了这些新的技术，我们还必须继续保护原有发现，因为这些真正的艺术品是不可超越的。可以让我们以自己的视角和知识来体验并学习过去。

雕塑的保存与分析

科潘雕塑博物馆

威廉·费什和李新伟在科潘

项目负责人简介

芭芭拉·费什（Barbara W. Fash）是皮博迪考古与民族学博物馆玛雅象形文字全集项目主任，中美洲实验室、桑坦德玛雅雕塑研究和保护项目联合主任。1968年由伊恩·格雷厄姆（Ian Graham）创办的重要的象形文字目录册，由皮博迪博物馆出版，她承继了这一事业，并在皮博迪博物馆策划了众多展览。除了博物馆工作之外，她还在洪都拉斯科潘的玛雅考古遗址进行了40多年的研究和保护，同时是科潘雕塑博物馆的创始人。最近，芭芭拉已经开始与墨西哥特奥蒂瓦坎的石柱广场项目（Plaza de las Columnas）合作，分析新的玛雅壁画。除了发表的许多文章和书籍章节，她出版的书籍有与丽莎·卢塞罗（Lisa Lucero）合著的《前哥伦布时期的水资源管理：思想、仪式和权力》（2006年）和《科潘雕塑博物馆：泥与石的古代玛雅艺术》（2011年，皮博迪博物馆出版社）。2008年，她获得了洪都拉斯的黄金月桂叶终身成就奖（Hoja de Laurel de Oro）和2015年的危地马拉奥德尔波普奖（Orden del Pop），以表彰她在保存和记录洪都拉斯科潘文化遗产方面的贡献。

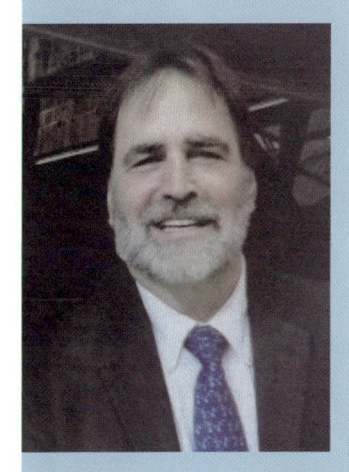

芭芭拉·费什

威廉·费什（William L. Fash）是哈佛大学人类学系中美洲及墨西哥的考古和民族学教授。1977年他开始在科潘河谷的发掘研究，并于1983年在哈佛大学获得人类学博士学位。威廉·费什领导了多个位于洪都拉斯科潘的关于古玛雅生活方式、社会政治变化、王朝及文化历史的研究项目。这些项目都是多单位、多国家以及多学科的联合工作。他与太太芭芭拉对展示伟大文化遗产的科潘雕塑博物馆有巨大贡献。其概念，设计和创造都是夫妻二人主导的。该博物馆对于当地的民族自豪感、经济发展、玛雅文化遗产保护都非常重要。因其卓越贡献，他于1994年被洪都拉斯总统授予何塞·塞西利奥·德尔瓦莱勋章（José Cecilio del Valle），并在同年接替哈佛大学导师戈登·威利（Gordon Willey）担任中美洲和墨西哥考古学和民族学中心主任。他于1998年至2004年担任哈佛大学人类学系主任，并于2004—2011年担任皮博迪考古与民族学博物馆馆长。他的代表著作有：《书吏、战士和国王》（1991年初版，2001年再版）、《刻在石头上的历史》（1992年，与Ricardo Agurcia合著）、《科潘：古代玛雅王国的历史（2005年，与E. Wyllys Andrews合著）、《古代美洲世界》（2005年，与Mary Lyons合著）、《戈登·威利和美国考古学》（2007年，与Jeremy Sabloff合编）、《都市主义的艺术》（2009年，与Leonardo López Luján合著），发表了100多篇学术论文和书籍章节。

威廉·费什

213

青铜狮子在我们发掘之前已被发现,现在在纽约大都会博物馆,推测是来自于约公元前2400年的高寺庙地区

(《国家地理》Ken Garrett提供)

为一个年轻的未来而考古：乌尔卡什（Urkesh）古城在叙利亚的新生

乔治·布奇拉提（美国加利福尼亚大学洛杉矶分校）
玛丽莲·凯莉·布奇拉提（加州州立大学洛杉矶分校）

在大约三千年的时间里，乌尔卡什（Urkesh）城都是一座胡里安城市。事实上，它是历史上最早出现的城市之一，在公元前4000年前后便已经存在了。在这座城市被废弃了三千年后，30年前开始的考古发掘使它重焕生机。这次重生将乌尔卡什城这座古城映射到了叙利亚现代历史的舞台之上。

战争风云急剧加速了这个重生过程。正当考古学成为被狂热攻击的对象时，遗址附近的人们在考古发掘过程中感知到了一个可见的、与祖先共享的过去，激发了他们对本地历史文化新生的归属感。因此，乌尔卡什考古工作显而易见地呈现了考古的一个新面孔：即考古不只是深植于公众意识中，而是恰恰来自于更深层的学术道德的主张。我们这个考古项目的故事就是这样的。

从莫赞到乌尔卡什

像叙利亚—美索不达米亚地区众多其他土丘一样，莫赞土丘是一个蕴含文化堆积的小山丘，从外观看没有明显的突出特征。始于1984年的发掘很快就揭露了一座庙宇遗存，早到公元前2400年前后。相对较早的年代具有特别的重要性，因为这个庙宇正位于土丘的顶部，高出地面25米左右。遗址中有一座纪念性的石

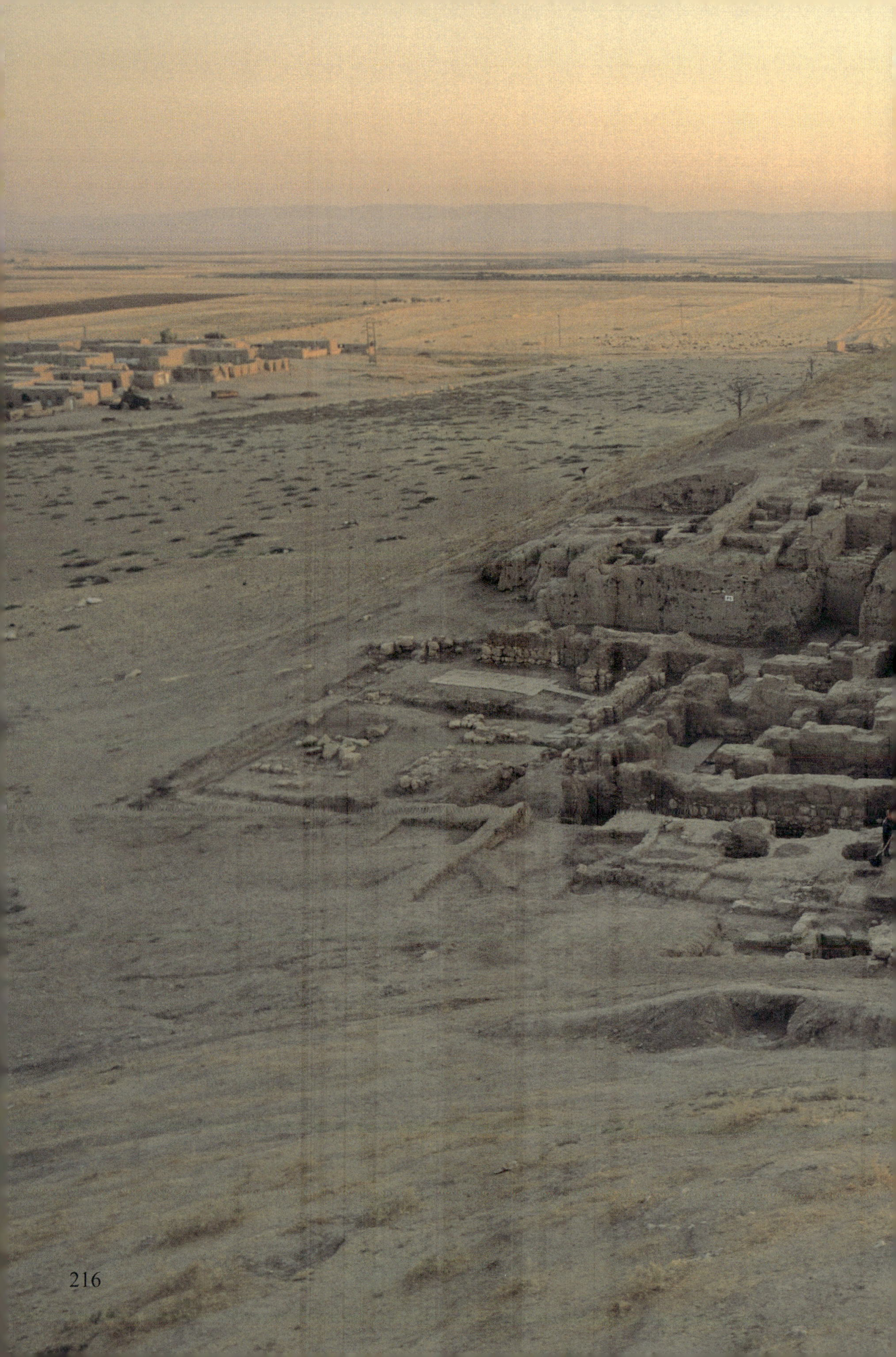

乌尔卡什皇宫（公元前2350年）的景色，自从20年前首次出土以来，仍保留了泥砖墙
（《国家地理》Ken Garrett提供）

乌尔卡什皇宫（公元前2350年）的景色，墙上覆盖了防护罩：服务区域为绿色，正式区域为黄色
（《国家地理》Ken Garrett提供）

台阶保存完好，在此台阶底部露出了一个更早的、形制相似的台阶。在2010年最后一个发掘季，我们开始揭露一座早至公元前3500年的建筑遗迹，几乎可以确定该建筑就是那座晚期庙宇的早期雏形。我们期望获得更多的关于这座城市最早几个层位的信息，所以当发掘重启时，完成在那里的工作将是非常紧迫的任务。

在这些石阶证实了胡里安宗教的上升趋势的同时，在距离石阶梯基底部不远的一个更早的地层里，我们发现了一个较深的竖穴坑（shaft），基本上可以认为是一个胡里安阿比（abi），这是一个能通过某种媒介召唤阴间神明和灵魂以预测未来的地方。这是胡里安宗教独一无二的文化特点，和美索不达米亚南部地区形成鲜明的对比，在后者的文化中，任何联系阴间世界的可能性尝试都被认作是带有恐怖和厌恶色彩的。

一座规模巨大的皇家宫殿为我们提供了一批印章的压印图像，根据印章的内容我们了解到这座古城的名字以及国王、王后的名字。乌尔卡什的艺术造型非常令人印象深刻，因为具有非常突出的写实主义特征。遗址还发现有黏土和石头制作的圆雕和浮雕，特别是其中有一件描绘了一段吉尔伽美什（Gilgamesh）史诗中的场景。吉尔伽美什史诗也成为胡里安文化的一部分，我们从后世文献中知道它曾被翻译为胡里安文。

这些发现令人印象深刻，通常情况下其纪念性意义和精美的艺术场景的呈现都是清晰易懂的，但它们为了解公元前三千纪甚至四千纪，迄今仍属未知的胡里安文明世界打开了一扇窗户，而这远远超出了业已建立的古叙利亚—美索不达米亚编年史的范畴。这个发掘项目的重要意义不仅限于一座古代城市的发现，也是最早阶段的城市生活在一支重要文明中的新发现，而这支文明显著区别于同时期南部可与之匹敌的苏美尔文明。令人愉悦的是不仅发现了一个著名谜题的新线索，而且发现了一个全新的谜题，是在此之前游离于我们的学术视野之外的全新历史信息。

从乌尔卡什到莫赞

该遗址的现代环境和六十年以前并没有太大区别。莫赞是古代城市脚下的一个小村庄，还有几个村庄点缀于城址所在的土丘周围。距离遗址不远有一个小的农业中心，在大约半小时车程的距离有一座大城市，后者拥有一座机场和非常重要的油田。当地的民间习俗丰富多彩、充满活力，但是与如此遥远的过去没有什么相似之处。支离破碎的历史碎片对于目睹我们这群考古学家的人们有没有什么实际意义？在他们眼中我们或多或少像是外星人，不仅因为我们是外国人，更因为我们感兴趣的是一些对他们来说不会有什么明显意义的东西。如果说莫赞已经给予了我们乌尔卡什古城，那我们怎样才能使古城重新深入莫赞村落和邻近居民的公共意识之中呢？而这样的尝试是值得吗？

我们得到了非常轰动的积极答案，甚至是毋庸置疑的答案。换言之，我们并没有着手开展一个公众考古项目，因为我们想为这种特殊的工作方式做一个案例。通过一系列的常识性实验让我们达到了这样的目的，这些实验仅仅来自于我们渴望向公众分享在历年发掘中获得的新知和价值。试想一下，如果这些人类历史信息能使来自于其他大陆的人感到兴奋，那么那些和古人脚踏同一片土地的当地居民怎会不因此而兴奋呢？人们和他们脚下的土地以及地下遗存确实存在着一种秘密的亲缘关系，这不只是一个诗意的比喻。这是一个具有深刻而真实敏感性的问题：是的，我们确实向他们提供了一个乌尔卡什古城，因为我们在这地下发现了它的踪迹；但是，通过一种奇妙的方式，他们也向我们提供了一个乌尔卡什古城，因为他们生于斯长于斯，与古人脚踏同一片土地。在历史上演的地方存在着一种对历史的忠诚感。这种忠诚感对我们而言，可能是以新来的考古学家的身份学习的；但对于当地居民来讲，他们拥有在当地成长的经历，耳濡目染地吸收了这种历史忠诚感。他们是利益相关者，因为这片土地及其历史真真切切地与他们利害相关。

伴随着这部分故事开始的迫在眉睫的保护工作不仅仅针对雄伟的纪念性建筑，而且包括我们揭示的这座城市细微繁复的各个方面。这是一个"破碎"的城市，因为长达三千年的使用期已经将各种遗迹和遗物扰乱到了更早的地层中，形成了

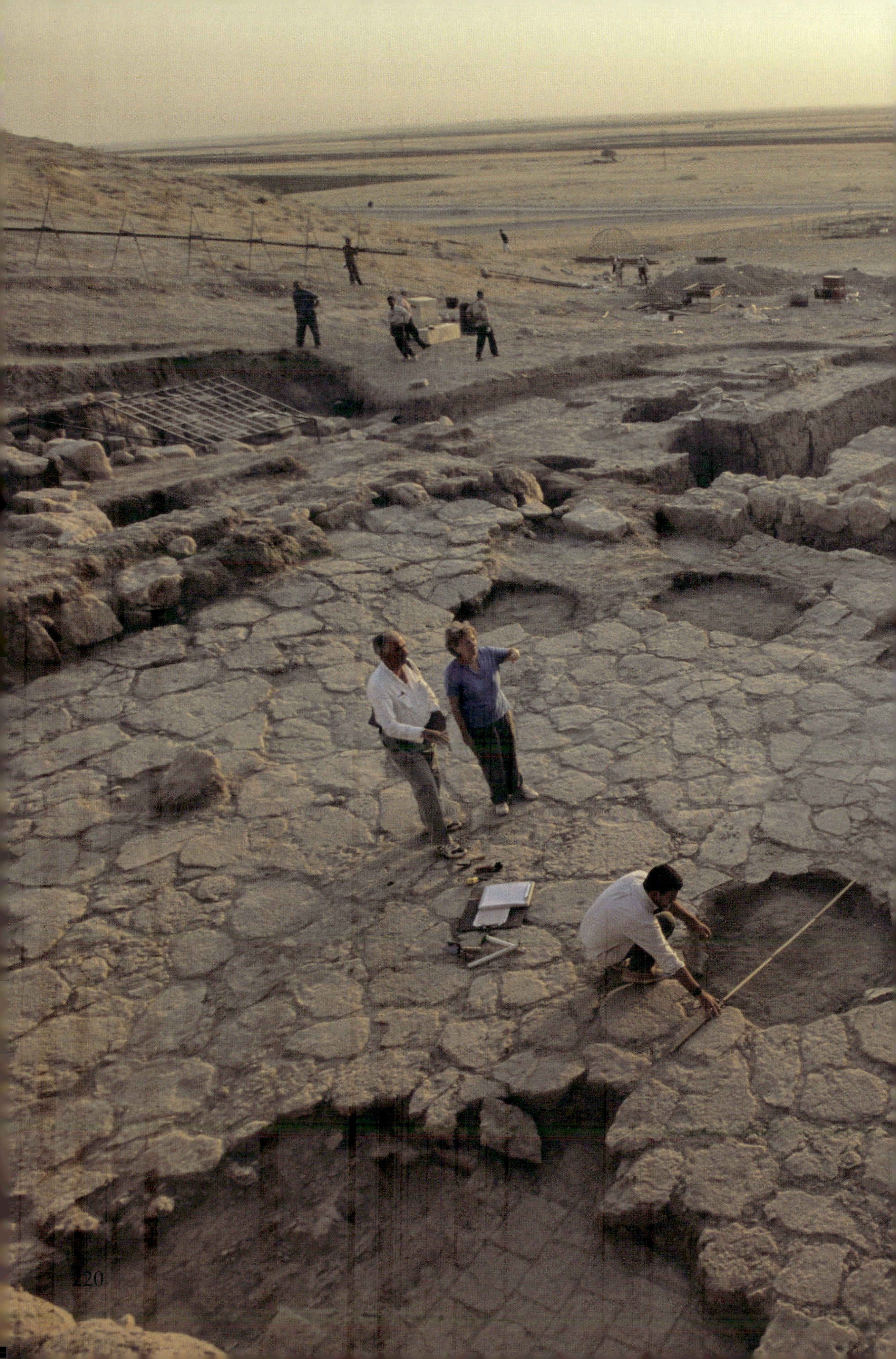

乌尔卡什古城皇宫（公元前2350年）的石头铺成的庭院的细节
（《国家地理》Ken Garrett提供）

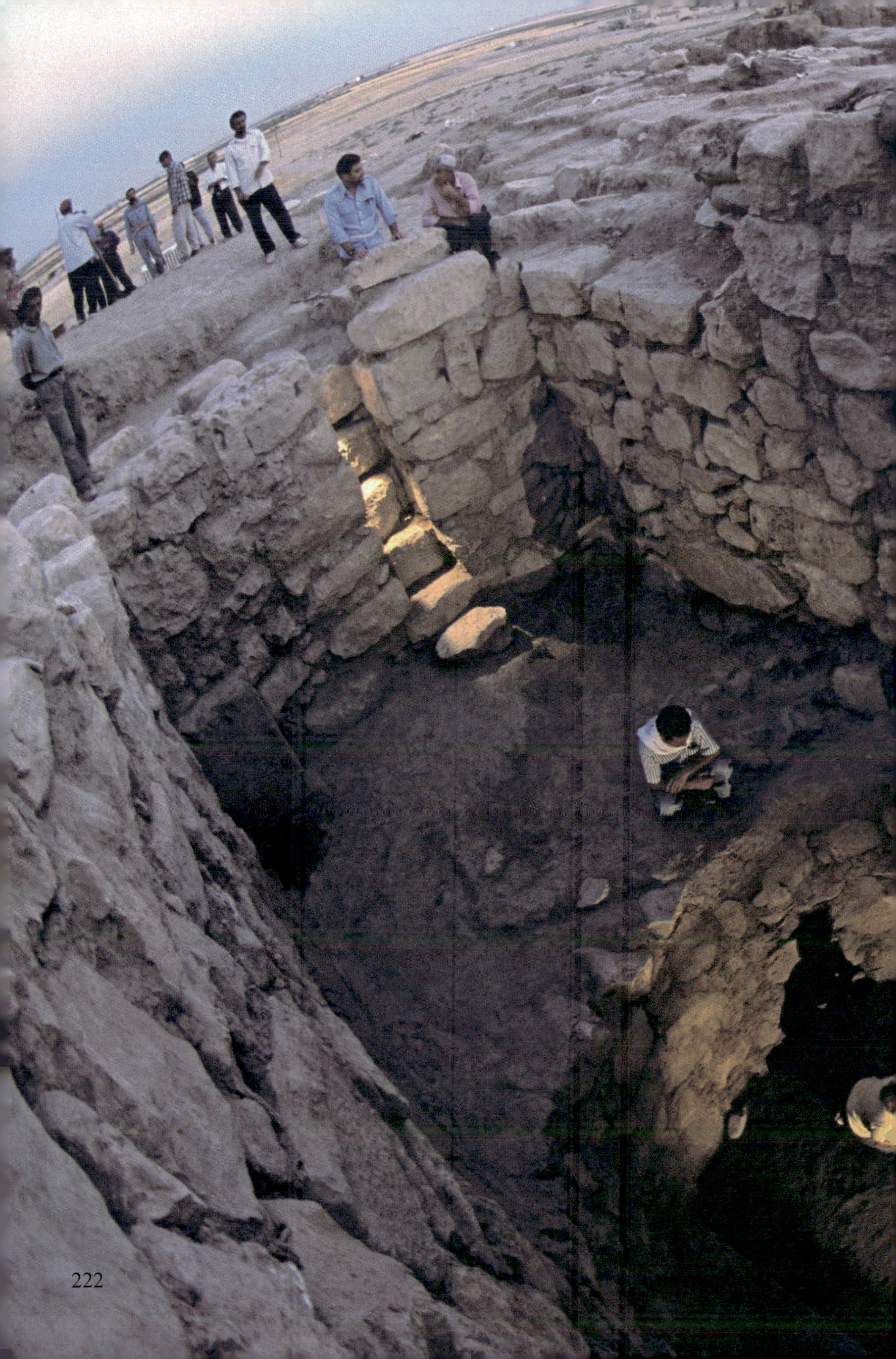

较深的竖穴坑（被称为胡里安阿比），约公元前2400—前2250年
（《国家地理》Ken Garrett提供）

约公元前2200年刻有吉尔伽美什（Gilgamesh）和Enkidu的石碑碎片
（《国家地理》Ken Garrett提供）

约公元前2500年用作阿比（abi）仪式时的盛油器
（《国家地理》Ken Garrett提供）

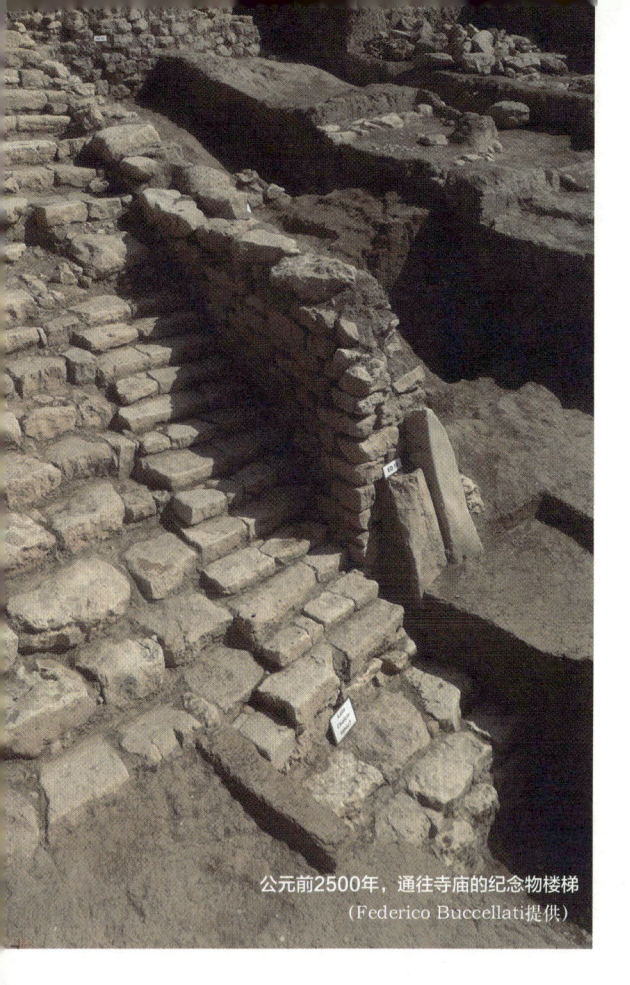

公元前2500年，通往寺庙的纪念物楼梯
（Federico Buccellati提供）

十分复杂的层位堆积，这也是非常典型的古美索不达米亚遗址的特征。发掘工作开展之后，我着手将所得遗物都妥善地从一个季度保存到下一个季度。特别值得一提的是，我发明了一个简易的土坯墙保存系统，由当地常见的用铁棚和麻布板搭建的庇护屋组成。简单朴素的优势之一是搭建棚屋所需的原材料在当地既丰富又便宜，但另一个更重要的优势是这个保护系统不需要先进的技术来维护。在战争期间，这一点被证明是具有基础性优势的：持续性得以维持的最基本模型就是极度便捷。与此同时，这个保护系统的优势不仅仅是技艺性的（原料和技术都来自本地），而且也是视觉上的：人们能够知道他们在保护什么，因为他们工作所产生的效果能够被即时感知，人们也可以根据他们的技能和敏感性提出改进意见。无论如何，这个系统都发挥了较好的效用：土坯砖保存着像30年前刚发掘出来时的那种良好状态（有一小部分例外，我们已经对其做了详细记录，并将其与其他土坯砖隔离开了）。

我们这套工作方式的另一个支柱是教育。同样地，在这里进行教育的方法是因地制宜的，因为我们面对的观众对教室环境并不怎么熟悉。如果说教育不仅仅是信息交流，而是对于价值的分享，那我们这里的情况就恰如其分。我们的听众并没有自主选择来听讲：从某种角度讲，我们是从精神上和物质上都入侵了他们的领土。"苏格拉底对话法"这个词我一直牢记于心。如果我从地下发掘出的是一组永恒的人类价值，那么我现在的听众就会像校园或者会议厅里的听众那样做好了分享这些价值的准备。我只需要忠诚于我对其价值的理解，从每周面向考古工地工人（某些季度人数会多于150人）的"讲座"，到数量众多、门类繁复的指示标识（相当于超过两百页的内容分散在整个遗址），再到汇聚了必要的研究成果的展览，所有这一切都为构建一个我之前提到的双向分享机制做出了贡献。之所以说是双向的，是因为在授课过程中引出的问题确实给我在厘清自己的叙述时带提供了全新的实质性的见解。

公元前2250年，一枚刻有乌尔卡什国王的印章碎片，并由楔形文字写出古城的名字
（《国家地理》Ken Garrett提供）

约公元前2250年一枚刻有Uqnitum王后的印章碎片
（《国家地理》Ken Garrett提供）

理论维度

这个故事中还有一个影响考古学核心层面的意义。当然，这个故事并非是我们遗址独有，但特殊点在于该项目在战争背景下发展到了其最新的阶段。撕裂是如此的尖锐，以至于它揭露了非常重要的终极问题，那就是：这一切究竟是为什么。在这个项目的实践环节之外，即除了从侵略性的毁灭中努力保护文化遗产之外，我们一直近乎矛盾地反复思考着理论问题。实际上，理论思考贯穿着我们所有的努力。没错，我们着急着去抢救属于一段破碎历史的散落碎片，这样做的原因是我们对这些碎片记录的科学价值具有与生俱来的使命感。但在此过程中我们发现了更深层次的忠诚。这里要说的是我们对一份事业的研究兴趣，在一开始的时候可以仅仅被看作是一次救急操作：我们可以开始思考社区考古的理论了。在此请允许我表达一些有关这个理论的突出要点，并将其与我们在叙利亚的经历联系起来。

定义——说起来有些矛盾，我们可能会讲，并没有什么像公众或社区考古之类的东西。实际上，我们也不能找到合适它们的反义词，如私人或个人考古。但是就考古学的本质而言，它是公众的，也涉及居民社区。因此，我们不能简单地把"公众"或"社区考古"定义为与考古学不同的东西。如果一个考古项目在不与公众或社区相联系的情况下开展，那它也会因为自身惯性联系起来的：它传达了这样的感觉，那就是过去的东西是不相干的。拿叙利亚例子来讲：如果一个项目没有与公众的对话和互动，那实际上就相当于对公众宣布盗掘遗址是没有问题的。过去曾有过公众考古，它非常清晰地传达了价值的虚无的观点。这就是人们曾听见的声音。

一个系统的方法——与上述论调相反，我们必须取代承认公众是考古发掘从一开始进行就不可或缺的一部分，因此我们的发掘策略必须将公众考虑进来。这并不是说要将考古发掘交到一个外行人手中，由他来安排考古学家的工作。取代这种外来观点的是，我们必须将属于公众维度的敏感性植入考古学的核心。甚至在我们开始发掘之前，考古就是与公众相关的；从我们踏上某一片土地开始，当地的现住居民在我们眼中的分量就和古代居民是一样的。我们在莫赞土丘的经历被这些原则鼓舞着：在发掘第一铲的时候我们就关心对遗址的保护，也同样关心与当地居民分享我们对遗址的认识，即便这些认识尚处于考古发掘和科学解释过程中的初级阶段。例如，我们既关心对墙的保护，也同样关心对公众解释墙体在理解遗址历史的过程中扮演着什么样的角色。

鼓励学识——我们确实既会分享确定的结论，也分享不确定的。没理由为了吸引公众而一直装作什么都懂的样子，我们必须避免任何试图将复杂的考古世界扁平化对待的趋势，我们也并不是要追求口号。想一想公众考古的不恰当运用吧：

约公元前2250年一枚刻有王室成员肖像的印章碎片：乌尔卡什国王在左，Uqnitum王后在右边
（《国家地理》Ken Garrett提供）

约公元前2250年带有王后Uqnitum肖像的印章碎片
（Pietro Pozzi提供）

高声展示所谓的伊斯兰国对古代遗迹的肆意破坏是公众考古的一种形式；还有那些殖民主义者，他们使用更为精巧的手段，试图抹杀一个民族有形或者无形的遗产，试图消除当地人对其土地的忠诚感，尽管这样的做法少一些暴力色彩，但这种做法的毁灭性并不比前者少。在所有的这些案例中，甚至一点都没有考虑到学术观点：公众考古只是简单地被操纵于政治宣传的手中。在我们的项目中，有一个恰当的例子使当地人相信乌尔卡什曾是一座库尔德城市。正因如此，它也变成了当地库尔德社区的一个号召点。我们不得不纠正这样的认识，与此同时也会向他们强调，就这个问题而言，就好比这座城市曾是库尔德人的，或者阿拉伯人的，抑或美国人的，它属于这些人共享的土地。

诠释学——认识到理解本身存在若干个不同的层次是非常重要的。就像一支管弦乐队能够将书面的交响乐谱（只有少数人能看懂）转化为普通大众能够听得见、听得懂的乐曲；也像管弦乐队的指挥，他需要把控乐队的整体效果，而非聚焦于单个乐手或观众。相似地，对考古遗址的解释也应该有多个不同的层面。涉及其中一个团体是学术团体：对他们而言，考古遗址应该被当作一种出版物的形式看待，这其中，"出版物"（publication）和"公众考古"（public archaeology）的共鸣不仅限于一种词源学上的相似。说考古学是公众的也是因为它有责任在遗址上向公众展示发掘工作和地层复原的全过程：诠释学仅仅构建于语法的基础上，意思是所有的记录都应该被以有实际意义的方式获取，其中包括可视化记录。在莫赞，将对遗址保护的关心与向来访考古学家展示原始数据的目的相结合的做法，极大地促进了我们对究竟什么是诠释学的鉴别和认识。

社区——"社区考古学"这个概念并没有为考古学的一个特殊类型提出定义。实际上，它是聚焦于单个或多重目标的。在很多情况下，与考古学相关的不同"社区"有时候是互有冲突的。作为考古学家的我们偶尔也会身处冲突之中。除了乌尔卡什并非库尔德城市这个例子外，某些情况下我们拿不到考古工地的施工许可，或者必须移除已经存在的现代墓葬。我们的工作方法是与这样的事实有内在联系的，即我们会支持不受欢迎的选择，但同时会仔细地解释相关的原因。这样做的效果是促成了一种对于新价值的发现感，所以当这些价值干涉了即时利益的前景时，也能够为人们所接受。最后带来的是一个真正的对话，在这个对话中，包括我们考古学家在内的各种社群能够带着对土地和历史深度的终极忠诚感进行互动和沟通。

考古学和一个年轻的未来

战争并没有削弱我们在莫赞土丘所实行的公众或社区考古的基础，反而加强了我们的决心，为新的前进指明了方向。最能使人感兴趣的就是目睹这个迄今为

约公元前2400年,一枚石碑碎片的正反面描绘了库马比高寺附近农业(耕作)和畜牧业(行进的牧群)的图像
(《国家地理》Ken Garrett提供)

止已经取得内在生命力的项目是如何超越那些新的和难以预料的艰难险阻的。相互紧密关联的目标的实现，为各社群客观存在的距离搭建了桥梁。项目实施过程中产生的技术问题，是促使新的解决方案被发明的一个原因。这些新发明基于对交互替换的交流系统的共享，而这些交流系统会在不同的时间段对我们开放。我们的方法从一开始的特点就是简易朴素并且依赖当地资源，这也使得我们能够保持实用性的特色，为一种有效的操作模式打好基础。我们从不觉得疲倦或无能为力：在每一步，我们都觉得可以群策群力找到问题的解决方案。

在这里我只举一个成功互动的例子，这个互动与莫赞地区公众考古的一个重大问题有关。这个例子说明了我们能够在问题出现后的短短数周内成功解决问题：那就是在遗址附近建立生态考古公园的构思，其目标是保护遗址附近的景观。保护范围涉及 20 多个村庄，但在当时的条件下不可能为这个构思的实施制定一个合理合法的执行框架。通过研究分析我们制定了预期目标，那就是保护古代乌尔卡什最大的都市区块的景观，反过来，这个区域在未来能够为当地居民发展旅游产业。然后我们决定在每个村落都开展一系列演讲，我们会向民众清楚地解释这个保护项目，也回答了民众提出的问题。为了增加更多人对这个潜在公园的归属感，我们组织了巴士旅游，去参观我们为周边城市人群所准备的展览。我们还在每个村子都修建了小型图书馆，它们不仅会成为当地人，也会成为未来遗址公园游客的参观对象。此外，我们还设立了奖学金，支持当地的青年男女到大学学习。当我说"咱们"的时候，它的准确意思是，我们这些从远方而来的考古学家与当地的同事是如此的亲近，以至于大家都能十分和睦地为一个清楚的共同目标而携手努力。

为上海世界考古论坛选择的这个题目，"为一个年轻的未来而考古：乌尔卡什古城在叙利亚的新生"，意在呈现乌尔卡什项目所蕴含的丰富潜力的全部意义。我们经常会说起死亡城市、死亡语言和死亡文明。乌尔卡什可以说是占尽了这几个方面。但更确切地说，它不属它们中的任何一种。我们之所以说这个项目是新生命和新行动的跳板，不是因为它激发了一个幻想，而是因为从一个坚实的考古学角度讲，这个项目植根于生活在这片土地上的公众的意识之中，从遗址和公园的狭小范围视野到整个叙利亚的广阔空间。事实的确是这样的，一个古老的胡里安城市焕发了它的叙利亚新生。古城的"年轻"未来植根于此：说它年轻是因为和我们一起工作的工人确实很年轻，但它的年轻更是因为其享有一种为共同理想而奋斗所带来的全部活力。在战争的阴云下，同时也在与狂热的暴力的斗争中，作为理想的一个小支点，乌尔卡什项目就像个小光点一样出现了。公众考古在这里处于它最好的状态。

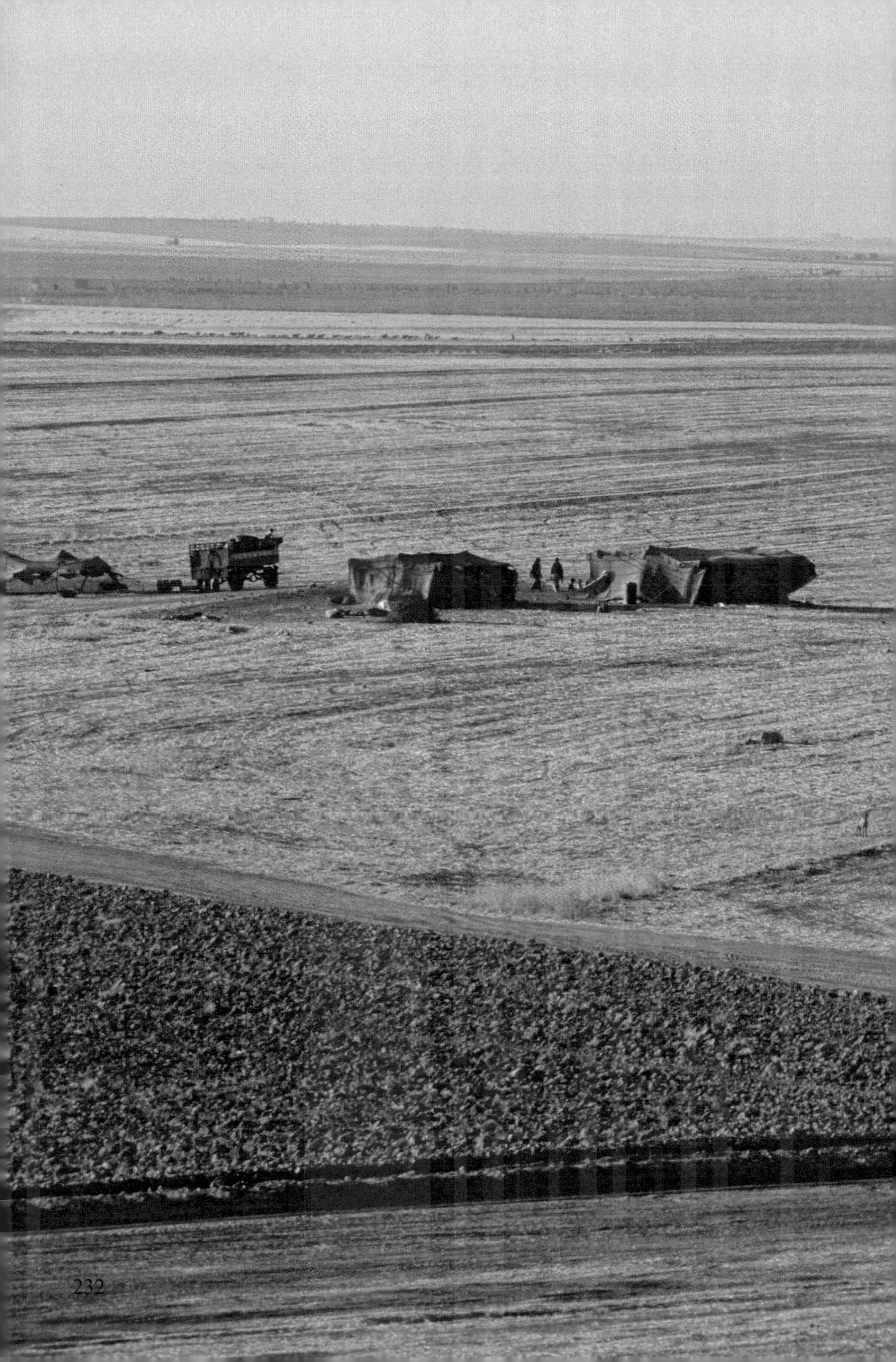

从莫赞顶部看到的原始的乡村的地表景观
(《国家地理》Ken Garrett提供)

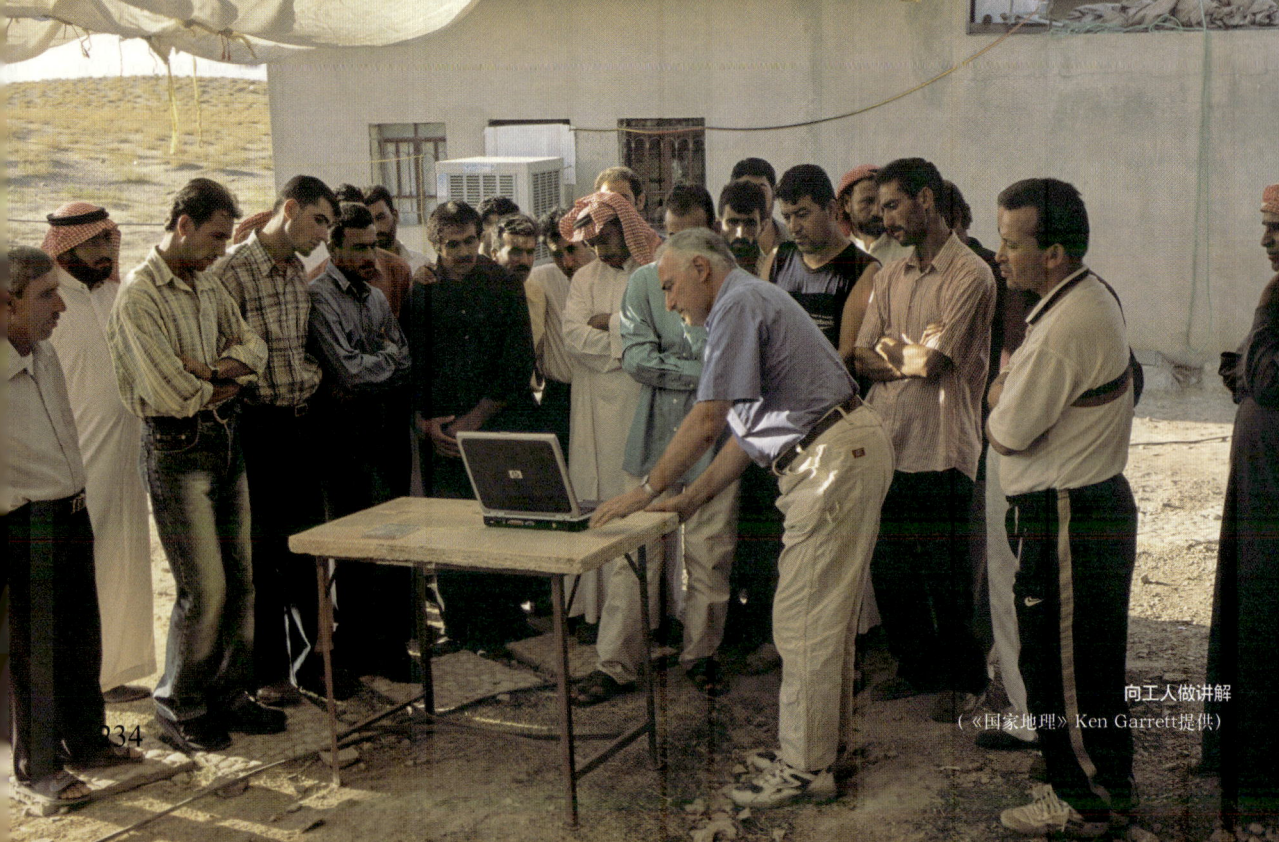

向当地游客介绍发掘工作
(《国家地理》Ken Garrett提供)

向工人做讲解
(《国家地理》Ken Garrett提供)

项目负责人简介

乔治·布奇拉提（Giorgio Buccellati），1965年于芝加哥大学获得博士学位，是加州大学洛杉矶分校（UCLA）近东语言与文化学系和历史系的荣誉退休教授。他是加州大学洛杉矶分校扣岑考古研究所的发起者。他建立了美索不达米亚地区研究国际研究学会（IIMAS），目前担任主任一职。他也曾作为一名出版人活跃于学术界，创建了尤丹娜出版物，专门出版与美索不达米亚研究相关的书籍，包括诉说莫赞项目（Tell Mozan）的考古学报告。作为一名语言学家和有经验的田野考古学家，布奇拉提发表了大量的阿卡德语文献著作，包括语言学和文献学；楔形文字学；美索不达米亚政治制度和宗教史；叙利亚考古；数字化系统在美索不达米亚地区的应用。2017年，鉴于布奇拉提在美索不达米亚考古研究领域的至高学术成就，被米兰安波罗修学院（Accademia Ambrosiana）授予荣誉博士。

玛丽莲·凯莉·布奇拉提（Marilyn Kelly Buccellati），是加州州立大学洛杉矶分校艺术学系的一名荣誉退休教授，曾教授古代艺术和考古课程。她是莫赞/乌尔卡什（Mozan/Urkesh）考古项目现在的负责人，也是加州大学洛杉矶分校扣岑考古研究所的客座教授。她的研究兴趣主要包括叙利亚—美索不达米亚考古及其与安纳托利亚东部和高加索地区的联系。除了研究仪式行为外，还研究陶器、印章肖像学，她发表的著作主要是莫赞/乌尔卡什遗址的考古发掘报告，这些著作大多数与她的丈夫乔治·布奇拉提合著。她现在主要研究莫赞/乌尔克斯遗址出土的陶瓷和印章。

乔治·布奇拉提
玛丽莲·凯莉·布奇拉提

THE ARCHAEOLOGY OF CHINA

From the Late Paleolithic to the Early Bronze Age

LI LIU AND XINGCAN CHEN

中国考古学：从第一个村落到第一个国家

刘莉（美国斯坦福大学）
陈星灿（中国社会科学院考古研究所）

这部由剑桥大学出版社于2012年出版的《中国考古学：旧石器时代晚期到早期青铜时代》是一个长达十多年的研究项目。最初的图书方案是1997年提交的，2003年进行了修订；书稿于2010年完成并送交出版社审阅，随后进行了为期一年的修改；书稿的最终版本于2011年提交并被接受。

本书涵盖了中国史前和早期历史两万多年的时间，着重阐述人类进化的几个基本问题。这就是农业和定居的起源、等级社会的起源以及早期国家和城市的起源。这是一个非常漫长的发展进程，包括了从最晚的旧石器时代的采集—狩猎群体，经过新石器时代的农业村落，到达青铜时代商王朝的演化轨迹。本书展示了该阶段的中国古代社会，如何从简单到复杂、从部落到城市、从"野蛮"到"文明"、从使用简单刻划符号到发明文字的过程。

由于中国考古学飞速发展，现有的考古资料非常丰富。为了撰写这本书，我们考察了很多遗址，并与在中国各地从事田野工作的许多考古学家交谈。这些交流大大提高了我们对不同地区考古新发现的认识。我们尽力涵盖最新的考古资料，直至稿本完成（2011年）。本书中大量的考古资料和解释来源于我们自己近20年的研究项目，涉及与许多学者和学生的国际合作。这里我们简要介绍其中的两个项目。

伊洛地区考古项目：与国际学者合作研究伊洛盆地的聚落格局

一、伊洛地区考古项目

这个项目旨在调查中国王朝文明腹地的社会、经济和政治的长期变化，重点在伊洛河流域。这是一个多学科研究项目，包括来自中国、澳大利亚、美国、英国和加拿大的许多专家。他们的专长包括全覆盖区域调查、地质考古学、地质学、植物考古学、动物考古学、土壤微观形态学和陶器分析等。该项目由两个子项目组成：一是伊洛地区全覆盖考古调查，二是在河南偃师灰嘴遗址石器生产中心的发掘。我们的考古调查队与二里头考古队合作，共同覆盖了整个伊洛河下游地区（约850平方公里）。从裴李岗文化到东周时期（公元前6000—前200年），共记录了410多个地点。聚落型态表明社会复杂化的进程是连续而波动的发展过程，表现为人口规模和聚落等级的变化。从龙山晚期到二里头文化出现了最重要的社会变迁，这时期人口不断增加，聚落等级由三级增加到四级，同时一个大型城市中心在二里头迅速建立。伊洛河流域的这些发展与周边地区人口下降的普遍趋势形成鲜明对比。

这一调查项目的结果揭示了公元前二千纪的重大社会变革，代表了中原地区早期国家的形成和城市化的进程。伊洛河流域的二里头大型中心聚落的形成和城市化的发生，在时间和空间上与古代文献记载的夏商王朝部分重合。这些发现有助于我们理解中国北方国家形成和早期朝代建立的社会政治变革，这是本书讨论的一个重要而有争议的课题。

二、食物考古：野生资源的利用和农业的起源

农业的起源是我们研究项目的另一个课题，这是因为农业为发展社会复杂性奠定了经济基础。我们建立了以石器微痕和残留物分析为重点的项目，以了解史前人类如何利用野生食物和驯化植物。与专家合作，我们分析了从更新世晚期（山西柿子滩）、全新世早期（浙江上山和北京东胡林）到全新世中期（河南莪沟和石固）等多个遗址的磨盘、磨棒，并揭示了古代人类在不同地区采用的多种食物获取策略。我们发现在晚更新世时期旧石器时代的人们不仅利用野生粟黍等谷物，而且还采集各种块茎和豆类，在全新世初始之际，气候趋于暖湿，人们开始利用橡子为食物。早期新石器时代的人类继续使用许多野生植物，类似他们的旧石器时代的前辈，虽然此时谷物驯化已经在进行当中。这些结果有助于我们理解中国史前时代两个重要的社会变化。首先，早在全新世开始之前，旧石器时代的人群已经采用了广谱生计策略，这与最初提出的广谱生计策略的概念相左。其次，新石器时代是一个非常漫长的过程，而非柴尔德最初描述的那样是一个革命性的事件。这些新的数据丰富了我们在书中撰写农业过渡章节时的知识。

本书是为英语地区的学者和学生编写的，他们的专业不一定是中国考古学。因此，我们在书中努力描述一个关于中国古代社会的广阔图景，并可以从比较的角度来观察。例如，中国古代文明不同于美索不达米亚，后者依赖对外贸易获取

重要考古研究成果奖获奖项目

生业必需品和贵重物品，对外贸易既是经济的核心要素，也是政治体制形成的关键所在，而古代中国人主要依靠丰富的本地自然资源满足其生业需求。但这种相对自给自足的区域经济方式，需要辅之以积极的长途交换才能获得奢侈品和稀有原料，在史前时代和早期历史时期均是如此。贸易活动与礼仪行为密切相关，而礼仪行为常使用某些类型的贵重物品，特别是玉器和青铜器。这些礼仪行为有助于中国文明形成期在大范围内形成共同的信仰体系、祭祀方式和象征性符号组合。

在本书中，我们阐述了中华文明形成的漫长、坎坷和复杂多样的历程。这个文明经历了环境剧变的挑战、复杂社会的兴衰、社会冲突和政治纷争、出乎意料的社会转型和外来影响。我们可能永远也无法确切知道"中国性"（Chineseness）到底是如何形成的，也难以彻底了解古代"中国性"的一切详情。而且，需要研究的问题永远会比答案多。我们希望，本书有助于打开一扇窗，能够让我们更清晰地认识八千多年来社会进步的过程，在这个过程中，这片土地上的诸多小村落一步步转变为一个伟大的文明体系，我们称之为中国。

水牛项目：与浙江省文物考古研究所蒋乐平等专家合作，研究水牛驯化的起源

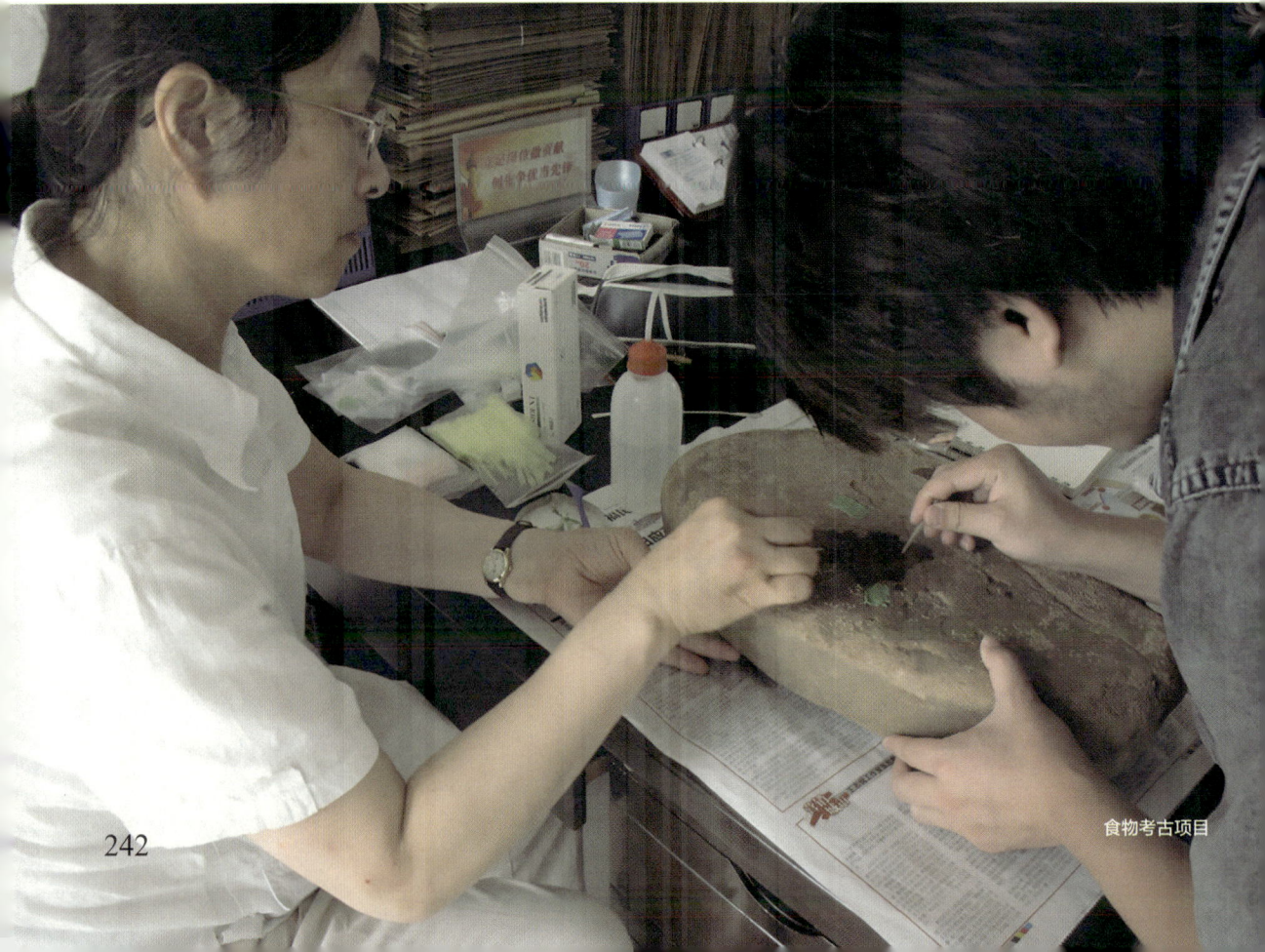

食物考古项目：通过研究石器和陶器上的有用磨损痕迹和微生物遗迹，研究史前社会的生存策略

食物考古项目

项目负责人简介

刘莉于1982年在西北大学历史系考古专业获历史学学士学位，1982—1983年在陕西省考古研究所工作，1987年在美国天普大学获人类学硕士学位，1994年在美国哈佛大学获人类学博士学位。1996—2010年在澳大利亚拉筹伯大学考古系任教，并于2008年当选为澳大利亚人文学院院士。自2010年以来，在美国斯坦福大学东亚语言文化系任教授。

她的研究方向主要为中国史前考古学、中国与世界其他地区的文化交流、动植物的驯化、早期国家形成与社会复杂化发展、聚落考古与早期城市化发展等。近年来，她从事有关石器和陶器的微痕和残留物研究，目前领导斯坦福大学考古研究组有关中国史前酿酒和饮酒传统的起源和发展项目。

她出版了三部专著（其中两部与陈星灿合作），即2003年由英国伦敦达克沃斯出版社出版的《中国早期国家的形成》（2006年韩文版）；2005年由剑桥大学出版社出版的《中国新石器时代：迈向早期国家之路》（中译本于2007年由文物出版社出版）；2012年由剑桥大学出版社出版的《中国考古学：旧石器晚期至早期青铜时代》（中译本于2017年由生活·读书·新知三联书店出版）。后者是迄今最全面介绍中国考古学的英文著作。她还发表了100多篇论文，包括65篇英文、法文、西班牙文文章和36篇中文文章。这些文章，许多是与其他专家合作撰写的，涉及广泛的主题。

陈星灿，中国社会科学院考古研究所所长、研究员，中国社会科学院研究生院考古系主任、教授。致力于中国史前考古学，长期在黄河中游地区从事田野考古工作，曾发掘河南偃师灰嘴、灵宝北阳平、西坡、汝州李楼、新郑裴李岗等遗址。研究兴趣是中国史前考古学、考古学史、考古学的理论和方法、民族考古学和中国早期国家的形成等。曾出版《中国史前考古学史研究（1895—1949）》（1997年、2007年；2011年韩文版）、《考古随笔》（2002年）、《中国早期国家的形成》（与刘莉合著，2003年；2006年韩文版）、《中国之前的中国》（与 Magnus Fiskesjö 合著，2004年）、《中国考古学史研究论丛》（2009年）、《考古随笔（二）》（2010年）《中国考古学：旧石器晚期到早期青铜时代》（与刘莉合著，2012年；2017年中文版）及大量论文和译著。

刘莉

陈星灿

穆开2号遗址。在地层沟中较低面

欧洲东缘的早期人类：
北高加索奥杜威文化遗址的调查与发现

赫兹·阿米尔汗诺维奇·阿米尔汗诺夫（俄罗斯科学院考古研究所）

东北高加索早更新世遗址调查项目自 2003 年启动以来，在达吉斯坦的内陆山地获得了最重要的发现，而此前在该地质条件下，没有发现任何关于旧石器时代遗址考古发现的信息。在对北高加索东部地区（达吉斯坦中部，达吉斯坦共和国阿库沙地区）超过十年的调查之后，我们目前正在研究由八层早更新世堆积形成的阿尼卡—穆开—格加拉苏遗址群，已经揭露出来有包含物的文化层的数量近百。

穆开遗址正在发掘之中，其文化层堆积之厚在早更新世考古遗址中前所未见，如穆开 2 号遗址，堆积厚度为 73 米。这些地层堆积包含有 34 个早更新世文化层，由下层向上层一直延续，时间跨度从不晚于距今 195 万年至距今 80 万年。

达吉斯坦中部地区奥杜威文化遗址的年代判定综合了多个学科的研究数据，包括电子自旋共振年代测定法、地质学、地形学、古土壤学、古地磁研究、生物地层学、孢粉学和植物学。

来自不同学科的多元研究材料证明这些遗址的断代结果是可信的。而多个实验室测试结果的综合分析，使得获取早更新世时期东北高加索地区文化和自然环境发展变化的全局和细节信息成为可能。

一些文化层的发掘面积大，出土石器丰富，可以进行细致的类型学分析。相关的类型学分析又反过来为这些遗址出土石器的技术与类型研究、共性与个性研

BLACK SEA
黑海

CASPIAN SEA
里海

500 km

奥杜威文化遗址的位置（东北高加索）

究提供了基础。

部分特定文化层的发掘面积达到了一个相当宽广的范围，如穆开 2 号遗址编号 80 层位的调查面积已超过 44 平方米，穆开 2a 号遗址编号 2013—1 和 2013—2 层位的面积与之不相上下。阿尼卡 1 号遗址下部层位的井口面积也超过 30 平方米。

该区域不同地形区的遗址在地质特征方面也不一样，由此，对它们进行文化和历史重建的可能性和还原程度各有所别。未遭破坏的"居住面"原址为达吉斯坦中部地区奥杜威文化遗址提供了功能类型分类的可能。如屠宰遗址（或储肉地点）位于平地，容易辨认，其出现也意味着其他功用遗址的存在，如营地遗址。

就一般的类型学和技术特征而言，达吉斯坦遗址制石业与东非奥杜威峡谷的典型奥杜威文化基本相似。在距今约 200 万到 80 万年的时间范围内，达吉斯坦中部奥杜威文化遗址发现的石器主要为砍砸器，两面器在调查中不见踪影。但两面加工的元素，以及罕见的具备两面加工倾向的器物（原始两面器、局部两面器）在该地区上层堆积中有所发现，所对应的古地磁年代为贾拉米洛极性亚时末期至布容—松山极性时分界，即距今约 99 万至 80 万年。

虽然达吉斯坦奥杜威文化遗址的制石业并没有超出一般早更新世文化的范畴，而成为一种地方变体，其器物仍然显示出一些特别之处，如相对多样的石镐（pick）类型和堇青云母工具的出现，但它们并没有超出当地传统的类型框架。

在研究相对充分的穆开遗址，石器制作技术的进化在地层上由下而上清晰可见，可概括如下。

1. 堆积顶部大量石器的制作并不限于沿着原始石核的轮廓进行敲击，或仅用敲击和削尖的方式进行处理。扁平化修理方式开始使用，虽还没有用来制作新的工具类型（如两面器），但原始两面器由此出现。

2. 堆积顶部可见大量由石核剥制的大石片。但值得注意的是，只有砍砸器这种奥杜威工业的典型石器是直接由石核打制而来。

3. 在阿尼卡—穆开遗址堆积的形成期，不见由石片制作的小型工具范围的扩大及数量的增长。

学界对于人类最早活动于欧亚西部的时间和线路已有一定认识，在这一过程中北高加索和内高加索地区的位置和角色显然十分重要。达吉斯坦中部地区的材料显示，人类在北高加索地区的活动始于拜伯—多瑙间冰期（距今约230万—210万年），或至少不晚于这一时期。欧亚殖民的线路之一是沿着里海西岸一直迁移，而东欧平原大部分地区文化历史发展的源头都可追溯至第一批穿过里海走廊的先民。里海西线曾一度是通往东欧和西北亚的必经之路和天然庇护所，在很长一段时间内为过往的人们提供必需的资源。东北高加索地区，尤其是达吉斯坦腹地，成为奥杜威时期的一个文化集聚地，古代文化得以在一段相当长的时期内传承。

奥杜威文化遗址的相对位置

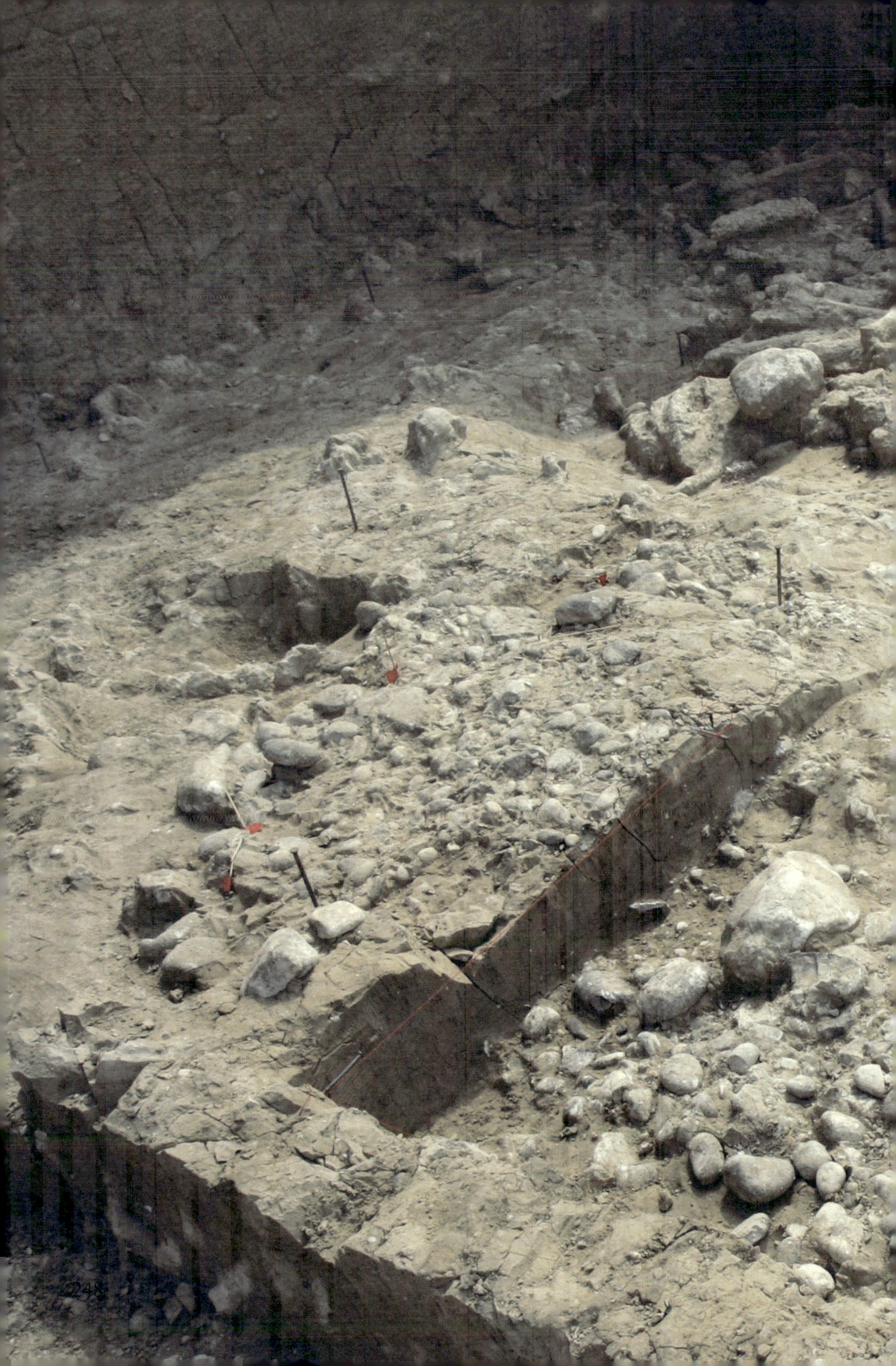

穆开2a号遗址。一个发现了动物骨骼和石器的古老的生活地层面（距今约200万年）

穆开2a号遗址发现的燧石。1—2为薄片，3为双面石斧。

穆开2号遗址的双面双头石斧

阿尼卡遗址的发掘

250

奥杜威文化遗址的测年
（穆开1—2，2a；阿尼卡1）

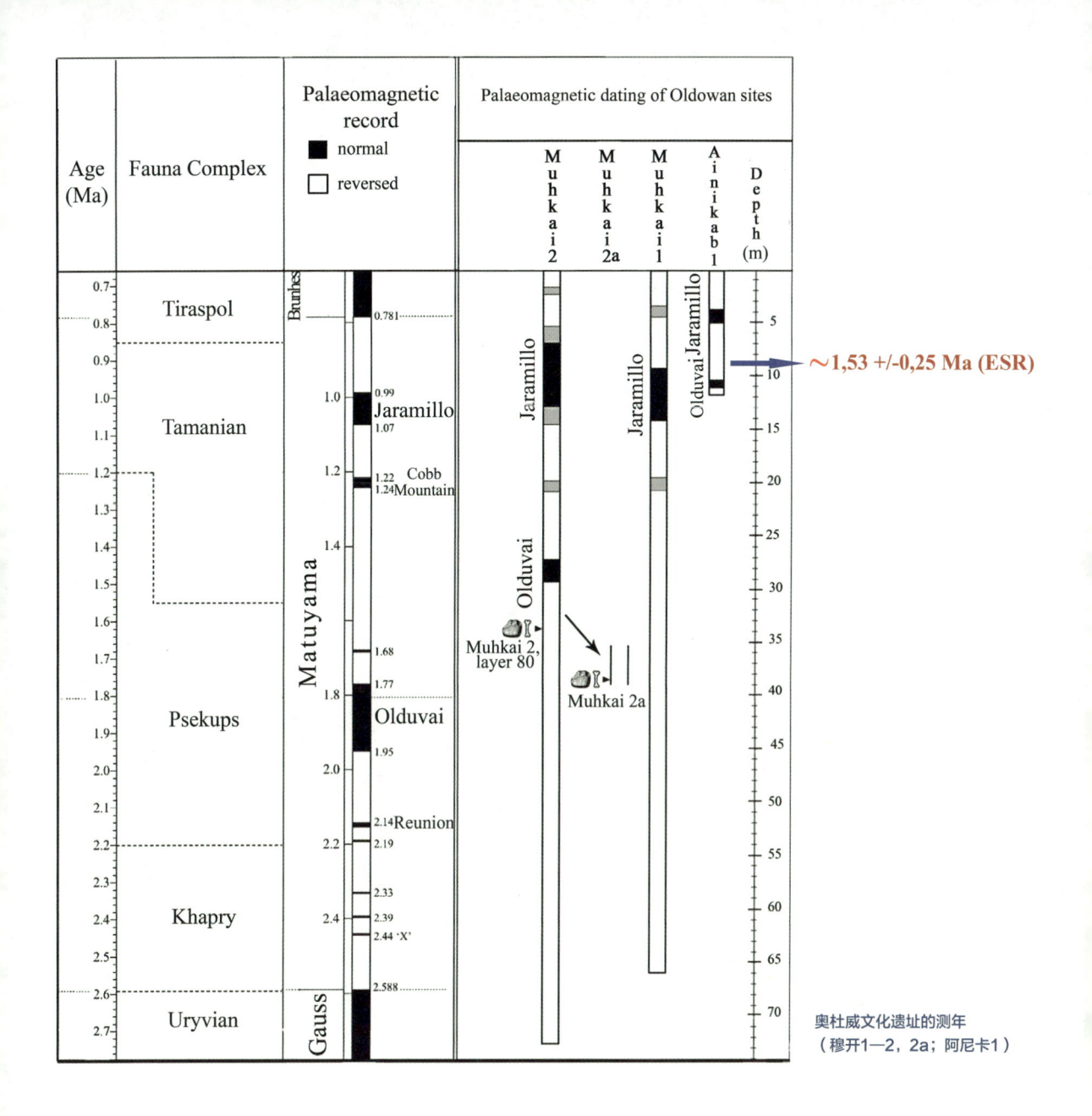

　　湿暖和干暖气候的间歇性交替，是东北高加索地区的重要物候特征。在一些相关遗址内，前者发生在上新世—早更新世冰期，后者发生在间冰期。而在间冰期，冰雪融化导致里海水面上升，侵入陆地，今天的达吉斯坦中部地区当时很可能成为一片沼泽。典型的稀树草原是早更新世其他时期的特征。

　　上述研究项目由俄罗斯科学院考古研究所、历史研究所和达吉斯坦科学中心考古与民族学部联合开展，实验室检测分析和自然科学材料的鉴定由俄罗斯科学院地理研究所、地质研究所、古生物研究所、动物研究所和莫斯科大学执行。部分材料的获取得到了俄罗斯基础研究基金会的资助。

穆开1号遗址按照地层沟进行发掘

项目负责人简介

赫兹·阿米尔汗诺维奇·阿米尔汗诺夫（Hizri Amirkhanovich Amirkhanov）任俄罗斯科学院通信会员，教授，俄罗斯科学院考古研究所石器考古部门主任和德国考古研究所通信会员，著有250余篇论文，其中包括11本专著。他的科研兴趣包括高加索和亚洲西南部石器时期和东欧旧石器晚期的考古研究。他长期主持发掘高加索地区、哈萨克斯坦、东欧平原腹地（莫斯科地区）、阿拉伯半岛南部（也门共和国）石器时期不同时间段的历史遗迹。他近年工作最重要的成就是在也门南部开始发掘具有奥杜威文化独特地层特征的文化遗址，莫斯斯科地区的扎赖斯克遗址，和在东北高加索地区成功发现了一系列奥杜威文化遗址。

赫兹·阿米尔汗诺维奇·阿米尔汗诺夫

陶寺朱书扁壶文字

陶寺遗址："中国"与"中原"的肇端

何驽（中国社会科学院考古研究所）
高江涛（中国社会科学院考古研究所）
王晓毅（山西省考古研究所）

为了探索中华文明起源与中国早期国家的形成，自 1978 年起，经过中国社会科学院考古研究所与山西省考古研究所、临汾市文物局近四十年的考古发掘与研究，山西襄汾陶寺遗址的都城性质、兴衰年代、社会组织、宏观聚落形态、精神文化等诸方面，均有很大收获。尤其是 2002—2016 年，中华文明探源工程对陶寺遗址的考古发掘与研究，具有极大的推动作用。2013—2017 年，陶寺遗址发掘与研究又纳入了国家文物局大遗址保护考古项目以及中国社会科学院"哲学社会科学创新工程"。

陶寺遗址的发掘与研究，以中国都城考古理论为指导，主要通过考古钻探、发掘，利用全站仪、航拍、磁力仪、探地雷达等现代化考古技术手段，结合考古年代学、动物考古、植物考古、古 DNA、锶同位素、食谱分析、孢粉分析、陶器中子活化分析、植硅石分析、树种分析、冶金考古、人地关系与古地质地理环境复原分析、古文字分析、天文考古、精神文化考古、相关历史文献分析等，不仅使陶寺遗址考古发掘收获颇丰，同时也使陶寺遗址考古研究及时而深入，引起国内外学术界的高度关注。

陶寺早期遗址总面积约 160 万平方米，距今 4300 至 4100 年。以 13 万平方米宫城及南外侧下层贵族居住区小城（近 10 万平方米）构成核心区。宫城有结构

中梁沟

中梁沟

IVFJT3
晚期基址

IVFJT1
早期基址

IVFJT2
中期基址

IVFJT3

陶寺宫城城门航拍照片（从南向北照）

东南角门平面

陶寺中期王墓ⅡM22全景

复杂的曲尺形角门，宫城内已发现疑似"冰窖"附属建筑。下层贵族居住区小城内已发现双开间半地穴式住宅。宫城东西两侧为普通居民区，宫城东侧有大型仓储区。宫城东南为早期王族墓地，已发掘王墓6座，随葬品在百件以上，出土有彩绘陶龙盘、彩绘陶礼器、彩绘木器、玉石钺、大厨刀、日用陶器，还包括石磬、陶鼓、鼍鼓等礼乐器组合等。大贵族墓数十座，随葬品数十件，彩绘陶器和日用陶器。其余近千座小墓几乎没有任何随葬品。阶级对立状况凸显，金字塔式社会结构清晰。都城的结构与性质初步具备。

陶寺中期距今4100至4000年，宫城继续使用，宫城内增建了若干宫殿建筑。其中最大的核心建筑面积约8000平方米，其上至少有前后两座殿堂建筑。前面一座殿堂建筑，据残留的柱网结构计算，面积大约286平方米。下层贵族居住区小城废弃，但增建了面积至少280万平方米的外郭城。中期王族墓地与观象祭祀台被设置在约10万平方米的东南小城内。

陶寺中期王墓ⅡM22长5米、宽3.7米、自深7米，是迄今考古发掘陶寺文化最大的墓葬，尽管遭到陶寺晚期政治报复捣毁，仍残留随葬品近100件，包括玉器、彩绘陶器、漆器、骨器、20片半扇整猪等。其中6柄玉石列钺不仅象征王权

陶寺中期王墓IIM22头端列钺

和军权,并与公猪下颌骨共同组成表达修兵不战的"上政"治国理念。漆圭尺及其圭表测量工具套,则表明圭表测量制定历法对于王权的贡献,以及1.6尺夏至影长地中标准的政治发明,对于陶寺王权正统地位与合法性的重要作用。

总面积约1700平方米的观象祭祀台,从中期外郭城东南小城内道南城墙Q6向东南方向接出一个半圆形夯土建筑基址,经过天文考古学研究发现,该建筑不仅是陶寺中期都城郊天祭日的宗教礼制建筑(公元前2100—前2000年),而且其核心建筑构件,由夯土观测点与夯土基础上很可能系石构的观测柱所构成的太阳地平历观测仪器,以遗址东北至东南方向7000米远的塔儿山(也称崇山)山脊线作为日出参照系,得到20个节令太阳回归年历法,成为陶寺王权重要的科学与宗教支撑,控制社会政治、经济、社会生活的重要手段,同时也使陶寺观象台成为迄今考古发现的世界最早的观象台,陶寺20个节令的太阳历是四千年前世界最缜密的历法。

手工业作坊区集中在陶寺中期外郭城的南部,约20万平方米,由工官管理,严密控制,主要从事特殊的石器和陶器工业生产。

陶寺城北有一处夯土基址,呈近正方形,面积约1400平方米,被多水的环境

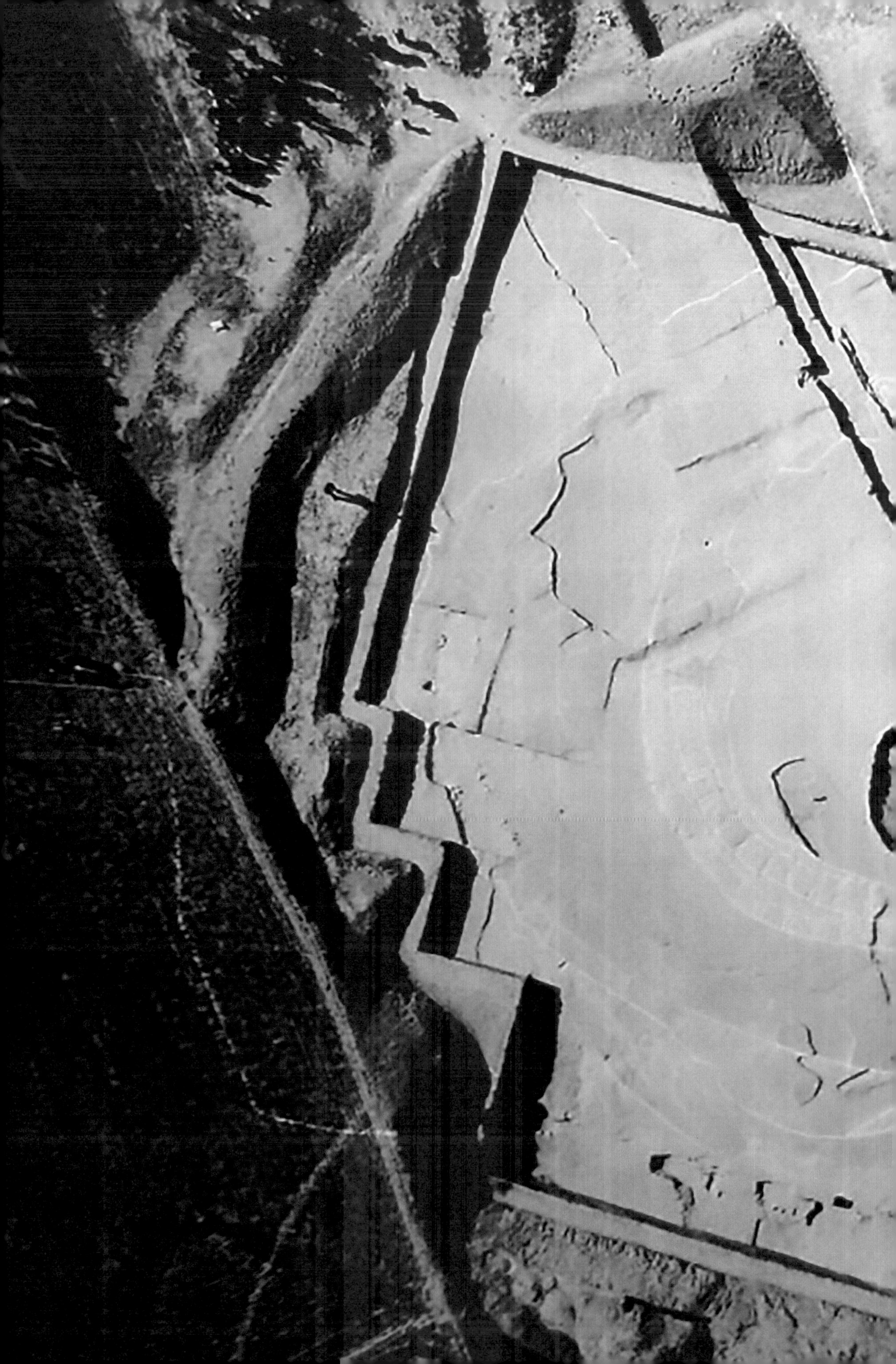

观象台空中照

2号戚

6号钺

IIM22璜形佩131

IIM22玉兽面135

IIM22玉琮129

IIM22玉戚128

早期大墓出土器物陶寺龙盘

早期大墓出土彩绘陶器

围绕。夯土基址台面上有三个呈"品"字形的柱洞，可称为"泽中方丘"，据历史文献记载，很可能用于祭地。这个祭祀地祇的礼制建筑始建于陶寺早期，中期扩建，中晚期之际被局部破坏，陶寺晚期曾经重建与扩建。

有迹象表明，中期城址的普通居民区面积至少20万平方米，主要设置在外郭城的西北。至中期，陶寺都城功能要件全部完备。

地质地貌调查分析表明，今南沟—大南沟在四千多年前是陶寺早期遗址的大道，横亘在宫城南边，西北—东南向延伸。今赵王沟—中梁沟在当时则是陶寺中期城址的中央大道，横亘在陶寺中期外郭城的中央，东南起自观象台附近，西北通往祭地之方丘，并有岔路连通外郭城带瓮城的西门。

陶寺遗址在晚期（距今4000至3900年）很可能被外族征服，遭到了残酷的、国家社会形态下特有的政治报复，本地政权颠覆，整体沦为殖民地，失去都城功能。在晚期偏晚某个时段，陶寺政权有过昙花一现式的复辟，宫城和城北祭地礼制建筑均曾经复建，并在宫城南墙东段，增建了一座城门。该城门带东西两翼墩台兼具礼仪与军事防御的特征，开创了中国古代都城阙门制度之先河。然而不久，陶寺晚期本地政权最终被再次彻底剪灭，陶寺遗址被彻底废弃。

到目前为止，陶寺宫城内出土了3件朱书陶文，时代为陶寺晚期，均写在陶寺晚期扁壶残片上。其中一个字符"文"字，学界多较认可，同商周甲骨文和金文的"文"字一脉相承。另一个字符我们释读为"尧"字，有3件重复字符，其中一件字符完整，另两件残断，对其释读还有邑、易、唐等不同见解。陶寺中期贵族墓葬IIM26随葬农具骨耜上契刻单字"辰"字，很可能是"农"字的初始字。显然这些字符都与商周甲骨文和金文有着明显的传承源流关系。我们有理由相信，汉字最初的发轫很可能出自陶寺文化。

陶寺遗址出土了5件红铜铸造器物，包括陶寺中期核心宫殿建筑夯土地基内的铜盆口沿、晚期地层单位出土的铜铃、齿轮形铜器、铜环、铜蟾蜍，均属于礼仪用器，成为中国青铜铸造礼器文明的奠基。

此外，区域考古调查结果表明，陶寺都城至少被南北两个遗址群拱卫，各由一个200万平方米超大型地方中心聚落统领，从整体上构成5级聚落等级、4级社会组织层级的国家社会组织结构，并且存在中央与地方的行政关系。陶寺文化的国家社会形态完全具备。

陶寺遗址以其最齐备的都城功能要件、中国最早的宫城——外郭城双城制都城制度、礼乐制度、宫室制度、最早的汉字、最早的红铜铸造礼器群、世界最早的观象台、圭表仪器等，成为中华文明核心形成的集成点和起始点，黄河中游地区最早的国家，成为"中国"——地中之都、中土之国概念的肇端，中原观念诞生伊始。包括文字在内的一系列考古证据链都明确集中指向陶寺城址是中国历史文献中所说的尧舜之都，使尧舜传说正变为信史。

陶寺朱书扁壶尧字

早期大墓出土石磬

早期大墓出土厨刀

项目负责人简介

何驽，本名何努，北京人，1963年出生。分别于1985、1988、2001年获得北京大学历史学学士、硕士、博士学位。1988—1999年，在湖北荆州博物馆考古部工作。2001年至今，在中国社会科学院考古研究所工作，现任山西队队长，研究员。主要从事山西襄汾陶寺遗址考古发掘与研究，主持国家科技支撑项目中华文明探源工程"陶寺遗址专项"和"公元前3500年至前1500年黄河、长江及西辽河流域精神文化的发展研究"、国家文物局"全国大遗址保护考古陶寺遗址项目"、中国社会科学院"哲学社会科学创新工程"之"陶寺课题"。主持发掘出世界最早观象台，研究提出山西襄汾陶寺遗址是本初"中国"，提出陶寺遗址为尧舜之都的系列考古证据链。研究领域涉及中国早期国家、中国文明起源考古、精神文化考古理论研究等。发表专著《怎探古人何所思——精神文化考古理论与实践探索》，并在国内外学术刊物上发表论文百余篇。

何驽

高江涛，中国社会科学院考古研究所副研究员，中国社会科学院"创新工程"执行研究员、博士。主要从事中国文明起源、早期国家形成、夏商周考古和先秦历史地理研究。著有《中原地区文明化进程的考古学研究》一书，在《考古》《文物》等期刊上发表40余篇论文。长期从事田野考古发掘，参加发掘的遗址先后有河南新乡周宜丘、郑州小双桥、偃师二里头、新密新砦、淅川下王岗。现任山西省襄汾县陶寺遗址考古发掘领队。

高江涛

王晓毅，山西省考古研究所副所长、副研究馆员。主要研究方向为新石器时代考古及古代技术史。出版《山西通史远古卷》等专著，《垣曲上亳》等考古报告。

王晓毅

268

杰出贡献奖
获奖项目

Antiquity

A QUARTERLY REVIEW OF ARCHÆOLOGY

Edited by O. G. S. Crawford, F.S.A.

MARCH 1927

	Page
Editorial	1
Lyonesse. By O. G. S. CRAWFORD, F.S.A.	5
The Roman Frontier in Britain. By R. G. COLLINGWOOD, F.S.A.	15
Orientation. By VICE-ADMIRAL BOYLE-SOMERVILLE, C.M.G., F.S.A.	31
Stonehenge as an Astronomical Instrument. By A. P. TROTTER	42
Some Prehistoric Ways. By R. C. C. CLAY, F.S.A.	54
Maori Hill-Forts. By RAYMOND FIRTH, M.A.	66
The Danube Thoroughfare and the Beginnings of Civilization in Europe. By V. GORDON CHILDE, B.LITT.	79
Prehistoric Timber Circles. By MRS M. E. CUNNINGTON	92
Notes and News:— The Talayots of Majorca, 96; Irish Megaliths, 97; Mongolia, 98; Woodhenge, 99; "L'Affaire Glozel," 100; Corbelling, 102; Rhodesia, 103; Windmill Hill, Wiltshire, 104; Flints and 'Food-gatherers,' 105; The Huelva Hoard (Spain), 106.	
Forthcoming Excavations	108
Reviews (*see list next page*)	110

PRINTED BY JOHN BELLOWS, GLOUCESTER, ENGLAND

Price 5s. 6d—Annual Subscription 20s.

主编《古物》杂志

克里斯·史卡瑞（英国杜伦大学）

　　《古物》杂志被广泛认可为世界考古学界的领军刊物，刊发世界考古学各年代的重大发现和最新研究成果。全球性是《古物》最大的优势之一，而对于世界各地考古最新进展和发现的持续报道，也是它区别于其他大部分考古学刊物的特色。高水平的编辑是《古物》成功的根基，可以帮助更多的读者了解考古。清晰易懂的文风，高效且丰富的图示都是达成这一目标的关键。

　　世界各个角落的考古动向都是《古物》积极发掘和宣传介绍的目标，而全球性的覆盖范围也意味着需要掌握地域性的平衡。如何组织起不同的地区、时代和主题？这个问题并不好回答，但我们始终认为，要理解当今世界的互通互联，考古学的全球视野必不可少。考古学是在世界范围内研究与解释人类社会的理想阵地，它可以不受文字记载的限制深入探究史前世界，同时涉及古代和现代社会。《古物》的核心宗旨之一便是帮助与鼓励来自不同国家和背景的作者们，跨越语言和不同地域研究与出版传统的藩篱。它最近几期的作者来自广大的地理区域，其中非英语为母语者占有很大比例，其作者和读者群也正在世界范围内不断扩大。

　　《古物》并不满足于只刊登文章，它还不时发出自己的声音。它的评论版块为编辑提供了报道与评论业界发展现状与问题的机会，也有广泛的受众群。从学者、遗产专业人士到普通读者，从英国、欧洲到世界各地，《古物》成为不同行业和兴趣联结的中心。它努力响应所有的赞助者，投身大众传媒界正在经历的数字化革命，适应考古学的日益全球化。

ANTIQUITY

www.antiquity.ac.uk Volume 88 • Number 342 • December 2014

A QUARTERLY REVIEW OF WORLD ARCHAEOLOGY

EDITED BY CHRIS SCARRE

2014年12月刊《古物》杂志封面

ISSN 0003 598X

发展简史

《古物》由克劳福德（O.G.S. Crawford）创办于 1927 年。克劳福德是在考古领域应用航拍技术的先驱，并发表有关于英国史前史的论文和著作，一战后成为英国陆地测量部的考古官员。然而他的志向并不限于此，《古物》便成为其投身世界考古学的开端。正如克劳福德在其第一篇评论中所言："放眼全世界，求索百万年，探究全人类。"《古物》第一期即刊登了介绍新西兰毛利人、高山城寨中的阿尔及利亚人和法尤姆埃及人的文章，以及关于斯里兰卡、蒙古和南非的短记。

直到 1957 年逝世，克劳福德一直担任《古物》的编辑。其继任者格林·丹尼尔（Glyn Daniel）当时是剑桥大学考古系讲师，即后来的迪士尼教授（剑桥大学讲席教授的荣誉称谓）。在随后的数十年间，《古物》便与剑桥大学结下了不解之缘。丹尼尔 1987 年退休之后，编辑任务移交给克里斯·齐宾代尔（Chris Chippindale），而卡洛琳·马龙（Caroline Malone）和西蒙·斯托达特（Simon Stoddart）在 1998 年接替了齐宾代尔的工作。2003 年，《古物》的工作阵地在新任编辑马丁·卡弗（Martin Carver）的主持下迁往约克大学。2013 年，《古物》编辑部又移至杜伦。

后继的编辑们始终坚持着克劳福德对《古物》的定位：关于世界考古学的通俗学术刊物。随着考古学的发展，《古物》的容量也在不断增加：1927 年总计 490 页，1997 年总计 1122 页，2013 年总计 1278 页。除去 20 世纪 70—80 年代的一段时间，《古物》自创刊始一直为季刊，一年刊发 4 期（分别为 3 月、6 月、9 月和 12 月）。至 2015 年，为应对不断增长的扩容压力、发表更多高质量的文章，《古物》由季刊改为双月刊，每年 6 期，刊发文章的总页数亦随之攀升（2017 年总计 1694 页）。这一扩容不仅反映出考古学在世界范围内的蓬勃发展，也代表了《古物》所取得的成绩。

2013—2017年集锦

在过去的五年里，《古物》刊发了大量具有国际意义的重要文章，涉及的主题包罗万象，从旧石器时代艺术到中世纪皇家墓葬，直至 20 世纪的战争。例如 2015 年 12 月吴哥特刊，以 5 篇文章的形式报道了罗兰·弗莱彻（Roland Fletcher）及其团队近年在吴哥地区的工作，他们对这座庞大而又分散的城市结构有了更深的理解。

2016 年 4 月第二期特刊发表了玛雅地区近期的工作进展。所刊文章内容包括玛雅时期水资源控制变化的图解、玛雅文字的社会与政治角色、西班牙统治在不同玛雅地区的影响，以及近年来玛雅当地遗产的叙述与传承等。其中最后一项内容提醒着人们，玛雅并没有消失，依旧存在于玛雅祖先生活过的土地上。

www.antiquity.ac.uk Volume 90 · Number 350 · April 2016

ANTIQUITY

A REVIEW OF WORLD ARCHAEOLOGY

EDITED BY CHRIS SCARRE

ISSN 0003 598X

2016年4月刊《古物》杂志封面

ANTIQUITY

www.antiquity.ac.uk Volume 90 · Number 353 · October 2016

A REVIEW OF WORLD ARCHAEOLOGY

EDITED BY CHRIS SCARRE

ISSN 0003 598X

2016年10月刊《古物》杂志封面

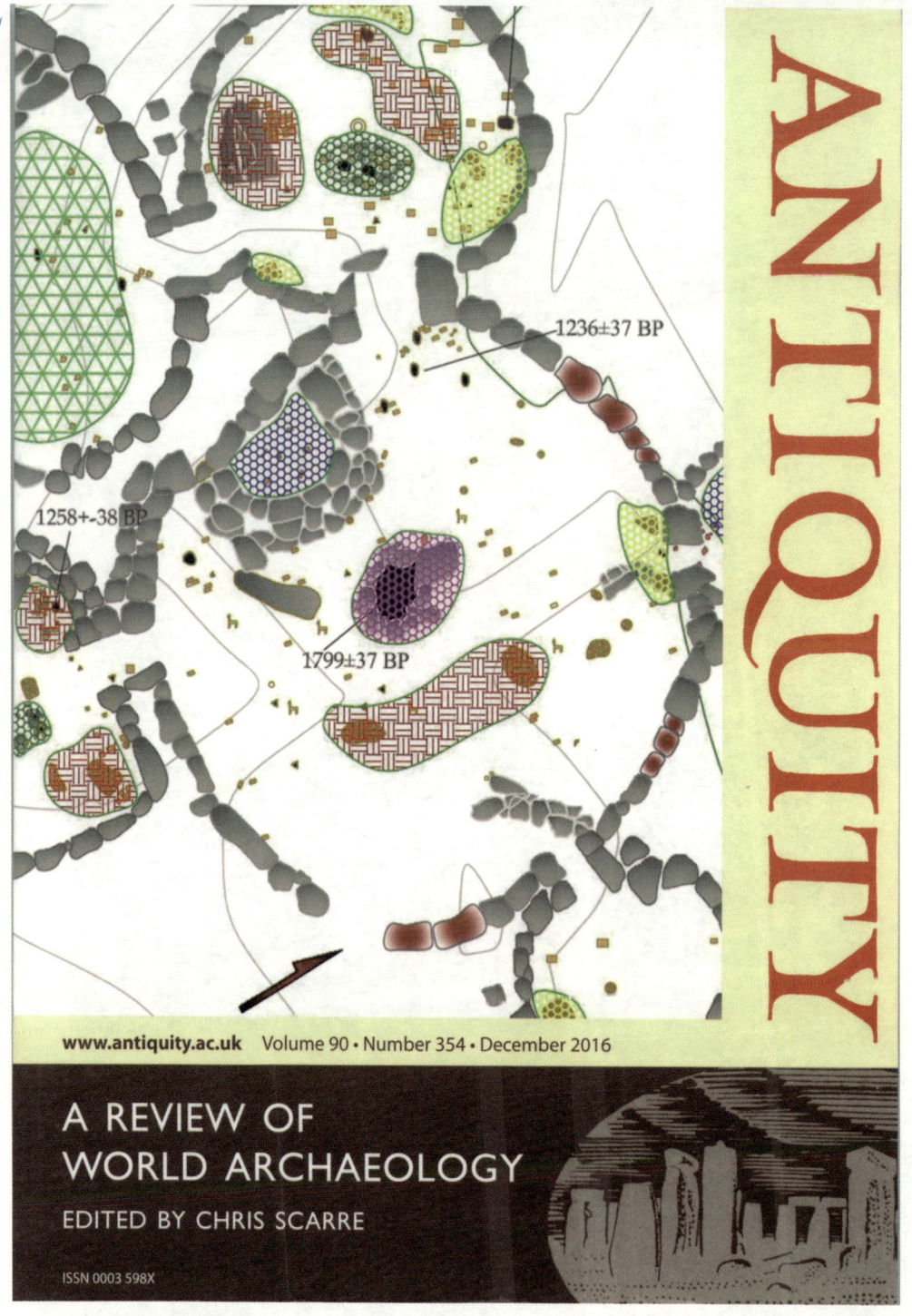

2016年12月刊《古物》杂志封面

《古物》同样关注着东亚考古的重要发现，已刊登的文章涉及秦始皇陵兵马俑坑出土弩的生产（2014年3月刊）和陶俑本身的制作与生产（2017年8月刊）；广西合浦汉墓出土遗物所反映的海上丝绸之路（2014年12月刊）；郑和远航霍尔木兹的考古学证据（2015年4月刊）；南澳沉船瓷器（2016年6月刊）；牛河梁神庙与其腹地的关系（2017年2月刊）；成都汉墓出土试样织机的证据（2017年

4月刊）；商周青铜器的组合与流通（2016年4月刊和6月刊）；以及中国和北方草原的关系（2014年3月刊和2017年6月刊）等。

欧洲考古依然在《古物》中占据重要位置。自1927年创刊之时，它便采用巨石阵的一幅木刻版画作为徽标，此后巨石阵的研究与讨论也被持续关注着。近期的相关文章有南威尔士克雷格罗西菲林采石场的发现（2015年12月刊），重新分析了巨石阵中许多火葬痕迹显示其为新石器时代晚期的一处重要墓地（2016年4月刊），并针对修建一条穿过该遗址边缘公路隧道的计划提出新建议（编辑主笔，2017年6月刊）等。《古物》近几年刊登的近世研究文章如法国、比利时、德国一战与二战战场航拍照片的分析（2015年2月刊和2017年2月刊）和拿破仑入军驻地木炭遗存的研究（2016年10月刊），都揭示出大规模军事集聚对当地植被产生的深远影响。

此外，《古物》始终保持着对时事话题的关注，如气候变化与人新世，文物掠夺与现代化发展给考古遗址带来的大规模破坏，以及西方与非西方学界对于21世纪考古学角色与未来的看法等。

前景与展望

《古物》这类杂志的编辑工作前景广阔，机遇与挑战并存。它在很大程度上属于团队合作的成果，依赖作者、评论者和读者各自发挥所长，投入时间和心力。编辑委员会、《古物》理事会和杂志分部剑桥大学出版社都为《古物》的发展提供了无法估量的支持与建议。最后但也是很重要的一点，杜伦的编辑团队保障着杂志以最高的专业水准按时出刊。我们相信，紧随全球化的步伐，《古物》之路会越走越宽。

《古物》杂志徽标说明

《古物》杂志与巨石阵渊源已久，克劳福德于1927年创刊时采用的刊标即是明证。《古物》第一期的封面图片为克劳福德在陆地测量部的同事埃利斯·马丁（Ellis Martin）设计的巨石阵木刻剪影，随后这一标志出现于刊物的每一期。但它也并不是一成不变的。1959年，时任编辑丹尼尔启用了由他在剑桥的同事布莱恩·霍普泰勒（Brian Hope-Taylor）设计的新版巨石阵标志，霍普泰勒是安格鲁·撒克逊专家，也是一位技艺高超的考古绘图工作者。之所以改换新标，是因为当时巨石阵的修复工作改变了其外观，原来的刊标便显得不甚准确（《古物》第33期，1959年，第51页）。丹尼尔的继任者齐宾代尔又将霍普泰勒的图标放大去底，重新在奶油底色上以灰色打印。2003年和2013年的封面设计也是在泰勒图标的基础上进行了各种变化。

1927

1959

1986

1927年、1959年及1986年《古物》杂志徽标

项目负责人简介

克里斯·史卡瑞（Chris Scarre）2006年1月至今任英国杜伦大学考古学教授。他的研究专长在于欧洲史前史，但也对世界其他地区的考古有着广泛的兴趣。他主持或联合主持过法国、葡萄牙和海峡群岛的史前遗址发掘工作，并著有《新石器时代的布列塔尼景观》《不列颠的巨石遗迹》和《爱尔兰与古代文明》（与Brian Fagan合著）。曾任《剑桥考古学杂志》编辑，在转入杜伦工作之前为剑桥大学麦克唐纳考古学研究所代理所长。他十分关注人类文化和认知的进化问题，是世界史前史教材《人类的过去》（第四版将于2018年出版）的编撰者，也是英国考古领军杂志《古物》的现任主编。

克里斯·史卡瑞

玛莽·阿布杜凯如

造福世界和平的公众考古学

玛莽·阿布杜凯如（叙利亚大马士革大学）

玛莽·阿布杜凯如博士为"考古学最终代表社会凝聚力"树立了一个光辉的榜样。该奖项表彰了他在叙利亚乃至整个世界考古学领域的独创性和勇气。

2012年以来，正值叙利亚战争开始后不久，玛莽·阿布杜凯如博士迅速采取措施，撤走并保护叙利亚所有博物馆，所有地区和主要遗址的文物。这不单单是一个后勤问题，他还着手去劝说叙利亚国家文物与博物馆总局的大量官员，树立了一种强烈的文化价值观，以此作为抵御野蛮行为的堡垒。这一点尤为重要，因为在他任职期间，有15名成员遇害，其中一些成员遇害的手段非常残暴。战争期间，他还在全国开展了广泛的教育活动，通过在全国倡导大范围的公共运动，组织学术会议，积极发表文物与博物馆总局的系列学术成果，在从恐怖分子控制中恢复过来的地区组织大量文物修复工作（巴尔米拉和马拉拉是最好的例证），并不知疲倦地开展了一系列海外演讲，向全世界介绍叙利亚的情况。他之所以这么做，是因为他深刻地理解了考古学是什么。在这个国家发生重大分裂的时期，他的所作所为向我们展示，一个人能够且应该为了国家去扮演一个"超级角色"。换句话说，他坚持不懈地努力表明，坚持基本原则应始终是唯一的目标，不为诋毁和恶意而妥协。上海世界考古论坛授予他奖项，因为他学术的卓越与优秀如灯塔一般。这是考古学在面对卑劣的暴力和政治利益时的光辉所在。他向媒体发表了一份勇敢的声明："叙利亚国家文物与博物馆总局（DGAM）在现阶段主要关注的是保护叙利亚文化遗产的所有组成部分，因为这是叙利亚民族的历史、遗产与记忆。

拯救巴尔米拉
(《国家地理》提供)

这些文化遗产属于所有的叙利亚人,不论其观点和政治取向如何。出于这一愿景,叙利亚国家文物与博物馆总局一直保持专业、科学和有效的行事风格,其成员在所有地方省份都保持团结,并在许多案例和地区中取得了成功。"

有关他的成就的一些细节,将有助于正确看待他的工作和获奖的原因。叙利亚国家文物与博物馆总局在全国拥有约2500名成员,是阿拉伯国家最大的致力于文化遗产的机构之一。在战前,它与约80个外国科研团队进行了合作,而34个主要博物馆的撤离工作则在2012年底前迅速确定并实施。一座接一座的城市中,30万件文物被存放到安全之处,档案也得到了相应的安置。博物馆建筑和不可移动的大型物件也得到了保护。为保护考古遗址,他们招募了更多的警卫。但文化遗址的数量有一万余处,其中许多都位于偏远地区。在几个星期前的第二波疏散期间,来自受威胁城市代尔祖尔的3万件文物被运送到大马士革,运送文物的军用飞机同时也载有战死的士兵尸骸。另外六千件来自霍姆斯博物馆的文物由军队护送。德拉博物馆发掘出土的其他文物也被安全地存放到首都。

除了上述数据和事实之外,必须强调的是,玛莽·阿布杜凯如懂得人为因素的重要性,因此叙利亚国家文物与博物馆总局将保护工作与当地社区紧密联系在一

玛莽·阿布杜凯如博士在工作
(《国家地理》提供)

起，他们的工作人员正在为新的任务做好准备。他们举办有关文物非法交易或战争对文物破坏的研习会和培训班，也与大学、专业组织、非政府组织和民间社团建立了协调关系。他们也与媒体一起举办全国性的宣传活动增强民众意识，包括大型公共海报宣传和展览。最新的计算机技术很快就被用于整理库存工作。来自大马士革国家博物馆的大约 7.7 万件藏品信息都已数字化，其他博物馆约 50% 的藏品也是如此。互动式地图已经包含了八千个已登记过的遗址，另外还有一个地图是专门针对受损遗址的。在阿勒颇，一些建筑计划也已数字化。同时，他们还建立了一个阿拉伯文和英文的双语网站，用以介绍相关新闻和活动。网站中更新的文字和图片内容，在严肃性与可信性方面，已广泛获得了赞誉。

（本文由 Giorgio Buccellati 撰写）

古城巴尔米拉的废墟
(《国家地理》提供)

项目负责人简介

玛莽·阿布杜凯如（Maamoun Abdulkarim）于1997年获法国凡尔赛大学考古学与历史学博士学位，他当时年仅30岁。回到叙利亚后，他历任死亡之城法国考察团联合领队、霍姆斯叙—英考察项目联合领队、联合国教科文组织认证的民族专家（成功申遗北方古村落）、博物馆馆长、3个欧洲基金会项目的本地负责人、意大利资助大马士革国家博物馆修复与重组项目组负责人等。他近五年来一直致力于叙利亚文化遗产的保护事业，打击考古文物的非法贸易，并与相关科学与国际组织建立积极对话。已出版专著4部，发表论文30余篇。他于2009年任大马士革大学考古系主任，并于2010年成为教授。

玛莽·阿布杜凯如

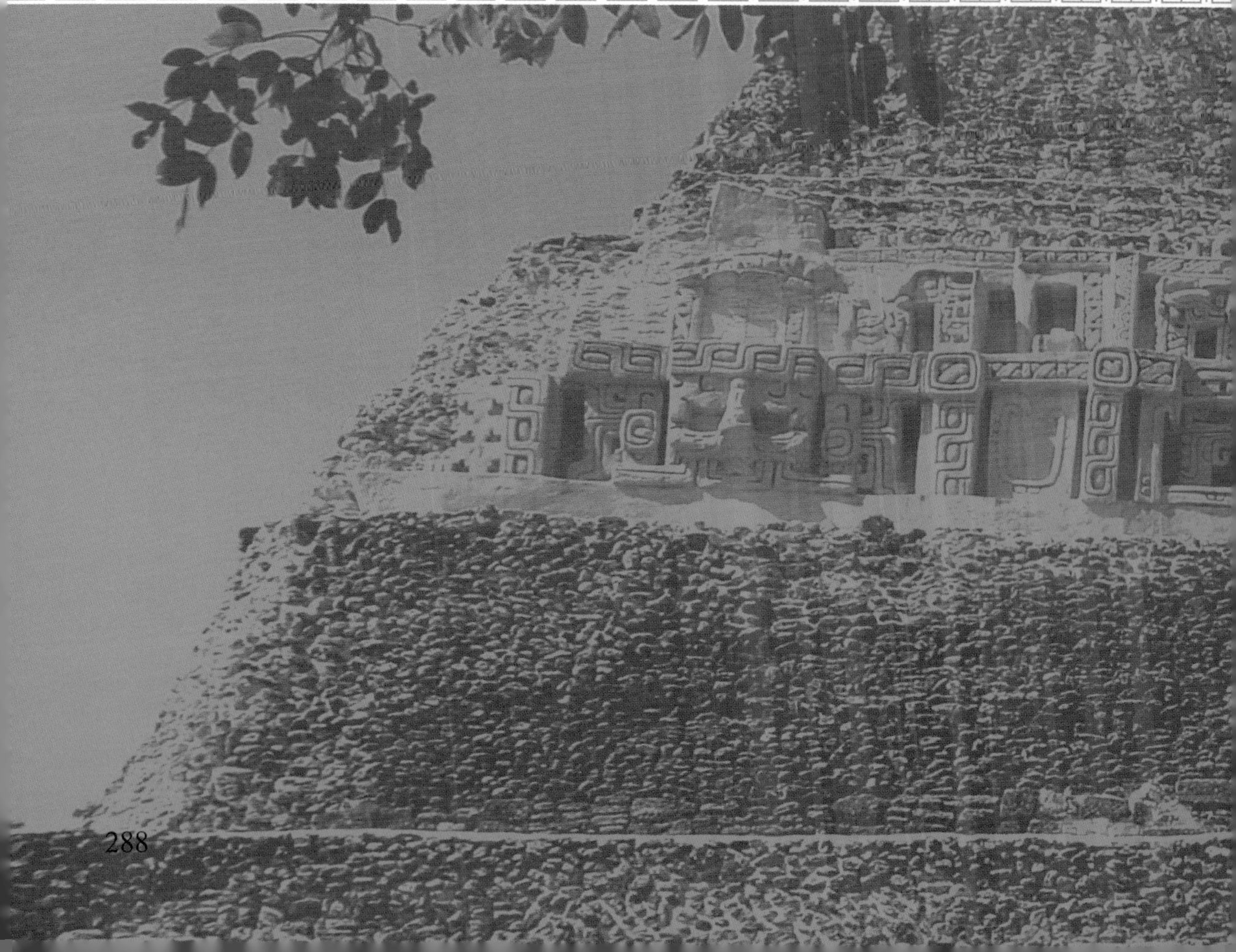

世界考古学
主题论坛演讲

西南亚干旱地区对水资源的使用：
从新石器水井到历史时期的水利系统

奥菲·巴尔约瑟夫（美国哈佛大学人类学系）

演讲摘要

更新世末期至早全新世时期（约公元前 14000—前 8500 年），人口增长和气候变化的双重压力，刺激了农业在西南亚狩猎采集部落中的起源与发展。西南亚地区位于撒哈拉沙漠北缘，西面为地中海所环绕，东、南两面分别为叙利亚沙漠和西奈沙漠，独特的地理环境，使得其对大大小小的气候波动十分敏感，影响到早期定居部落的生活。早在新石器时代早期，人们便通过开挖水井和水渠的方式来应对冬季雨量的不足。铜石并用时代的人们依然打井，到青铜和铁器时代，水利系统发展起来，以解决水资源短缺（尤其是在社会动荡和战争期间）的问题。在掌握了不同地层和地质条件下到达含水层的丰富经验之后，在全新世晚期，人们修建了大量的暗渠，以地下潜水为水源，配以一系列竖井，为绵延数公里的农田提供灌溉。虽然学界对这一技术的了解更多源自波斯时期，但新的考古成果将揭示它的史前源头，它与至少自公元前第五千纪时修建水坝和蓄水池的做法并无二异。对于像西南亚这样的半干旱地区而言，充足的饮用和灌溉水源一直到今天都是人畜生存需要解决的首要问题。

主讲人简介

奥菲·巴尔约瑟夫（Ofer Bar-Yosef）于1970年获得博士学位，1968—1987年任教于希伯来大学（自1979年起任史前考古学教授），1988—2013年任教于哈佛大学人类学系，退休后续聘为研究教授。曾参与以色列、西奈半岛、捷克、格鲁吉亚和中国等地旧石器时代晚期至新石器时代早期露天及岩洞遗址的发掘及安卡拉大学在土耳其组织的三次发掘（1990—2016年）。其田野工作聚焦于走出非洲的人类始祖、尼安德特人和现代人的分布与扩散及狩猎采集向农业的过渡。现为美国国家科学院院士和英国科学院通讯院士，与人合作编撰著作20部，独撰或合撰论文及章节近400篇。

中美洲古代玛雅低地的水资源管理与水利社会

雪莉·卢兹加特—比奇　提摩西·比奇
（美国德克萨斯大学奥斯汀分校）

演讲摘要

　　古代玛雅文明以其高度发达的社会、建筑和艺术成就闻名于世。它还掌握着先进的数学知识、时间历法和书写文字。该文明在热带丛林中繁荣数千年，对于土地和水资源的利用有着复杂的认知与实践。本次演讲即聚焦于古代玛雅的水资源管理策略，以认识当时人们改造自然的范围与规模，以及环境衰退、持续和恢复的周期，并借以探讨在当今热带地区如何应对环境和人口压力带来的挑战。

主讲人简介

雪莉·卢兹加特—比奇（Shesyl Luzzadder-Beach）在美国明尼苏达大学获地理学博士学位，现为德克萨斯大学奥斯汀分校地理与环境学系主任、教授，美墨关系 C.B. 史密斯百年高级研究员，特蕾莎·朗拉丁美洲研究院助理教员。她还兼任美国地理学家学会副会长，并供职于美国科学促进会科学与人权联盟理事会、美国国家地理协会研究与探索委员会。其研究方向为古代玛雅和地中海文明的水文地理、地质考古，以及世界其他地区（从墨西哥、伯利兹、危地马拉到加利福尼亚、土耳其、冰岛）的地形学、空间统计、性别、科学与人权，并得到来自美国国家科学基金会、美国国家地理协会和美国国家航空航天局等多个机构的资助。她于 2010 年获 G.K. 吉尔伯特奖，2013 年获乔治·梅森大学科学出版奖。她于 1993—2014 年担任乔治梅森大学地理学教授，并于 2000—2003 年任该校通识教育副教务长。

早期农人、航海家以及印度太平洋地区的南岛殖民——一个多学科综合研究

彼得·斯塔夫·贝尔伍德（澳大利亚澳洲国立大学）

演讲摘要

自我从事南岛语族起源研究 50 余年以来，相关新石器时代考古发现及研究已经取得了引人瞩目的进展，比较语言学、计算语言学和人类基因研究等领域也有了长足进步，其中后者的整体基因组常染色体比较研究及古 DNA 分析获得了持续性关注。重要成果之一是华南、中国台湾和菲律宾作为距今 4000 年以前早期南岛语族主要发源地的观点得到了加强，而其他起源理论，例如起源地更偏南或东的假说则缺乏证据。不过，南岛语族传播的"真相"显然是非常复杂的，许多细节根本无从得知。一些极端理论，无论是单方面强调人群更替，认为入侵的南岛语族取代了采集—狩猎的原住民，或是走向另一个极端，只强调发生在原住民群体中的文化传播和语言变换，均难以为继。实际情况显然与说南岛语早期类型和马来—波利尼西亚语的人口扩张有关，而这些人的来源归根结底仍在台湾和华南地区。这些人群最终与当地已经存在的土著人群融合在一起，除了那些人迹未至的大洋岛屿。而所罗门群岛则不同，它是南岛语族最先到达的地方。

现在我们的理解是，过去 4000 年之内，印度太平洋地区的南岛语族聚落遗址是逐步扩张发展的，以距今 5000 到 1000 年之间的台湾等地为代表；但是同时也伴有偶发的移民热潮等特点，例如距今 3000 年的拉皮塔和距今 1000 年的东波利

尼西亚。早期移民会生产食物并建造独木舟，由于缺乏文献记载，他们迁徙的原因，可能永远不得而知，但是有三点可能性：第一是随着中全新世海平面升高，富饶的低地农业土壤资源相对匮乏；第二是随着水稻和小米的驯化，人口的迅速膨胀；第三是在存在系谱秩序的祖先社会中，社会奠基者阶层的强化。独木舟制作技术和航海技能在南岛语族向东南亚岛屿地区和大洋洲西部地区移民的过程中居功至伟。当前我们所面临的任务是充分理解人类史上最大规模的移民中所存在的区域差异。

主讲人简介

彼得·斯塔夫·贝尔伍德（Peter Stafford Bellwood）于1980年从剑桥大学国王学院获得考古学博士学位，在此之前他已移居新西兰，任奥克兰大学史前考古讲师，1967年他开始研究波利尼西亚移民问题，1973年他前往堪培拉，在澳大利亚国立大学研究东南亚考古，并撰写关于东南亚和太平洋地区史前时代、农业社会起源和世界范围内人类迁徙的专著。

1973年之前贝尔伍德在新西兰、法属波利尼西亚和库克群岛进行过发掘。在澳洲国立大学任教期间，他与同事和研究生一起在印度尼西亚、马来西亚、菲律宾和越南开展考古发掘。他撰写了多部著作，包括《人类征服太平洋》（1978年），《波利尼西亚》（1978年，1987年），《印度—马来群岛的史前时代》（1985年，1997年，2007年），《最早的农民：农业社会的起源》（2005年），《最早的移民：全球视野下的古代移民》（2013年），《最早的岛屿居民：东南亚岛屿的史前时代》（2017）。他主编的书籍包括：《南岛语族》（与J. Fox 和 D. Tryon 共同主编，1995年），《农业/语言扩散假说检讨》（与C. Renfrew 合编，2002年），《东南亚：从史前到历史时期》（与Ian Glover 合编，2004年），《全球人类迁移史》（主编，2014年）。

贝尔伍德是澳大利亚人文科学院院士、英国科学院通讯院士。他于2013年以荣誉教授身份退休。

水资源管理与吴哥的扩张和消亡

罗兰·弗莱彻（澳大利亚悉尼大学）

演讲摘要

　　从公元 5 世纪开始，高棉世界开始建立各种各样的水管理系统。除这些发达的人工水库外，一种独特的蓄水库利用周边现有的堤岸形成并占据了大量的地表空间。虽然人工水库的发展序列仍然有些模糊，但很明显，这种形式的水管理和相关的渠道网络应当早于公元 9 世纪晚期吴哥文明形成之前，或者可能在更早的几个世纪之前。人工水库形成时间的重要意义在于，它投入使用于一个相对干燥的环境之中，之后在中世纪暖期的不稳定气候变化中，水的供应也变得不稳定，而人工水库则成为一个重要的调节管理措施，它确保了从公元 9—13 世纪谷物的生产。因此人工水库和相关的网络系统作为一种预调节手段在不稳定的时期确保谷物供应，并在之后中世纪温暖期巅峰时增加了谷物的总产量。同时人工水库也为吴哥国家最初的维持和扩张提供了预先的条件，直到 13 世纪还助力于首都的稳定。一些有关水的基础设施逐渐变得大型化。而这种大型设施的惰性则与公元 14 世纪和 15 世纪的极端不稳定气候相互影响。在中世纪温暖期后期，行星冷却产生的季风强度超出了这个水道网络所运行的参数条件。最终，这种水道网络的惰性导致了大吴哥显著而优雅、简单而全面的水管理系统的中断，从而导致了吴哥的首都在 13—16 世纪社会和政治面临巨大转变的时期，走向衰亡。

主讲人简介

　　罗兰·弗莱彻（Roland Fletcher）是悉尼大学世界考古与理论考古的专家。在过去的30年间，罗兰·弗莱彻教授将考古发展成一个全球化的、跨学科的学科，集研究、教学和服务于一体。他的专业方向是考古学理论和哲学，研究聚落发展以及对长期大规模的文化现象的分析。1995年，剑桥大学出版社出版了他的《聚落发展局限的理论大纲——分析过去一万五千年间聚落的发展和衰落》。他作为大吴哥窟项目的激进的理论家和发起者而享誉世界，同时，大吴哥窟项目源于他的理论，并且是柬埔寨的一个重要研究项目。这一吴哥窟的项目不仅为悉尼大学开展了诸多国际合作，也通过媒体展示了它的公众形象，例如国家地理的《失落之城》节目。此外，吴哥窟研究小组还与柬埔寨政府和联合国教科文组织合作，通过与吴哥窟的"与遗产共存"项目的应用研究服务于有意参与的社区。

美索不达米亚世界的水源管理和早期集中式社会的发展

玛赛拉·弗朗基博尼
（意大利罗马大学林琴科学院，美国国家科学院）

演讲摘要

  本演讲将阐述水资源管理的重要性，及其在"大美索不达米亚"的各种环境中的象征性表达。从南美索不达米亚的沼泽冲积土地，沿着幼发拉底河上游西岸的马拉蒂亚平原，及上美索不达米亚和安纳托利亚东南部的各个地区。从考古发掘和地域研究中获得的数据强调了水因素可能对这三种不同环境和相关社会政治结构中农业潜力的发展产生的影响，促进了中央对主要产品的控制，促使了公元前四千年政治集权社会的出现。

  在这些地区，最近的发现和跨学科研究表明灌溉可能对第一批城市化社会中的农业发展起到了一定作用，以及对灌溉农业作为政治经济领导地位的地区也产生了影响，并根据不同的环境特征及情况产出不同的作物。

  公元前四千年的阿斯兰特普宫还记录了一种新的复杂排水系统，证明了当地上层阶级对雨水的全面技术控制。

  此外，与水有关的象征性或仪式性的证据，以及间接的，在不同社会政治环境下的农业类证据，也都会被研究讨论。

主讲人简介

玛赛拉·弗朗基博尼（Marcella Frangipane）1948年出生于巴勒莫，并在罗马大学学习考古，专攻史前史和史前人类学。1973年至1976年，她在墨西哥进行了一段时间的研究，与琳达·曼扎尼拉在特奥蒂瓦坎的前古典时期遗址夸纳兰（Cuanalan）发掘，还参加了由K.V. Flannery、W. Sanders 和 P. Armillas 领导的考古高级研讨会。

回到意大利之后，她参加了在意大利和埃及前王朝时期遗址马蒂（Maadi）的田野研究，全面参与了土耳其东部马拉蒂亚省阿斯兰特普（Arslantepe）的长期考察项目，并在1990年成为项目领队。

她在罗马大学获得了一个永久的研究岗位，后成为该校副教授、正教授。她为本硕博的学生教授近东和中东的史前史和史前人类学以及考古学研究的理论与方法。

她仍然领导着阿斯兰特普的发掘，将这一项目当作毕生的事业。她在近东第一个等级森严、中央集权的社会的崛起和发展历史上做出了卓越的贡献。

她是柏林德国考古研究所的一员，也是美国国家科学院、意大利林夕学院的成员。

她还是《起源》杂志的编辑，并由罗马大学出版社出版了《阿斯兰特普史前史研究》。

农业往欧洲传播的盛与衰

史蒂芬·申南（英国伦敦大学学院）

演讲摘要

  本次讲座先简要概括，与新石器时期人口变化相关的人口进化元素和相关的一些民族学证据。还将介绍农耕人口扩张进入欧洲——"进步浪潮"的证据。射性碳概率的综合证据表明，一系列不可持续的人口激增伴随着之后的萧条。在某些情况下还有社会动荡的证据。本报告最后运用英国和爱尔兰的案例讨论人口从膨胀到收缩对人类生计方式的改变，以及气候变化会使情况更恶化。气候恶化虽然略为短暂，然而人口的膨胀紧缩会导致生计和社会上的体制改变，并持续一千纪直到新一群人的出现。

主讲人简介

史蒂芬·申南（Stephen Shennan）是伦敦大学学院考古系理论考古学教授，并于2005—2014年任院长。他在剑桥大学学习考古和人类学，师从戴维·克拉克教授，并获得博士学位。剑桥大学毕业后至1996年，在伦敦大学学院工作之前，他在南安普顿大学执教。研究领域主要是欧洲史前考古。从20世纪80年代晚期起，他的研究主要在于运用生物进化的理论和方法来解释文化的变迁与稳定性，特别是人口因素的机制。已经发表论文100余篇，撰写和主编著作20余部。其中包括《定量考古学》（第二版，1997年）、《生物基因、文化基因和人类历史》（2002年）、《文化进化模式和过程》（主编，2009年），以及最新著作《连接网络：欧洲新石器时代石器交换的特征》（与Tim Kerig合编，2015年）。申南是英国科学院院士和欧洲科学院院士。2010年，获得英国皇家人类学学会授予的里弗斯纪念奖章（Rivers Memorial Medal）。2015年荣获世界考古论坛研究奖。

阿兹特克的雨祭：特诺奇提特兰大神殿的水源祭祀

莱奥纳多·洛佩斯·卢汉（墨西哥国家人类学和历史学研究所）

演讲摘要

降雨不足、降雨频繁、不合时机的降水——这三种自然现象对于所有依赖于旱作谷物，且没有灌溉技术的古代社会都是一种噩梦。所以，中美洲的人们只有在大量丰收，且特定的时间内才会期待降雨。中美洲的先民如果遇上降雨量和时间并不匹配的情况，无可避免地要面对饥荒、死亡或迁徙。因此，降雨的无法预测性是中美洲常见的宗教特点之一。一个比较显著的例子为阿兹特克 365 日太阳历。太阳历共 18 个月，每月 20 天。其中 9 个月都奉献给雨神和丰收神灵。这些月份中大部分的祷告、祭品和儿童殉葬都为供给雨神特拉洛克（Tlaloc）和他的小助手（Traloque）。特拉洛克也被称为特拉玛克兹克（Tlamacazqui），"给予者"，因为他会提供植物发芽所需的一切物质。这个心怀大爱的神从特拉坎降下雨水，特拉坎是雾之乡，是无限丰饶之乡，是万物之乡。15 世纪和 16 世纪时，最大型的雨神供奉仪式一般于特诺奇提特兰大神殿举行。首都的居民认为他们的主金字塔是特拉洛克的神山，中空的内部充满着水和其他珍贵的自然资源。事实上，这座宏伟建筑上的一些雕刻元素和神山相呼应，例如蓝色的壁画、特拉洛克雕塑、巨蛇、青蛙、旋涡以及凸起的石块。每一次大神殿的扩张，建筑师们都会很小心地保持住原有的结构，以重塑特拉洛克神山。但这种相似性并不是成为神圣建筑的唯一要素。当金字塔落成时，人们有义务进行某些仪式，重复雨神的神话行为，以确保神殿的真实性和持久性。本报告将讨论两个于墨西哥市中心的大神殿发掘项目中出土的供奉堆积。堆积内的遗存为一种交感巫术祭祀仪式的祭品。仪式主要模仿和重演神灵传说的情节。本报告讨论的十件祭品为阿兹特克人祈求特拉洛克去创造云和雨从而令土地肥沃所供奉的礼物。

主讲人简介

莱奥纳多·洛佩斯·卢汉（Leonardo López Luján）是一位墨西哥考古学家，现担任墨西哥国家人类学与历史研究机构大神殿项目的主任。他于墨西哥国家人类学与历史研究机构取得学士学位，并于法国巴黎第十大学取得博士学位。主要研究方向为墨西哥中部前哥伦布时期城市社会的政治、宗教和艺术。洛佩斯·卢汉曾担任多个墨西哥学府的荣誉职位，亦曾于巴黎、意大利、美国和危地马拉等地多个学府担任客籍教授及客籍研究员。1988年开始成为墨西哥国家人类学和历史学研究所（INAH）的全职研究员。2013年被选为英国国家学术院的通讯成员以及伦敦文物学会的荣誉会员。洛佩斯·卢汉亦是2015年上海世界考古论坛荣获世界十大考古研究项目之一的负责人。

水与龙：卡霍基亚、帕魁姆与良渚的比较研究

蒂莫西·罗伯特·鲍克特（美国伊利诺伊大学）

演讲摘要

　　水是地球上最基本和最常见的物质之一。从固体、液体到气体，它没有形状，可以渗透，一种强大的变化之力，以各种方式渗入人类的生活和历史。但考古学家们还没有充分认识到水在城市化历程中的能量和作用。本次演讲将讨论三个早期城市中水的角色：北美密西西比河谷中部的卡霍基亚、墨西哥西北部的帕魁姆、中国东部地区的良渚。

　　水汽和降雨对于卡霍基亚的形成有着明显的催化作用，这在翡翠城的发掘中体现尤为突出。卡霍基亚本身就是一座水汽之城，当地人认为这些水汽代表着一条大蛇的灵魂。

　　帕魁姆兴起于公元13世纪，其形成得益于地下水和自然降水。在这里，蒸发可能是水和人沟通的重要方式。蓄水池带给这座小城阶段性的繁荣和一些独有的特征。他们同样崇拜大蛇的灵魂。

　　良渚地区新石器时代稻作农民对龙和雨神力量的认知与上述两地都不一样。这一城市被水和稻田分隔开来，如果钱塘江潮涌在公元前3000年已经存在，那么一条大蛇（龙）的灵魂很可能也渗入其中。

　　在三个案例中，水与人相互影响和作用的方式导致了不同形式的城市化。由

此对于城市化起因的一般性总结和仅着眼于精英阶层的文明起源分析都是远远不够的，我们必须明了物质、材料和现象如何构成城市的命脉，即使远在人类到来之前。

主讲人简介

蒂莫西·罗伯特·鲍克特（Timothy Robert Pauketat）为美国伊利诺伊大学厄本那香槟分校人类学教授、伊利诺伊州立考古调查项目考古学家。他之前曾任教于俄克拉荷马大学和纽约州立大学。其研究方向为物质文化、精神性、自然现象与人类体验之间的因果关系，以探讨北美和其他地区文明的起源。他在密西西比河谷工作超过25年，尤其是大卡霍基亚地区及其属地的考古。他编著有学术论著多篇（部），目前正与Kenneth Sassaman合作编纂一部新的北美考古综合著述，与Susan Alt合著一本关于早期城市和宗教的论著。

半热带湿地到半干旱地区:从农业起源到国家形成

弗农·史卡波罗(美国辛辛那提大学)

演讲摘要

　　世界各地区的早期复杂社会于不同的环境中形成和发展。位于半热带区域的尤卡坦半岛的玛雅文化和位于半干旱地区的亚利桑那州和新墨西哥州的普韦布洛文化,处于两个截然不同的生态区域。对比起资源较贫乏的美国西南部地区,玛雅低地的高季节性降雨量使该地区的资源充裕。本报告将对比两个位于上述生态区域中的重点区域——危地马拉的蒂卡尔遗址和美国新墨西哥州的查科峡谷遗址,阐明水和气候对文明发展的重要性,从而以史为鉴,推测社会将来的发展。

主讲人简介

弗农·史卡波罗（Vernon L. Scarborough）是美国辛辛那提大学人类学系杰出荣誉研究教授和CPT荣誉教授（Charles Phelps Taft Professorship）。史卡波罗的主要研究方向为古代国家的水利与环境景观工程。结合环境与多学科研究来探讨古代国家水和环境的工程和利用，史卡波罗更进一步探求古代和现今社会可持续发展的议题。史卡波罗曾参与多项国际考古田野工作。目前主要在伯利兹、危地马拉和墨西哥研究有关陆地和水资源利用的课题。史卡波罗亦曾获得多项殊荣和研究基金，当中包括2011年被授为美国科学促进学会院士并荣获国家自然科学基金和国家地理学会颁发的研究基金。史卡波罗撰写的书籍有九部，发表的文章和书籍章节超过100篇。现在史卡波罗作为地球综合历史与未来人类计划（IHOPE）的骨干成员以及 *WIREs Water Journal* 的高级编辑，进行多学科、环境的可持续发展以及水资源管理的研究。

从客体到主体：古代埃及文明中尼罗河和水的新叙事

托马斯·施耐德（加拿大英属哥伦比亚大学）

演讲摘要

  根据常被引用的希腊历史学家希罗多德的名言"埃及是尼罗河的馈赠"，普林斯顿历史学家罗伯特·特尼奥尔在 2010 年的《埃及短篇小说》中谈到这一名句，认为它不仅仅是希腊历史学家所言的真理，而是将其理解为尼罗河对埃及孕育成长的形容，以及尼罗河对埃及文明的兴起和繁荣发展所产生的巨大影响。这种理解不仅是对希罗多德的误解，希腊历史学家还提出了一个关于尼罗河三角洲是被河水淤积堆起来的的事实陈述；国家的这一部分是尼罗河给埃及的馈赠，而非指河流的肥沃和富饶，它也是一个较老的学术论调，将尼罗河视为人类活动的对象。

  关于古埃及水问题的 2005 年会议册仍然几乎集中在埃及人从尼罗河水中的收获，以及他们如何在文学、文化、宗教和仪式中使用水。本主题演讲将描述一种范式转变，与最近史学上的"河流转向"一致并更多的把权利归于河流，把尼罗河看作埃及的"真正的暴君"（用约瑟夫·曼宁创造的一个术语），把国家看作居民们的社会牢笼。

  最近的考古工作表明，不断变化的河流景观和尼罗河洪水在一定程度上影响了聚落和人口模式、农业生产力、经济和权力分配。尼罗河也必须被认为是埃及史上疾病传播和死亡率的基础诱因。

其他与水相关的事件，如暴雨和洪水，对埃及文明的影响也变得越来越明显，这可以通过考古和历史研究来确定。它们都有助于通过一种新的、可选择的叙述方式来取代早期对埃及文明中水的实证主义史学评价，这种叙述认为尼罗河和水是埃及社会和文化的主体和原动力。

主讲人简介

托马斯·施耐德（Thomas Schneider）是加拿大英属哥伦比亚大学埃及学和近东研究的专家。他在苏黎世、巴塞尔和巴黎学习，并在巴塞尔大学获得了学士学位、博士学位和教授资格。1999年在维也纳大学做客座教授，2003—2004年在海德尔堡大学做客座教授。2001—2005年，他是巴塞尔大学瑞士国家科学基金会的初级研究教授，2005—2007年，他是斯旺西威尔士大学埃及古物学的主席。他作为访问学者在2006年去了纽约大学、2012年去了加州大学伯克利分校，2016年作为特约讲师受邀来中国社会科学院考古研究所。他是英属哥伦比亚大学"时间之河：文化、生态系统和比较"这一新的跨学科研究群的项目总监，他曾广泛发表过埃及历史和年代学、埃及与近东的联系以及纳粹德国的埃及古物学历史等方面的著作。他还是《埃及历史》杂志的创刊编辑，也是美国东方研究学派《近东考古》杂志的编辑。

汉长安城地区城市水利设施和水利系统的考古学研究

张建锋（中国社会科学院考古研究所）

演讲摘要

汉长安城是中国古代西汉和新莽时期的帝国都城。在长达200多年的时间中，汉长安城的城区和郊区都修建了多种形制不同、功能各异的城市水利设施，共同构成整个汉长安城地区的城市水利系统，兴水利，避水患，保证了汉长安城的生存与发展。

汉长安城的城市水利系统由于主体功能的不同，可以分为城市供蓄水系统、城市排水系统、城市水景观系统和水运系统。城市供蓄水系统由人工湖、渠道、蓄水池、水井等城市供蓄水设施构成，相互配套，解决了从引水、调蓄水到具体用水单位的供水过程的各种需要和问题。城市排水系统包括排水沟、排水管道、涵洞、雨水井、渗水井、路沟、城壕和城墙等城市排水设施，分别处于单体建筑、院落、街区、道路两侧和城市外围，完成了自然降水和城市废水、污水的集中、输送和排放问题。水景观系统主要包括人工湖、景观水渠等水景观设施，起到了美化环境、愉悦身心的社会效果；有些主体功能为供蓄水的池、渠等有时也能发挥这方面的功能。水运系统包括运河和相应的拦水、引水工程和补水设施，以漕渠为主，对保障汉长安城地区的物质供应发挥了重要作用。上述设施和系统既分布于城内各处，又在郊区多有营造，使得整个汉长安城地区的用水、排水和水运等都能得到有效保障。

汉长安城地区的各项用水的最终源头是大气降水（雨水和冰雪融水），大部分以河流和湖泊的形式储存和流动于地面上成为地表水，部分渗入地下成为地下水。地表水和地下水成为汉长安城地区城市用水的直接来源。地表水通过供蓄水设施将水配给具体的用水设施，途中对地下水构成补给。地下水以水井的形式被开发利用，是汉长安城地区生活和生产用水的主要来源和渠道。多余的大气降水和废污水，则通过排水系统大部分排入河流，少部分渗入地下水。总之，汉长安的城市水利系统，从河流、湖泊和地下水起源，通过供蓄水系统和排水系统，最后终结于河流、湖泊和地下水，完成了汉长安城地区范围内的水循环过程。

汉长安城地区城市水利设施和城市水利系统的考古研究，即包括对城市水利各项工程设施和整体水利系统的具体分析与总结，也包括对当地自然条件与社会状况的考察，同时还要分析与前代和后代的继承和发展关系，比对研究世界其他地区同期的发展情况。通过上述研究，我们才能归纳出汉长安城地区城市水利的区域特征、时代特征与中国特色，及其在历史进程中和世界范围内的地位与影响，并进而概括城市水利发展的一般规律，总结相应的成功经验与失败教训，为今天的城市水利建设服务。

主讲人简介

张建锋，男，1972年生于山东省泗水县。1990—1997年就读于山东大学历史文化学院，先后获历史学学士学位和历史学硕士学位。2011—2014年就读于中国社会科学院研究生院考古学系，获历史学博士学位。1997年以来在中国社会科学院考古研究所工作，现为研究员。长期从事汉长安城遗址的考古工作，研究领域为秦汉考古，研究方向为城市水利考古和都城考古，主要成果有《汉长安城地区城市水利设施和水利系统的考古学研究》。

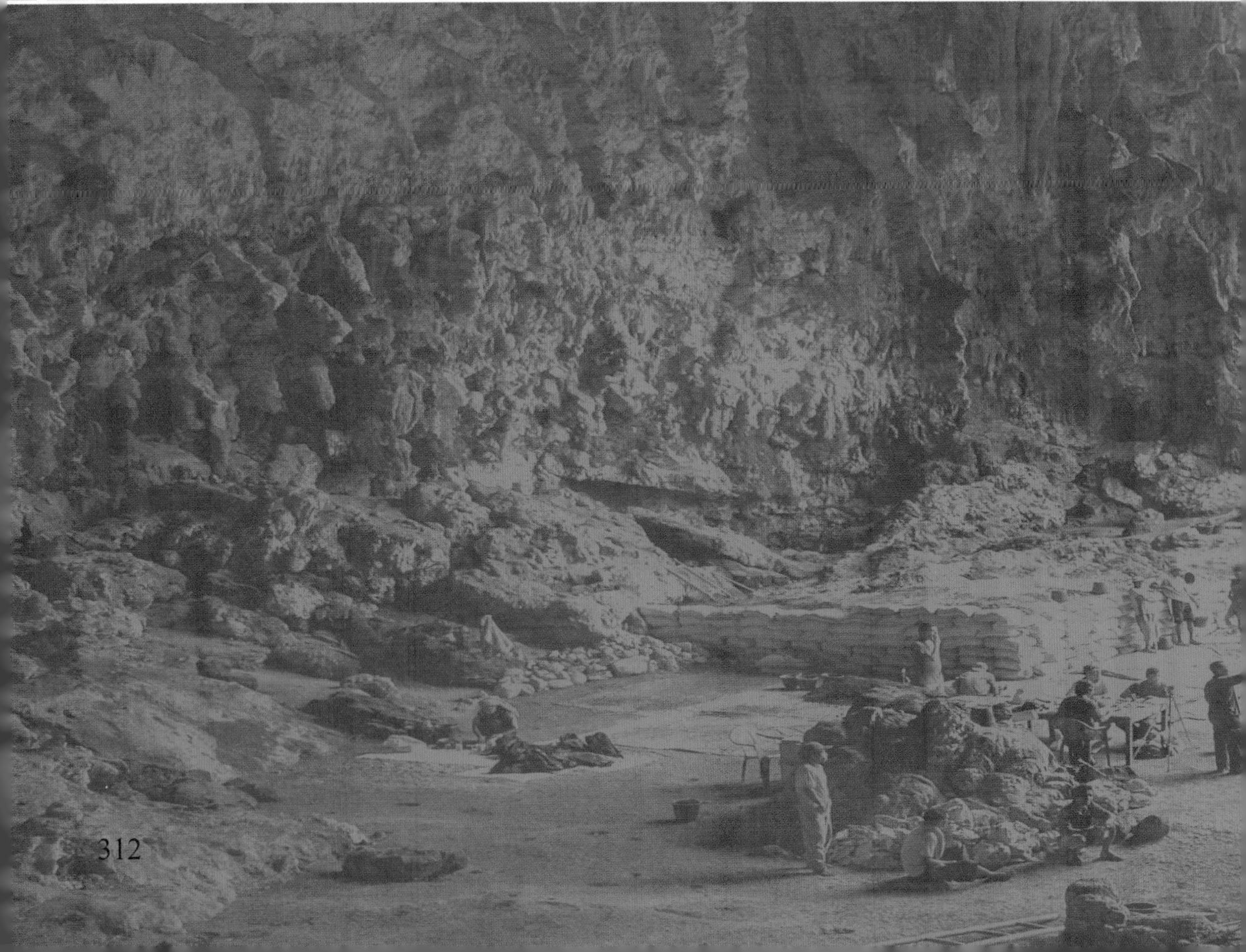

世界考古论坛
公众考古讲座

水、无处不在的水资源——以佩特拉古城为例

苏珊·阿尔科克（美国密歇根大学）

演讲摘要

  本发言旨在探索关于佩特拉，一座位于约旦南部，曾在公元之交作为纳巴泰王国首都古城的一些认知和以往对这座伟大城市存在的误读。尽管佩特拉处于半干旱气候区，但这里在很长时间内一直是该地区长距离贸易链中的核心城市，并且有大量的墓葬、神庙和宫殿都修筑于此。在此后的罗马和拜占庭时期，佩特拉也持续保持着繁荣。

  布朗大学佩特拉考古研究项目在佩特拉古城中心以北的区域开展了景观调查，希望能够追溯佩特拉这一深处内陆城市的历时变化。尤其重要的是，我们关注了当地水资源的获取和利用设施，这些设施既有象征性也包含实用性的目的，强调了需要运用新的考古学方法来研究这些古代资源相关的现象。我们同样会简短地提及这些方法在研究现代社会由海啸带来的水资源短缺方面也存在一定的相关性。

主讲人简介

苏珊·阿尔科克（Susan E. Akock），密歇根大学外延与发展研究所特别顾问、古典考古与古典学亚瑟·F. 图尔瑙讲席教授。在此之前，她于1989年获得剑桥大学博士并曾担任美国布朗大学儒科夫斯基考古与古代社会研究所主任。作为一名古典考古学家，阿尔科克教授的研究主要关注地中海东岸的物质文化，特别是古希腊和罗马时代。她最近的研究兴趣也包括景观考古、古代帝国、神圣空间和人群记忆等。阿尔科克最新的田野工作是布朗大学佩特拉考古研究项目（BUPAP）在佩特拉古城中心以北的区域调查。她于2001年获得"麦克阿瑟奖"，同时也是英国科学院的通讯会员。

气候变化与吴哥文明的兴起和崩溃

查尔斯·海厄姆（新西兰奥塔哥大学）

演讲摘要

  铁器时代晚期，季风强度的降低给东南亚陆地带来了严重的干旱。与此同时，越来越多的证据显示包含了水库修建、灌溉、特定区域水稻的耕种和培育的农业革命也在此时发生。生产方式的快速变化所引发的社会变革，见证了精英阶层的崛起，同时也见证了日益激烈的社会竞争和矛盾。真腊时代，小国兴起，其存留下的文献记录和夸大显示了当时的重要变化，尤其像7世纪柬埔寨的伊赏那补罗国中心地区所显示的那样。8世纪随着吴哥王国建立，水资源的管理和灌溉系统变得十分重要，并成了政权存亡的关键因素。这些神权统治者始终与水库的建设、河流的改道和稻田水利网络的建设紧密相连。不断复杂的水利管理系统成了当时国家福祉的支柱。然而，15世纪，又一次的气候变化带来了难以预测的气候波动，持续的干旱和急剧的降水导致了地面的沉降和水利设施的损毁。吴哥作为政权中心，就在此后不久消亡。

主讲人简介

查尔斯·海厄姆（Clarles Franklin Higham），奥特哥大学教授，剑桥圣凯瑟琳学院荣誉院士。自1969年，主攻东南亚田野考古工作，其一系列的发掘项目涉及石器时代的狩猎采集者、早期耕种者、青铜时代的起源和刺激早期国家起源的铁器时代社会变迁等内容。其著作得到了不列颠学院、新西兰皇家学会、伦敦古物研究者学会等团体的认可。不列颠学院因其出色的田野考古工作授予他格雷厄姆·克拉克奖章，新西兰皇家学会授予他梅森奈尔奖章。在第一届上海考古论坛中，他和他的同事受到了表彰。

巴基斯坦和印度的印度河文明中的水资源与都市
（公元前2600—前1900年）

乔纳森·马克·基诺耶（美国威斯康星大学麦迪逊分校）

演讲摘要

　　此篇演讲将主要关注印度河文明中十分重要的水管理系统，以及这种文化给南亚之后的传统所留下的遗产。位于巴基斯坦和印度西部的印度河文明在公元前2600—前1900年已经出现了最早的城市中心。为了便于获取大量人口所需的可靠的水资源，所有印度流域的城市和许多村镇都建设在主要河流的边上。而这些河流边的城市同样需要一些特别的措施，如在高处选址或在城市周围建造土坯墙，以保证它们免受洪水的侵袭。除了直接利用河水外，有证据显示很多城镇建造了以砖石搭造的水井。一些水井与浴室和厕所相连，并通过排水沟将废水排出房屋。独立房屋的排水沟与街道上更大的排水沟相连，最终将废水排放到城镇的外围地区。诸如巴基斯坦的摩亨佐—达罗和哈拉帕、印度的朵拉维那和拉齐噶里，这些主要的城市中分布着南北向和东西向的街道，这些街道也同时作为主要的排水沟引导和排放废水。在大多数城市中，排水沟主要由烧制过的土坯砖搭建，但是在朵拉维那，人们则是使用当地丰富的石料建造。一些城市，如朵拉维那和洛塔，它们利用特殊的砖石建造蓄水池以便于在雨季时从河流中收集水。这些蓄水池将为城市居民提供全年所需的用水。印度河流域城市高度发达的水管理系统为后来的城市水管理系统奠定了基础。这些系统在早期历史时期（公元前600年至公元400年）的城市中继续使用，如塔克西拉和斯林加弗普拉，以及整个印度河流域、恒河平原和印度半岛的其他聚居地。

主讲人简介

乔纳森·马克·克诺耶（Jonathan Mark Kenoyes），人类学教授，从1985年起在威斯康星大学麦迪逊分校人类学系教授考古学古代技术。从1975年开始，他在巴基斯坦和印度开展发掘和民族考古学研究的工作。1986年起，他担任哈拉帕考古研究计划的田野主任和联合主管。主要的研究兴趣为古代科技和手工业、社会经济和政治组织以及宗教。这些研究兴趣使他关注南亚各个文化时期以及世界其他地区，如中国、日本、韩国、阿曼以及西亚地区等。他的研究成果被刊载在《国家地理》《科学美国人》以及相关网站中。他撰写了多本有关南亚和印度河文明的考古学著作。他已经出版4部专著，超过63篇有影响力的期刊文章，79篇被论文集收录的文章，12个百科全书词条和19篇南亚主题的书评。他还曾协助策划印度河文化的展览以及丝织品和实验考古的展览。

吉萨高地考古新发现：失落的金字塔港口

马克·爱德华·莱纳（美国古埃及研究协会）

演讲摘要

经过 30 余年的发掘，古埃及研究协会确认，位于大狮身人面像以南 400 米的海特埃尔—古拉卜遗址（Heit el-Ghurab，意为乌鸦之墙，亦被称为金字塔的失落之城）是建于第四王朝（约公元前 2500 年）的重要尼罗河港口。

由考古学家、测量学家、地质年代学家、植物学家和动物学家联合组成的国际跨学科研究团队发掘、分析和复原了金字塔建筑工人的营房、粮仓、面包炉、书记室、牛栏和港口船坞。聚落遗址的晚期堆积形成于卡夫拉法老和孟卡拉法老在位期间（Khafre and Menkaure），是为这两位法老修建第二及第三金字塔的工人的住所。

海特埃尔—古拉卜遗址以及过去 30 年间的考古新发现，为吉萨地区第四王朝时期的水路交通基础设施提供了测深模型。从中我们可以探知，金字塔建筑工人利用每年尼罗河深达七米的洪泛，在失落之城、狮身人面像和金字塔一侧建立了航道和港口。

目前古埃及研究协会正在探索这座失落的港口城市的最早堆积，即吉萨金字塔的创立人胡夫法老时期的相关遗迹。与此同时，近年出土的纸莎草文献《梅勒尔日记》为金字塔水路航道的日常使用提供了重要线索。梅勒尔是一名监工，他的工人团队负责将建造胡夫大金字塔的石材从图拉采石场（Tura）东部用船运输到施工现场。来自法国索邦大学和开罗法国研究院的皮埃尔·塔莱（Pierre Tallet）及其团队发现了梅勒尔的日记残片，并在红海沿岸发现了胡夫时期的瓦迪伊尔加尔夫（Wadi el-Jarf）港口。塔莱于 2017 年 4 月出版了《梅勒尔日记》，为文本释读和考古景观的理解之间搭建了桥梁。

主讲人简介

马克·莱纳（Mark Edward Lehner）是古埃及研究协会（AERA）会长及主席，该协会是建立于美国的非盈利组织，并在埃及成立了非政府组织古埃及研究协会。莱纳在埃及开展考古工作已逾 40 年，对大狮身人面像和吉萨金字塔都进行过测绘和发掘。古埃及研究协会赞助了吉萨高地测绘项目，每年对狮身人面像和金字塔附近的古王国时期居址开展发掘工作，拥有一个包括考古学家、测量学家、地质年代学家、植物学家和动物学家在内的国际跨学科研究团队。1990—1995 年，莱纳在芝加哥大学任埃及考古学客座教授。2005 年以来，受美国国际开发署（USAID）赞助，古埃及研究协会一直代表美国驻埃及研究中心（ARCE）在吉萨、卢克索和孟菲斯开办田野学校，为埃及古物部培训青年埃及考古学家。莱纳的研究领域包括聚落考古、考古学方法与解读、古代建筑、采石与施工、古代灌溉和水路运输基础设施、古代社会与经济以及复杂化研究在社会科学领域的应用等。

两个图符的故事——史前社会复杂化的不同途径

科林·伦福儒（英国剑桥大学）

演讲摘要

讲座将通过分析解读地中海地区基克拉迪文化早期雕塑与中国良渚文化玉琮，深入讨论世界范围内史前社会复杂化进程。

主讲人简介

伦福儒（Colin Renfrew）于1965年获得英国剑桥大学博士学位，先后任教于谢菲尔德大学和南安普敦大学。1981—2004年间，伦福儒教授供职剑桥大学，任迪士尼考古教授。伦福儒教授在希腊基克拉迪群岛主持了大量考古发掘工作。他在爱琴海史前文化、语言多样性和人类认知的起源、考古遗传学和考古理论等研究领域取得了举世瞩目的成就。伦福儒长期以来不遗余力地推动反对非法倒卖文物及盗掘遗址的国际运动。伦福儒教授出版了多部专著，包括《文明之前：碳素革命和史前欧洲》《考古学与语言：印欧语系起源之谜》《考古学：理论、方法与实践》、《盗掘，遗产与所有权：考古学的伦理危机》《史前：文明记忆拼图》以及许多与他人合著的出版物。因其在基克拉迪群岛的重要发掘、富有深远影响力的理论研究以及在提升公众对濒危文化遗产的保护意识方面的不懈努力，伦福儒教授已屡获殊荣，其中包括1980年被选为英国科学院院士，1991年被授予凯姆斯索恩的伦福儒男爵头衔，1996年当选为美国科学院外籍院士，2003年获得欧洲科学基金会拉齐斯奖，2004年荣获巴尔扎恩奖，2007年被选为美国考古学会外籍荣誉院士和2009年获得文物保护组织SAFE灯塔奖。2015年获得世界考古论坛终身成就奖。

纪念性建筑和社会组织：欧洲的史前观念

克里斯·斯卡雷（英国杜伦大学）

演讲摘要

在世界范围内，早期社会通常都有着建造纪念性建筑的行为，这些考古遗存为我们了解社会、政治和经济组织提供了关键的信息。纪念性建筑是一个国家的明显标志，它们表达着国家的权力与威望，以及精英阶层与统治者。正如加拿大考古学家布鲁斯·崔格尔所观察的那样："由于纪念性建筑和个人奢侈品包含了大量的劳动成本，因此它们成为权力的象征，同时也象征有着这种不同寻常能量控制的能力。"在这样的观点下，集权与纪念性建筑紧密相连。

然而在很多史前社会，纪念性建筑出现在没有明显集权或社会分层的社会中。这些纪念性建筑的规模往往比国家社会的要小，但是它们仍旧可以达到很大的尺寸并代表大量劳动力的投资。如墓冢，是所有有人类居住的大陆上共有的特征，并已存在了千年。它们的起源可以追溯到旧石器时代。大型石块的堆砌是小规模农业和一些狩猎采集社会的另一主要特征。

在西欧和北欧，大量的史前纪念性建筑可以追溯到新石器时代（约公元前6000—前2500年），这为我们考量前国家时代中纪念性建筑的社会意义提供了契机。主要有三个特征。

首先，纪念性建筑（墓葬、长丘、立石）的出现和区域间联系的问题。在欧洲内部它们是否有着共同的起源？从全球视野的角度下，其他地区纪念性建筑的起源意味着什么？

其次，埋葬与纪念之间的联系。什么人被埋葬于这些墓之中并使用石头以纪念？从复杂和多变的埋葬活动中，我们是否能推断出社会组织的本质？在仅有的几个实例中，存在着与社会层级相一致的证据。

最后，建造的过程。对于这些纪念性建筑的细致研究导致了很多不同的解释。一些考古学家认为它们是当地社区小规模努力的产物，其他一些考古学家指出证据显示一些特殊的技术知识包含在其中，并且对于大多数纪念性建筑而言，它们体现了一定程度的联动控制。

我将通过20多年来在法国西部、伊比利亚西部和不列颠海峡群岛田野工作中的一些案例来阐明这些问题。

主讲人简介

克里斯·斯卡雷（Chris Scarre）是现任英国杜伦大学考古学教授，主要从事的研究领域是欧洲史前史，同时涉及世界其他地区的考古学研究。主持并合作领导了法国、葡萄牙和英吉利海峡群岛的多个史前遗址的发掘工作。主要著作有：《新石器时代布列塔尼地区（法国）的景观考古》、《英格兰和爱尔兰的巨石遗存》和《古代文明》（与布莱恩·费根合著）。在2006年进入杜伦大学担任考古学教授之前，克里斯·斯卡雷曾担任《剑桥大学考古学期刊》主编、剑桥大学麦克唐纳考古研究所副主任。他对于人类文化和认知进化领域的研究涉猎广泛，同时担任世界知名考古学教材《人类的过去》一书的主编。克里斯·斯卡雷目前也是英国知名考古学研究杂志《古物》的主编。

古代疾病研究中的分子进化

简·布伊克斯特拉（美国亚利桑那州立大学）

演讲摘要

  过去 25 年里，基因学的进步明显地促进了我们对古代人类疾病的新解释，尤其表现在疾病的出现和传播方面。首先，我们回顾古代疾病的研究方法，同时通过直接观察法，以及重构、分析古微生物 DNA 的分子学方法，来关注考古遗存中可直接获取的信息。这两种方法各有优劣，也正显示了跨学科合作的重要性。20 世纪后期分子学研究中固有的许多问题，已经透过 21 世纪的"新一代"方法得以克服。关注病态骨骼和木乃伊化组织方面的最新学术成就也被认为与当今全球两大重要健康风险（心血管疾病和癌症）有特别关系。

  然后，通过黑死病、霍乱、沙门氏菌、螺旋体疾病（雅司病、梅毒、非性病性梅毒）的生物分子学研究，我们得出一些信息。研究发现中世纪晚期肆虐欧洲的黑死病基因组同样地出现在公元 6 世纪的地中海东岸。借此，可回顾亚欧疾病的传播和瘟疫的可能起源。19 世纪解剖学收藏中保留下来的组织，使分子学科学家能够通过 1852—1860 年欧洲第三次瘟疫时期弧菌病毒霍乱的基因特征，探讨霍乱的演化史。通过分子分析，我们已发现古代中美洲殖民地的一种疾病（coclitzli）为沙门氏菌疾病。接下来会讨论在鉴定考古遗存中性病梅毒密螺旋体等系列疾病在分辨其特征上的困难并提出解决方法。引用了来自牙菌斑研究的古代口腔微生物群研究，通过古今人类菌群的对比，人类口腔微生物学研究也可以进行。

最后，我将专门以基因演变以何种方式改变了我们对分枝杆菌疾病历史的认识为中心来进行讨论，特别是肺结核与麻风病。由于分子学研究的影响，我们对具有结核分枝杆菌复合群古老性的认识已有了显著变化，现在证明了感染人类的结核分枝杆菌出现早于影响牛、啮齿类动物、羊、海豹、海狮等哺乳动物的其他形式。在介绍肺结核在世界范围内传播的进化历史模型后，会接着讨论一个西半球早期疾病的个案研究。最后我将以21世纪的分子学证据如何改写了麻风病病史来做总结。

主讲人简介

简·布伊克斯特拉（Jane E. Buikstra，1972年于芝加哥大学获得博士学位）是亚利桑那州立大学人类进化与社会变迁学院生物考古教授，并为生物考古中心创始人。1987年当选为美国科学院院士，曾任美国体质人类学家协会，美国人类学协会和古病理学协会会长。她是美国考古中心主席，于2005年荣获美国考古协会颁发的考古学科学贡献奖；2008年同时荣获美国法医学院、美国科学院的戴尔斯图尔特奖，以及美国体质人类学家协会颁发的达尔文终身成就奖；2011年荣获古生物学会伊芙科克本奖；2014年获得英国杜伦大学科学荣誉博士学位；2016年获得世界考古学终身成就奖；2018年获得宾夕法尼亚大学考古与人类学博物馆颁发的露西—沃顿—德雷克塞尔奖章。

布伊克斯特拉博士定义生物考古学是面向国际领域的学科，通过对遗骸及其考古历史背景的科学研究，丰富了考古学知识。她的研究区域跨越美洲和欧洲，如东地中海地区。她出版了20多部著作和200多篇文章/章节，并指导了50多位博士生；她是《国际古生物学》杂志的创始主编。近年在她的研究项目中，她正根据分析考古学回收的病原体DNA，探讨美洲古代肺结核的演化史。

"你眷顾地、降下透雨"(《圣经·旧约·诗篇》65—9)——人与水的关系变迁

布兰恩·费根(美国加州大学圣塔芭芭拉分校)

演讲摘要

　　千万年来,人与水的关系已发生了深远的变化,然而直到近年,考古学和其他诸多学科的研究才探及这一复杂话题。人与水关系的始现是气候变化、人地变迁和被礼仪、宗教信仰所约束的科技革新等融合的复杂产物。当今,我们理所当然地认为水是一种普通、丰富的日用品,但是历史却告诉我们只有恭敬待水,视水为生命灵丹妙药的社会才能持久。

　　作为本次论坛讨论内容的导引,同时也作为这一研究的主旨背景,水的历史将从以下三个方面开展。首先是重力,它使得水依势自上而下的流动。直到18世纪工业革命,除了小型抽水机和水车外,我们没有其他的办法改变水的这种流向。重力赋予了前工业时代农业规模发展的动力。而这方面的认识归功于景观考古和聚落考古的发展,以及激光雷达和其他遥感技术的帮助。随着遗址中大规模组织管理系统的发现,如南亚的阿奴拉达普勒、柬埔寨的吴哥窟,这些新发现正在重新书写历史。考古材料与文献材料表明中国有着长久的将水从稻作的南方导引到受旱的北方的传统。现今,无论何处,重力依旧在水资源管理方面具有重要的作用,庞大的水渠将水长距离输送到众多城市之中,如美国的菲尼克斯、洛杉矶。正是重力赋予了水灵活且势不可挡的力量,然而我们却不可以试图去控制它们。

第二主题将围绕仪式和水资源管理的紧密关系展开。这是繁衍和生长、持续生活和更新的基础。我将探讨一些古代人类社会与水的复杂关系，澳大利亚土著人的黄金时代、古埃及和玛雅的信仰等正是万物源于水的缩影。当今，科技的运用挑战着水的可持续利用，曾在当今亚利桑那州的菲尼克斯繁荣一时的霍霍坎文化的灌溉农民见证了这一点。16世纪，欧洲和地中海地区，依靠重力驱动的水利系统达到了其极限。两个世纪之后，工业革命改变了这一态势，水泵、推土机为人类带来了深层的地下水。如今，我们挣扎于不断缩减的地下水和不断激增的人口矛盾之中。当我们站在这一时代的节点上，水资源的保护、水作为基础日用品的管控，以及有力的措施等应成为必需。同时，人类对于水的态度要有深刻的转变，尊重它并使之接近早期社会的情势。在此，我们要向过去学习。

主讲人简介

布莱恩·费根（Brian Fagan）教授出生于英格兰，毕业于剑桥大学，1967年在加州大学圣塔芭芭拉分校任教前于中非工作，现在为名誉教授。作为世界知名的考古学者和作家之一，他出版了众多考古学通识著作。最新著作有《万物之灵：水与人类的历史》《蓝色地平线之外：最早航海者如何解密海洋之谜》《进击的海洋：过去、现在和未来的海平面上升》《渔业：海洋如何孕育文明》。

吴哥世界中水的日常生活

米瑞安·斯塔克（美国夏威夷大学马诺阿分校）

演讲摘要

  柬埔寨的高棉人在湄公河下游的水利工程中融合了实用与宇宙观的考量，此现象在湄公河已经持续了1400多年，不论在城市、农村、寺庙以及家庭都可见。最早的文字纪录提及了高棉人在第一千纪中段在湄公河三角洲的流域及其支流边缘修建了村庄，为调节河水泛滥他们用护城河围绕神龛、在每个小村庄挖了池塘、并用运河辅助河流网络，以连贯社区与促进贸易。在接下来的几个世纪中，吴哥高棉人培育了洞里萨湖周围的耕地，在首都周围建设排水系统，以保护城市，贮满大量水库，并重新引导河流。公元9世纪至15世纪，吴哥国王——宇宙秩序发语者——认真地对待他的臣民。其中主要的工作包括：建设和维护大水库以缓解缺水时期的需求；供养供奉祖先的国家庙宇，其中许多庙宇被大护城河包围。

  水资源对于吴哥高棉人不只有益更是非常神圣的：水资源的年度周期是以基本上稳定的季风雨季，并接着旱季为主。他们使水围绕自己的家园和礼仪场，以表彰其在世界的中心地位。高棉人的起源在口述传统中与纳加蛇公主及其父亲的水王国深切相关。吴哥的铭文记录了国王与毒蛇公主的夜间联络，而当今每一次的传统高棉婚礼都会再现这位公主与她的新郎的婚姻。水资源是圣洁的：祭祀仪式中运用到水；而吴哥世界中每一项重大的劳动工作都与水有关。

  这个报告检视了公元9—15世纪大吴哥区域内水的日常生活：水的宇宙观、

结构以及它在仪式和世俗习俗中的运用。从 2010—2015 年的考古田野调查了吴哥窟寺庙的住宅格局，并特别专注于 12—13 世纪的吴哥窟和塔普伦纪念碑。这个关于住宅模式的研究也为更为广泛地探讨吴哥城市用水提供了一个跳板，例如：它的分布、历史以及其对规模的影响。水对于仪式活动的影响就如同其对于农业实践的影响，因此通过对于水资源的研究能够提供一个视角来研究吴哥高棉人的日常生活。

主讲人简介

米瑞安·斯塔克（Miriamt T. Stark）是夏威夷大学马诺阿分校的人类学教授。自 1996 年以来，她一直在柬埔寨进行多个合作研究项目：首先是在湄公河三角洲的湄公河下游考古项目；而自 2010 年以来在暹粒地区进行大吴哥项目。她对政治经济学的兴趣包括对于聚落和早期国家形成、农业战略、城市聚落模式和手工业生产等主题的研究。她最近的一些出版物主要针对东南亚的都市化、吴哥聚落模式以及高棉石器的生产组织。斯塔克教授最近成了《美国人类学家考古学》副主编，担任印度太平洋史前学会（IPPA）执行委员会委员等职务，并且持续为美国考古研究所（AIA）的多个国际遗产委员会服务。

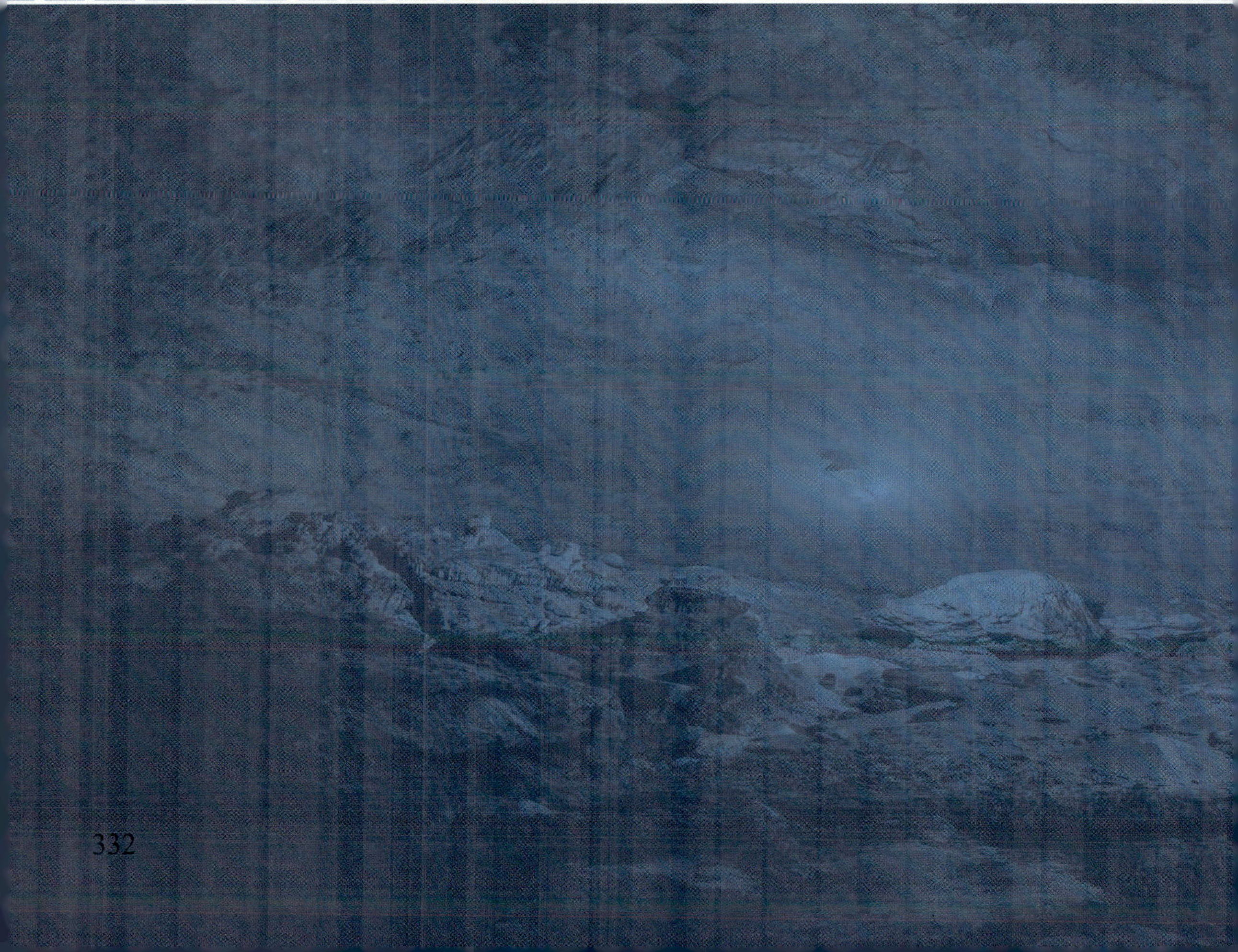

中国考古学新发现与研究专场

中国考古学的现状

王巍（中国社会科学院考古研究所）

演讲摘要

  中国是世界几大文明古国之一，具有悠久的历史和灿烂的古代文化。早在遥远的古代，就有文化人对古代遗迹和遗物开展研究。具有一定学术系统的金石学，产生于1000年前的北宋，到清代更为发达，形成中国考古学的前身。以田野调查发掘为基础的近代考古学，在中国兴起较迟。19世纪末到20世纪20年代和30年代，一些帝国主义国家派遣的探险家、考察队，潜入中国边疆地区活动，掠夺了大量珍贵文物，也对古代遗迹造成不同程度的破坏。20世纪20年代后期，中国学术机关开始进行周口店、殷墟等遗址的发掘，标志着中国考古学的诞生。中华人民共和国成立以后，调查发掘遍及全国各个地区，逐步建立起中国考古学的体系。本文将从中国考古学发展历程、国家级和省市考古文博机构的设置、数千名专业人员和数千名考古技术组成的考古队伍、每年数百项考古发掘、主要研究领域和研究课题、50多所大学构成的考古文博专业教育、数十种考古学术杂志、每年数十部考古遗址发掘报告和考古书刊的出版、与20多个国家的考古机构和大学具有合作关系、到十几个国家开展考古和文物保护工作、基本涵盖国际学术界流行的各种自然科学技术手段的应用、各种文物保护技术、30多个国家考古遗址公园、各种公共考古活动、国家和各省级考古学会、年度考古新发现评选活动等方面介绍中国考古学的现状。

主讲人简介

王巍，中国考古学会理事长、中国社会科学院学部委员。1978年3月，考入吉林大学历史系考古专业。1995年1月获得日本九州大学文学博士学位。1996年7月，获中国社会科学院研究生院历史学博士学位。1999年，被评为中国社会科学院有突出贡献专家，博士生导师。享受政府特殊津贴。2006年被授予美洲考古学会终身外籍院士。2013年2月，当选第十二届全国人大代表。

水与良渚文明——良渚古城及水利系统的综合研究

刘斌（中国浙江省文物考古研究所）

演讲摘要

位于杭州市余杭区瓶窑镇的良渚古城遗址，是良渚文明和良渚王国的都邑性遗址。良渚遗址于 1936 年发现，1986—1993 年先后发掘了反山、瑶山、汇观山、莫角山遗址，至 2002 年调查发现 100 余处遗址，开始以莫角山为中心进行整体考古，2007 年发现良渚古城，使良渚遗址考古进入全新的阶段，随后经过 10 年持续的考古工作，取得了一系列重大考古成果，已完成《良渚古城综合研究报告》，年底中文版将出版，并计划明年在国外出版英文版。

首先，在大遗址考古的理念下，通过考古发掘和研究工作不断深化对良渚古城格局和功能的认识，明确了良渚古城核心区、良渚古城外围系统和良渚古城远郊的研究框架。

良渚古城的核心区包括莫角山宫殿区、城墙和外郭，总面积达 8 平方公里；良渚古城外围系统包括塘山和高低水坝等水利设施，瑶山、汇观山祭坛及贵族墓地，以及由两百余个小型聚落组成的近郊，占地面积 100 平方公里；古城所在的 C 形盆地面积 1000 平方公里，是良渚古城远郊。目前正在开展全面的区域系统调查工作。

其次，在格局完善的情况下，不断加强良渚古城的多学科研究，使良渚古城的研究成果向科学化、国际化发展。

与国内外团队合作，在年代学、动物考古、植物考古、环境考古、岩矿考古、营建工程与工艺、物源分析、古 DNA 研究、人口复原研究等取得许多突破性进展。通过大量碳十四数据，初步解决了良渚古城的年代学问题，确认莫角山、反山、水利系统均营建于公元前 3000 年前后；动植物考古研究显示家猪骨骼在动物遗存中占地达 80%左右，水稻是良渚先民唯一的主食，农业发展水平达到很高的程度；大规模的周边岩矿资源调查基本探明古城周边的岩矿类型，并发现有玉矿存在的可能性，对城墙垫石和区域内石器的全面鉴定，获得了良渚人相关资源开发利用的全新认知，结合物源分析，可为探讨玉石器工业及相关的贸易活动奠定基础；持续多年的环境考古研究使我们对良渚古城所在区域的小环境演变和洪水层的形成有了全面的认识，对研究良渚文化兴起和古城衰亡提供环境依据；在勘探的基础上，结合工程学研究，测算出良渚古城的土方量达 1005 万立方米，并深入研究了建城材料的来源、运输路线、工程量，为探讨当时的社会组织、管理方式提供依据；根据勘探成果及相关聚落、墓地的材料，估算良渚古城核心区居住人口约有 1.9 万，郊区居住人口约有 2.4 万；对古城城墙、宫殿和水坝进行工程学研究，分析古人营建的科学性和合理性；根据 GIS 系统分析，新发现三处水坝的疑似溢洪道，推测水利系统在城的西北处形成的库区面积和蓄水量，确认水利系统具有防洪、蓄水、运输和灌溉等多种功能，相关的库区沉积层硅藻分析、土壤微形态分析和测年工作正在开展之中。

通过以上综合研究成果，充分证实良渚古城及其代表的良渚文化已经进入文明和早期国家阶段，其年代与古埃及文明、苏美尔文明、哈拉帕文明大体相当，伦福儒先生近来就撰文指出"良渚是东亚最早的国家社会"，说明了国际考古学界对良渚的关注和重视。

良渚古城及外围水利系统的研究，在理念、方法和实践上代表了中国史前大遗址考古的最高水平。

主讲人简介

刘斌，1985年毕业于吉林大学历史系考古专业。1985年至今一直在浙江省文物考古研究所工作。现任浙江省文物考古研究所所长、研究员、中国考古学会常务理事。1986年开始即参与了反山、瑶山、汇观山、莫角山等发掘工作，2007年通过勘探调查和发掘发现了良渚古城，并一直担任良渚古城考古项目领队，汇观山遗址、良渚古城的发掘被评为中国十大考古发现，良渚古城遗址还被评为田野考古一等奖、二等奖和世界十大考古发现。在长江下游史前考古和玉器研究方面，有较深造诣，主持多项国家重点课题，出版著作4部，发表论文80余篇。

考古发掘现场脆弱文物临时固型保护新技术及应用

罗宏杰（中国上海大学）

演讲摘要

　　针对考古发掘现场脆弱文物提取的需求，聚焦可控去除临时固型材料以及环境屏蔽等两大技术难题，取得了以下成果：首次提出了可控去除临时固型材料的设计原则，筛选合成了薄荷醇及其衍生物作为考古现场可控去除临时固型材料，系统研究了它们应用的可行性、可控去除性以及安全性，筛选优化出不同温湿度下、多种材质文物的临时固型提取工艺，形成了系列案例以及标准规范；研制出了多重环境屏蔽以及微环境构建技术，获得了性能优异的、适合考古现场第一时间保护的文物环境屏蔽材料，构建了以温控智能薄膜为核心的微环境控制体系。获得了多项系统性的创新性研究成果。成果先后被推广应用到考古发掘现场多种材质脆弱文物的临时固型提取保护中。用户反映，材料安全可靠、固型效果良好、可操作性强；文物环境突变小；系统技术可有效保持考古发掘出土文物遗迹的形貌等多种信息，有效支撑了考古发掘现场脆弱文物的保护工作。

主讲人简介

罗宏杰，博士，上海大学教授，博士生导师，中科院"百人计划"、国家自然科学基金委员会杰出青年基金获得者，"973"首席科学家，古陶瓷科学研究国家文物局重点科研基地主任、古陶瓷多元信息提取技术及应用文化部重点实验室主任。研究内容包括文化遗产保护、节能材料及功能陶瓷粉体合成等。在文化遗产保护方面率先将数据库以及多元统计分析方法引入中国古陶瓷的研究中，首次开展了硅酸盐质文化遗产保护科学与技术基础的研究工作；系统开展了考古发掘现场脆弱文物新型临时固型保护技术研究，并在节能材料方面开展了智能型节能粉体及节能陶瓷膜的研究工作。先后主持承担多项国家重点基础研究发展计划项目（"973"计划）、国家自然科学基金重点及面上项目、国家"十一五"科技支撑计划重点项目、国家文物局"指南针计划"试点项目、上海市重大基础研究项目等国家和省（部、院）级科研课题的研究工作。在国内外刊物上发表研究论文230余篇，申请及授权专利分别为100余项和60项；出版《考古发掘现场脆弱文物安全提取与临时固型技术研究》等专著3部。曾获"十二五"文物保护科学和技术创新奖一等奖，中国科学院自然科学奖、上海市科学技术进步一等奖和陕西省科技进步奖等奖项。

石峁遗址皇城台——王的居所？

孙周勇（中国陕西省考古研究院）

演讲摘要

  石峁城址包括皇城台、内城和外城三重城垣，城内面积超过 400 万平方米，是目前所知公元前 2000 年左右中国北方的都邑性城址、东亚地区最大的史前城址。2011—2017 年的考古工作表明，皇城台可能为整个石峁城址的"核心区域"。皇城台是一座四周包砌石构护墙的独立台城，顶小底大，呈金字塔状，底部面积约 24 万、顶部面积约 8 万平方米。皇城台台顶平整开阔，目前已探明大型夯土台基、长方形"池苑"等重要遗迹。皇城台三面临崖，仅东部偏南通过门址与外界相连，2016—2017 年发掘了皇城台门址和东护墙北段顶部。皇城台门址结构复杂，由广场、瓮城、墩台及铺石道路等重要设施组成；东护墙北段已揭露高度 8—15 米，长度超过 100 米，由下向上阶梯状逐级内收，气势恢宏、保存良好。门址和东护墙北段出土陶、骨、石、玉、铜等各类遗物数以万计，其中数量超过 2 万件的骨针及其"制作链"证据的发现，预示着皇城台顶部可能存在着大型制骨作坊，另外玉器、铜器、卜骨、口弦琴、陶鹰等珍贵文物的出土彰示着皇城台的特殊地位。据目前所掌握的材料分析，皇城台确系公元前 2000 前后石峁城的核心区域，当已具备了早期"宫城"性质，或可称为"王的居所"，是目前东亚地区保存最好的早期宫城，奠定了以中国古代以宫城为核心的都城布局结构。

主讲人简介

孙周勇，陕西省考古研究院院长，研究员、博士。先后毕业于厦门大学人类学系考古学专业（1995年，历史学学士）、西北大学（2002年，历史学硕士）、澳大利亚 La Trobe（拉筹伯）大学（2007年，哲学博士）。1995年起一直供职于陕西省考古研究院。2002年赴日参加大阪文化财产修复整备技术国际培训。2009年赴美国加州大学洛杉矶分校（UCLA）美术史与扣岑考古研究所做访问学者。主要兼职有陕西省考古学会秘书长、陕西文物工程协会理事、中国考古学会夏商专业委员会副主任委员、中国考古学会新石器专业委员会委员，西北大学、中央民族大学及北京科技大学兼职硕士导师、国家文物局全国重点文物保护工程方案审核专家库专家。曾在斯坦福大学、俄勒冈大学、韩国庆州文化财、菲律宾大学、加州大学等著名学府发表学术演讲。长期工作于田野考古第一线，从事考古发掘与研究工作，研究重点主要为新石器时代考古及商周考古。出版学术专著5部，其中英文专著1部；在《考古》《文物》《考古与文物》等权威或核心期刊发表学术论文70余篇；主持完成国家社科基金项目2项、省级社会科学基金项目1项。自2011年起，他主要从事神木石峁遗址的考古发掘与研究工作，担任领队（项目负责人），主持发掘了石峁遗址皇城台、外城东门、韩家圪旦墓地等重要地点及遗迹，围绕石峁遗址的考古发掘，先后在《考古》《亚洲考古研究》等专业期刊发表了十余篇研究成果，引起国内外学者的高度关注与认可。

考古学对中国商王朝历史的实证与描述

唐际根（中国社会科学院考古研究所）

演讲摘要

在司马迁的《史记》中，商王朝是被记录下来的两个最古老的王朝之一（另一个是夏王朝）。按照文献记载，商王朝大致存在于公元前16世纪至公元前1046年。

关于商王朝的面貌，最初我们只能从《尚书》《诗经》，以及《史记·殷本纪》等有限的文献中获得。1899年，安阳发现甲骨卜辞之后，零星出土的贞卜文字证实了商王朝的存在，但学术界关于商王朝的整体知识，仍然十分缺乏。除了排列这一王朝的王位传承和讨论其都邑迁徙，我们对王朝的其他方面几乎一无所知。

1928年开始实施的对安阳殷墟的科学考古发现，彻底改变了商王朝研究的面貌。安阳殷墟作为商王朝后期都邑遗址，为我们了解商王朝提供了丰富的资料。

以安阳殷墟的考古发掘为起点，辅之以其他地区的考古发现，今天我们对商王朝的了解已经远远超出从前。我们可以在种族起源、社会组织、管理结构、日常生活、生产技术、物质产品、艺术成就、宗教信仰等诸多方面，复原3000年前商王朝的宏大历史。许多方面甚至实现了历史细节的建构。例如"大邑商"（商王朝最后的王都）的都邑布局、重要人物妇好（商王王后）的人物特性与事迹。

主讲人简介

唐际根,曾就读于北京大学、中国社会科学院研究生院、英国伦敦大学,分获学士、硕士和博士学位。曾长期主持安阳殷墟遗址的考古发掘与研究。曾承担多项国家级科研课题,发表各类文章120余篇,出版论著8部。

1997年与美国、加拿大等国学者共同发起安阳洹河流域区域考古调查。1998年,提出商王朝历史编年新框架。1999年带领考古队发现洹北商城,以地下实物资料完善了商王朝历史的编年框架的合理性。2006年,协助中国政府完成殷墟申报世界文物遗产获得成功。2009—2016年,率领中国社会科学院考古研究所安阳考古队开展"殷墟布局研究",并最终绘制出最新的"安阳殷墟(大邑商)布局图"。

通天洞与老奶奶庙——东亚地区晚更新世人类的扩散

王幼平（中国北京大学考古文博学院）

演讲摘要

  近年来在东亚大陆中部的河南郑州地区新发掘的老奶奶庙等遗址，发现有数以万计的石制品、大量的动物骨骼以及丰富的用火遗存，清楚地反映了当时人类的栖居形态与生存状况。自2016年夏季开始发掘的新疆阿勒泰地区吉木乃县通天洞遗址则出土了完整的勒瓦娄哇—莫斯特石器组合，以及用火遗迹等。中原地区老奶奶庙遗址的石制品等文化遗存，清楚地展示出东亚地区长期流行的石片工业传统。位于中西方交流通道的通天洞遗址则属典型的莫斯特文化。老奶奶庙与通天洞两者虽然相距遥远，分属不同的自然地理单元，但都处于晚更新世中期，是现代人出现与发展的重要阶段。这两个遗址，尤其是通天洞遗址的发现，为进一步了解欧亚大陆西侧晚更新世人类向东亚季风区扩散，认识现代人的起源与演化等重大课题提供了新视角。

主讲人简介

王幼平,北京大学考古文博学院教授。长期从事旧石器时代考古教学与研究。先后主持湖北荆州鸡公山、河南新密李家沟、郑州二七区老奶奶庙及广东郁南磨刀山等多处旧石器遗址的发掘与研究。目前正在主持国家社科基金重大项目"中原地区晚更新世古人类文化发展研究"工作。代表作有《更新世环境与中国南方旧石器时代文化发展》(北京大学出版社1997年版)、《旧石器时代考古》(文物出版社2000年版)、《中国远古人类文化的源流》(科学出版社2005年版)、《中国晚更新世人类迁徙》(《当代人类学》2017年第58期)等专著和论文。

古动物DNA视角下的东西方交流研究

蔡大伟（中国吉林大学边疆考古研究中心）

演讲摘要

　　东西方文化交流研究一直是考古学家关注的热点问题，以往东西方文化交流研究主要基于历史文献和传统考古发掘材料，从考古学文化面貌、青铜冶金技术的传播以及栽培农作物的东传等角度阐释问题，并取得了一系列的成果。但是迄今为止，东西方文化交流的时空框架尚未建立，交流细节和交流路线尚不清晰。作为人类稳定的肉食蛋白质来源，家养动物的养殖与贸易交流活动是必不可少的，人类通过迁徙和贸易交流将家养动物带到了世界各地，形成了覆盖全球的贸易网络。家养动物的遗传结构反映了动物交换的模式。因此，通过对不同地区饲养的家畜进行古DNA分析，能够准确反映地区间的文化交流。大量的考古研究表明，我国传统所说的六畜（马、牛、羊、鸡、狗、猪），只有猪和狗是本地驯养的，马、牛和羊都是通过东西方文化交流所引入的。吉林大学边疆考古研究中心利用古DNA技术分析了中国北方数十个遗址近400例古代家养动物样本，通过重建不同时期家养动物群体遗传结构，揭示了中国家马、黄牛和绵羊起源与传播的历史，以及史前东西方人群文化交流，为东西方文化交流研究提供了新的线索。

主讲人简介

蔡大伟，吉林大学边疆考古研究中心教授，博士生导师。2007 年在吉林大学获得理学博士学位。2007 年 12 月至 2011 年 5 月，在吉林大学历史学博士后流动站从事博士后研究。2011 年 6 月至 2012 年 6 月，作为国家公派访问学者，在英国剑桥大学考古系格林·丹尼尔考古实验室与 Martin Jones 教授和 Graeme Barker 教授开展合作研究。主要从事分子考古研究（考古 DNA），利用现代分子生物学的技术、方法和手段，从分子水平上揭示考古问题。近期的主要研究方向是中国古代家养动物起源与扩散研究，先后对中国多个遗址出土的家养动物如马、猪、绵羊、山羊以及黄牛进行了考古 DNA 分析，为研究中国家养动物的起源、社会经济形态的转变以及古代人群的迁徙提供了分子考古学证据。除了古代动物的研究，目前还开展了针对古代人类的研究，先后承担了江西靖安东周大幕、宁夏彭堡、安徽蚌埠双堆、陕西零口、云南金莲山、蒙古国回鹘墓园等遗址出土古人的线粒体 DNA 分析工作。先后承担和参与国家社科基金项目、国家自然科学基金项目、国家科技部"十一五"科技支撑计划项目、教育部人文社科项目、中国博士后科学基金、国家文物局科研项目。完成教材 1 部，发表学术论文 40 余篇。

由封国考古发现看西周政治地理格局与政治体制

徐良高（中国社会科学院考古研究所）

演讲摘要

  西周时期是指公元前 10 世纪左右周武王伐纣灭商建立周王朝，到公元前 771 年周幽王为犬戎所杀，周王室不得不放弃关中的都城丰镐与周原而东迁洛阳的这一段时间，共计 270 余年。这段历史上继殷商，下启春秋战国时代，是中国历史上的一个重要时期，代表这一时期制度和文化特征的宗法制、分封制和礼乐文化对后来的中国文化与历史走向影响深远。通过考古发现，我们可以看出西周时期的政治格局可以分为三大圈，即由周王直接控制的以周原、丰镐、成周三个都城为核心的京畿地区，分布于边缘区域的不承认周王权威、不接受周王朝礼乐制度的被周人称为"夷、蛮、戎、狄"的四方和介于王畿和四方之间，因西周王朝推行的"封建诸侯，以蕃屏周"政策而产生的众多诸侯贵族控制的封国地区。其中，封国考古的大量重要发现是除西周都城——周原、丰镐遗址考古以外最重要的西周考古成就。以周人观念中的"天下之中"，即西周都城——成周所在的洛阳地区为中心，考古发现的重要诸侯国包括东方的齐、鲁、滕、莱、卫，北方的燕、邢、黎，西方和西北方的晋、杨、倗、霸、芮、虢、鱼（弓鱼）、秦，南方的应、曾、噩、吴等。利用这些考古发现，结合相关传世文献的记载和对青铜器铭文的释读，使我们不仅对西周时期分封制出现的原因、西周诸侯国的性质、周王与诸侯国之间的关系以及诸侯国之间的关系等有了清晰的认识，而且对西周时期的政治地理格局、基本社会组织和政治体制及其运行方式等也有了较全面的认识。西周分封制对中国历史产生了重要的影响：首先，分封制最终导致西周社会的崩溃，带来政治、文化多元的东周时代；其次，分封制影响到此后中国历史上多次出现的是采用诸侯分封制，还是采用中央集权制的不同政治体制的理念与制度之争；最后，西周分封制在中国历史上的区域文化整合与大一统观念形成方面发挥了重要作用。

主讲人简介

徐良高，中国社会科学院考古研究所研究员，中国社会科学院研究生院教授。1986年毕业于北京大学考古系，2002年在英国伦敦大学考古学院学术进修与访问。曾被聘为北京大学古代文明中心兼职研究员、日本东北学院大学客座教授。主要从事田野考古发掘、两周考古和考古学理论研究，曾主持过苏州木渎东周古城遗址的考古工作，现主持西周都城——丰镐、周原遗址的考古发掘与研究。迄今已出版学术著作3部，论文与学术报告100余篇，代表性著作有《中国民族文化源新探》《丰镐考古八十年》《1997年沣西发掘报告》《先周文化的考古学探索》《陕西扶风云塘西周建筑基址的初步认识》《文化因素定性分析与"商代青铜礼器文化圈"研究》《中国三代时期的文化大传统与小传统》《考古学研究中的解读与建构》《民族国家史的建构与"最早的中国"之说》《近代民族国家史建构中的"中国文明唯一延续论"》等。

南昌西汉海昏侯墓考古

徐长青（中国江西省文物考古研究院）

演讲摘要

　　南昌西汉海昏侯刘贺墓位于南昌市新建区大塘坪乡观西村老裘村民小组东北约500米的墩墩山上。2011年3月至今，江西省文物考古研究院等单位，贯彻执行国家文物局田野考古操作规程和大遗址考古工作要求，以聚落考古的思路从大遗址角度来开展考古和保护工作，全方位调查，大面积普探，重点地区精探，关键遗址发掘。由刘贺墓到墓园，再由墓园到整个墓葬群，最后到以墓葬群和紫金城城址为核心的海昏侯侯国都城遗址，设定了工作方案，确立了以海昏侯刘贺墓考古为核心的考古与文物保护技术路线。共调查200多平方千米，重点勘探400万平方米，发掘面积5000平方米，取得了重要成果。

　　海昏侯刘贺墓园以刘贺墓和夫人墓为中心建成，共占地约4.6万平方米，由七座祔葬墓、一条外藏坑和园墙、北门、东门及其门阙等墓园的相关建筑构成，内有道路系统和排水设施。刘贺墓和夫人墓两座主墓同茔异穴，共用一个由东西厢房、寝和祠堂构成的、总面积约4000平方米的礼制性高台建筑。刘贺墓由墓葬本体及其西侧的一个车马坑组成。车马坑为真车马陪葬坑，出土实用车辆5驾，马匹20匹。刘贺墓本体规模宏大，上有高达7米的覆斗形封土，下有坐北朝南的甲字形墓穴，墓穴内建有面积达400平方米的方形木结构椁室。椁室由主椁室、过道、藏椁、甬道和车马库构成。椁室中央为主椁室；北、东、西三面按功能区分环绕有藏椁；在主椁室与藏椁之间辟有宽约 0.7 米的过道；主椁室和墓道之间有甬道。甬道主要为乐车库，甬道东、西两侧为车马库，北藏椁自西向东为钱库、粮库、乐器库、酒具库，西藏椁从北往南为衣笥库、武库、文书档案库、娱乐用器库，东藏椁主要为厨具库的"食官"库。主椁室面积约 51.8 平方米，由木板隔墙分成东、西室，中间有一门道。东室为"寝"、西室为"堂"。主棺位于东室的东北部，有内、外两重棺，棺床下安 4 个木轮。内、外棺盖上均有漆画痕迹，盖上彩绘漆画，并有纺织品痕迹。内、外棺之间的南部有大量金器、玉器和漆器。内棺残留墓主人遗骸痕迹，头南足北。头部南侧有数个贴金漆盒，头部被镶玉璧的漆面罩覆盖，保存有牙齿。遗骸上整齐排列数块大小不等的玉璧，腰部有玉具剑、书刀、带钩、佩玉和刻有"刘贺"名字的玉印 1 枚。遗骸下有包金的丝缕琉璃席，琉璃席下等距放置金饼 100 枚。迄今为止，出土了金器、青铜器、铁器、玉器、漆木器、纺织品、陶瓷器、竹简、木牍等珍贵文物约 1 万余件套。其中，5000 余枚竹简和近百版木牍，使多种古代文献两千年后重见天日，是我国简牍发现史上的又一次重大发现，也是江西考古史上的首次发现；出土的整套乐器，包括两架编钟、一架编磬、琴、瑟、排箫、笙和众多的伎乐俑，形象再现了西汉列侯的用乐制度；出土的 5 辆安车，大量偶车马，特别是两辆偶乐车，为西汉列侯的车舆、出行制度作了全新的诠释；诸多带有文字铭记的漆器和铜器，反映了西汉时期的籍田、酎金、食官等制度；大量工艺精湛的玉器，错金银、包金、鎏金铜器，图案精美的漆器，显示出西汉时期手工业高超的工艺水平。

　　专家们认为，南昌西汉海昏侯刘贺墓园结构之完整、布局之清晰、保存之完好，拥有祭祀体系，为迄今所罕见，对于研究西汉列侯墓园的园寝制度具有重大意义；海昏侯刘贺墓是我国长江以南地区发现的唯一一座带有真车马陪葬坑的墓葬；刘贺墓本体规模宏大，椁室设计严密、结构复杂、功能清晰明确，对于研究、认识西汉列侯等级葬制具有重大价值；出土的 1 万余件文物，形象再现了西汉时期高等级贵族的生活，具有极高的历史价值、艺术价值和科学价值；以紫金城城址、历代海昏侯墓园、贵族和平民墓地等为核心的海昏侯国一系列重要遗存，共同构成了一个完整的大遗址单元，是我国迄今发现的面积较大、保存较好、内涵丰富的汉代侯国聚落遗址。

主讲人简介

徐长青，厦门大学人类学系考古专业毕业。江西省文物考古研究院院长，研究员，国务院特殊津贴专家。中国考古学会理事，中国百越史研究会副会长，江西省考古学会理事长，中国秦汉考古专业委员会副主任委员。长期从事考古研究与文化遗产保护工作。主持南昌西汉海昏侯国发掘、靖安李洲坳东周墓、江西新干大洋洲商墓、瑞昌铜岭矿冶遗址、景德镇湖田窑、乐平南窑等重大项目的发掘、保护与研究。主持国家社科基金重大项目"海昏侯墓考古发掘与历史文化资料整理研究"子课题"海昏侯墓出土文物研究"和"海昏侯出土简牍研究"；主持江西省社会科学"十二五"（2015）规划项目"南昌西汉海昏侯墓陈展研究"。主持撰写《景德镇湖田窑址》《五色炫曜》等论著、报告、图录十余部，发表学术论文70余篇。多次获全国六大考古发现奖、十大考古新发现奖、田野考古奖、国家文物局文物保护科学与技术创新奖、考古资产金尊奖和江西省社会科学优秀成果奖等。

中国古代都城（秦汉以后）形制与布局变迁的考古学研究

朱岩石（中国社会科学院考古研究所）

演讲摘要

一、中国秦汉以后都城形制布局特点与发展的阶段性

中国历史时期（秦汉至元明清）考古学研究中都城（城市）考古学属于最重要的研究内容，宏观而言它甚至涉及陵墓考古、手工业遗迹遗物考古、宗教遗迹遗物考古等内容，可以说涉及都城考古的工作也是综合性最强的考古学工作之一。

通过中国秦汉以后都城遗址的发掘，根据其形制布局等诸方面综合研究，大体可以分为秦汉时期、三国至隋唐时期、宋元明清时期。

秦汉时期（公元前3世纪—公元3世纪）的都城有秦咸阳城、西汉长安城、东汉洛阳城，考古工作最全面的是西汉长安城遗址。这个时期的都城形制布局特点是：都城面积空前；防卫系统严密发达；都城方向从面向东方转变为面向南方；多宫制度；大型宫殿均为夯土高台的土木结构等。

三国至隋唐时期（公元3—10世纪），主要开展考古工作的都城遗址有：三国魏至北朝邺城遗址、魏晋洛阳城遗址、三国吴至南朝建康城遗址、隋唐长安城遗

址等。其形制布局特点是：确立了都城单一宫城制度；形成了中轴对称的平面布局；逐渐完成了从宫城、内城、外城到宫城、皇城、外郭城的形态演进；整个都城规划出封闭式里坊。

宋元明清时期（公元 10—20 世纪初），主要开展考古工作的都城遗址包括：开封北宋东京城遗址、杭州南宋临安城遗址、辽上京遗址、河北金中都遗址、北京元大都遗址等。其形制布局特点是：继承了都城单一宫城制度、中轴对称的平面布局，宫城、皇城、外郭城三重城构造；以开放式的长巷式街区取代了封闭的里坊制度，长巷式开放的街区成为一般居民生活的空间等。

二、中国古代都城考古的工作理念、工作方法

经过 60 余年的实践，形成了对秦汉及其之后古代都城遗址的工作理念、工作方法。总结都城考古工作成果与收获可见，首先是逐渐形成了宏观了解把握都城一般遗迹、重点突出决定都城性质遗迹的勘探发掘之工作理念。历史时期都城由不同的城市空间构成，其中，公共设施的道路、城墙、水系等线性遗迹空间需要宏观把握；突出重点是指都城中宫城（宫殿）、礼制建筑、国家府库等遗迹需要重点发掘。

其次是，逐渐形成了普遍勘探、重点发掘，找到一整套"土中找土"的工作方法。要找出古代都城格局具有标志物的"土"，这主要指古代的沟渠淤积土、城墙夯筑土、各类土木建筑残迹土、古代道路遗留路面土等。这些不同性质的"土"，构成了宫城、内城、外城空间以及各类线性遗迹空间。

三、中国（历史时期）都城考古学的成熟、发展与挑战

1. 秦汉及其以后都城考古学的成熟

中国考古学者结合历史文献记载，同时以不同地层的遗迹叠压打破关系（地层学）、同一层面遗迹出土遗物精细化研究（类型学）为基础，逐渐梳理出都城遗址在每一个大的时段线性遗迹（即城墙防卫系统、道路交通系统、给排水系统等公共系统空间）的框架，进而从考古学角度科学地回答了都城的发展与演变。

2. 中国都城考古学的发展与挑战并存

中国都城考古学研究中多学科合作具有极大的发展前景。同时，秦汉及其以后的都城遗址多数都被现代城市叠压，都城考古工作取得的成就并没有延缓或解决遗址的破坏问题。如何将都城遗址的考古学成果转化为遗址保护的科学依据，目前依然是一个我们要直面的挑战。

主讲人简介

朱岩石，中国社会科学院考古研究所副所长、研究员、邺城考古队队长。1984年8月毕业于北京大学考古系，获得历史学学士学位。同年到中国社会科学院考古研究所汉唐研究室工作。1995—1997年留学日本早稻田大学文学部考古研究室。1997—2000年留学日本国学院大学研究生院，获历史学博士学位。1998—1999年任日本东京国立博物馆非常勤研究员，2000年至今任日本早稻田大学丝绸之路研究所客座研究员，2005年任日本东北学院大学客座教授。

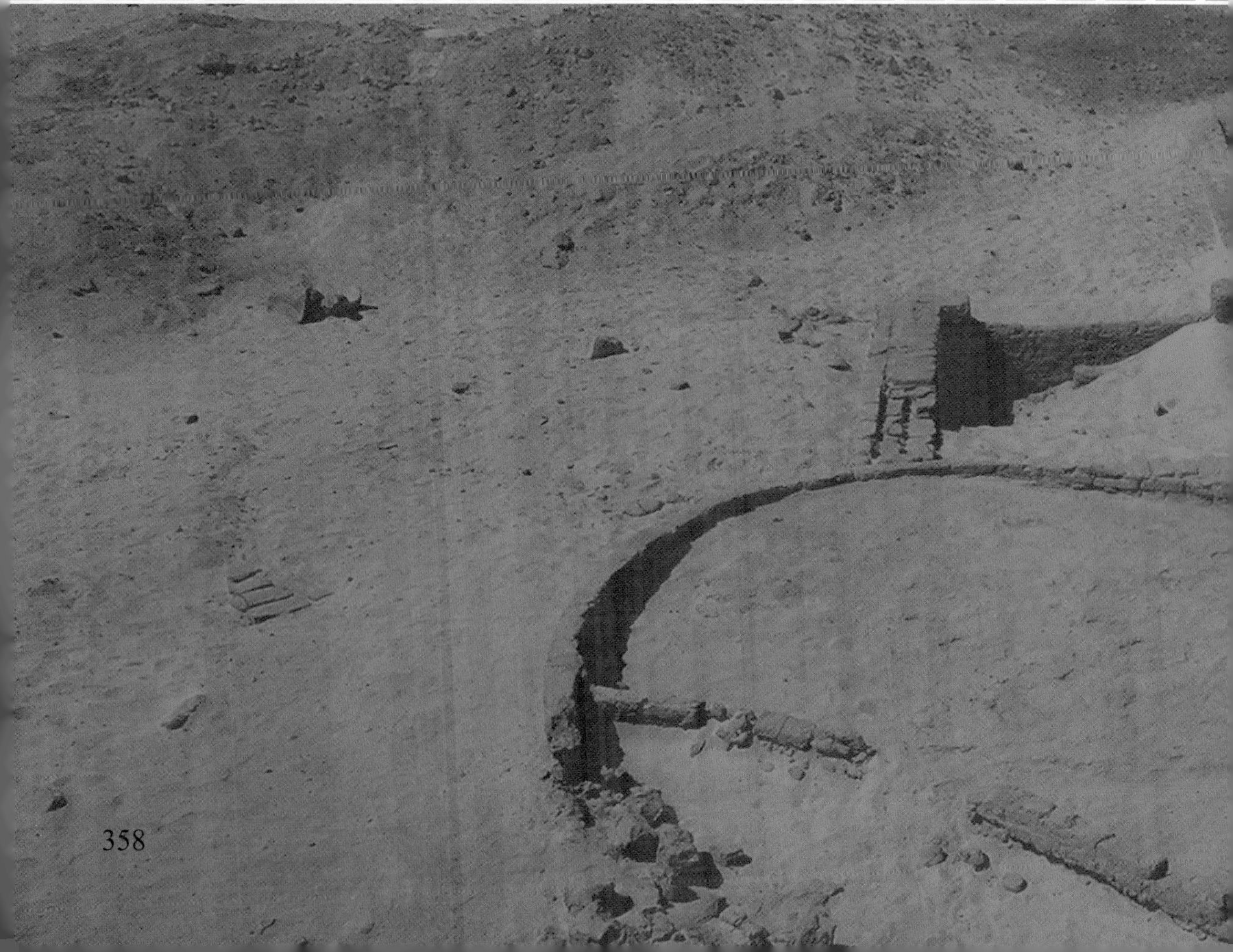

大会分组讨论

龙山时期黄河下游变迁与文明嬗变

徐海亮（中国水利学会水利史研究会）

  龙山时期的黄河下游演化，是历史时期黄河河道演绎的宏伟前奏。借鉴古地理、第四纪、地貌、考古与工程地质和构造地质多个探索成果，认识龙山早期黄河主流多水道自豫北平原，向东南的鲁豫苏皖地区演变泛流。龙山晚期，黄河主流又自南返回北流。1. 华北各族群局地防水与治水，族群大迁徙，相应促使了文化大交流融合；2.（鲁豫苏皖黄泛区和移民区的社会、经济在人地关系大变动里得到恢复与发展。）中原先民从避水、自卫性防水维系局地生境，到龙山晚期规模性治水产生，较为能动地调整着人地和水土关系，促进了鲁豫苏皖聚落、城邑文化的发展，出现了人文大跃迁和社会形态嬗变。在环境变迁和考古文化变化下，精神和物质形态的"大禹治水"概念得以形成。

古代农牧关系的不同模式——以水资源为基础

王建新（中国西北大学文化遗产学院）

东亚地区的二元互动模式
  约从公元前 500 年开始，以降雨量为标志的气候带将东亚地区分为以黄河流域和长江流域为中心的农业地带和以蒙古草原为中心的游牧地带。从此，东亚地区走上了农业人群与游牧人群二元对立、南北互动的历史演变轨道。

中亚地区的交错共存模式
  中亚地区除最北部的哈萨克草原、阿尔泰—西伯利亚地带之外，广大区域处于干旱和半干旱气候，同一地理单元内游牧人群与农业人群交错分布。游牧与农业不同人群交错分布、和平共处是中亚地区古代农牧关系的主要模式。中亚地区是游牧经济最早出现的区域，开始时间约在公元前 1200 年。

欧洲的农牧分工模式
  在降雨量普遍充沛的欧洲，生活在同一地理单元内的同一族群内部分工，一部分人在平原地区从事农业，另一部分人在山前、丘陵地带游牧，应该是欧洲古代农牧关系的主要模式。

汉唐昆明池水系的考古发现与研究

刘瑞（中国社会科学院考古研究所）

2012—2016年度汉唐昆明池考古勘探与试掘。首先，从考古学上确定了与文献记载基本相符的昆明池池岸的位置和走向，确定了汉唐不同时期昆明池的面积、库容及进出水系统，确定了昆明池的进水口、进水区、引水河、退水渠的位置、走向和规模。其次，从考古学上确定了攸关汉唐都城粮食安全与社会稳定的汉唐运河——漕渠的渠首位置，并确定了部分的漕渠渠线，确定了漕渠与昆明池的关系。对汉唐昆明池与漕渠的考古勘探与试掘，共同构成了迄今为止规模最大的汉唐水利工程考古，清晰地揭示出汉唐最强盛时代水利工程、中国古代都城附近最大供水体的宏伟面貌。在开展昆明池勘探的过程中，第一次从考古学上确定了"长安八水"中滈水的位置和走向，确定其应该是一条周代大型人工沟渠，是周人理水、周代水利工程的重大发现。

近年秦陵考古发掘及对秦陵的新认识

张卫星（中国秦始皇帝陵博物院）

20世纪70年代世人瞩目的兵马俑坑的发现，揭开了规模宏大的秦始皇陵的冰山一角。秦始皇陵的主人是始皇帝嬴政，他建立了统一的大帝国——秦，首创了中央集权的国家管理模式与治理体系。兵马俑坑发现后，秦始皇陵又相继出土了铜车马、石甲胄、百戏俑、青铜水禽等重要的"奇器珍怪"，司马迁在《史记》中描述的神秘帝陵一步步走进人们的视野。从考古学上讲，秦始皇陵的主要遗存可分为墓室墓道、正藏、墓上建筑、外藏、祔葬、祭祀、墙垣、门阙、道路、陵邑、工程以及附属遗存等。近年的考古勘探与发掘使我们进一步认识了陵墓的形制内涵结构等。近年在内城北部、南内外城间、北内外城间区域新发现了墙垣，对陵园的形制认识有重大意义；通过勘探与发掘，在内外城的轴线区域都发现了大规模的道路遗存，表明秦始皇陵拥有"十"形与"回"形两种形式的道路，共同构成了道路系统；近年的工作还确认在陵墓两重墙垣上共有9座门址，在东、西、北内外城间区域都有门阙建筑。在以前发现的基础上，新发现了8座外藏坑。新发现两处大规模的墓葬区，陵园内城北部东区有99座排列规整的中小型墓葬，通过发掘，表明这批墓葬的死者与始皇的后宫人员从葬有关。陵园内新发现三处大规模的祭祀建筑遗址，总面积达 35 万平方米，通过这些祭祀建筑的发现，我们认识到文献记载的秦始皇陵"陵侧出寝"应该是为系统的祭祀体系。近年的勘探与发掘还对墓上建筑、墓道的形制结构以及相关的工程设施等有了更多的认识。近年来的调查勘探与发掘，为全面理解秦始皇陵提供了更进一步的材料。通过对陵园以及更大范围的道路遗存、门阙建筑、墙垣建筑的系统勘探，我们认识到陵墓具有规整的四方、中心整体格局形制；通过外藏、祔葬、祭祀建筑等遗存的发现我们加深了对陵墓制度的理解；特别是陵园内大量建筑遗址的发现，对认识、理解陵寝制度的具体内容以及在这一时期的变化有着重要的意义。此外通过对 K9901、内城陵寝建筑、内城从葬墓、道路系统以及兵马俑一号坑、二号坑等的发掘，为认识始皇陵丧葬礼仪进程与遗迹建造先后关系、建制结构体系、遗存的空间布局、朝向等秦始皇陵研究中的重要问题提供了新的材料。我们相信随着对这批材料的进一步研究，将把秦始皇帝陵的研究推向一个新的层次。

赣江上游流域古窑址调查及勘探成果

刘淼（中国厦门大学）

根据以往文物工作及本次初步调查结果显示，赣江上游流域及各个支流分布着丰富的古陶瓷遗存，时代从先秦至近现代都有，主要集中在晚唐以后。2016 年 10 月 2 日至 2017 年 1 月 20 日，江西省文物考古研究所、厦门大学人文学院历史系考古专业等单位组成调查小组，对赣南地区辖境的古窑业遗存进行了专题性区域考古调查。经过系统的摸排工作，在这些区市县共调查古窑址 43 处。其中春秋战国时期 1 处、晚唐时期 15 处、宋元时期 10 处、明清至近现代 17 处。赣江上游流域处于闽粤赣三省交界地带，通过调查发现，不同时期的赣江上游古窑址同周边如珠江上游流域、闽北及江西其他地区和流域的窑业技术有着密切的关系。下一步工作会结合不同阶段赣南地区窑业技术的特点，有选择地对相关地区窑业遗存进行调查，以获取可以比较研究的资料。分析窑业技术交流的过程，进而揭示背后人口的迁徙、人员的往来、文化的交流等不同的历史背景。

重庆地区宋蒙战争山城防御体系的考古发现

方刚（中国重庆市文化遗产研究院）

　　宋蒙战争时期，为抵御蒙古人进攻，四川安置使余玠着力打造了采取依山制骑、以点控面的方略，逐步建成以重庆为中心，以堡寨控扼江河、要隘的纵深梯次防御体系，有力地阻止了蒙古骑兵的南侵，并为稳定长江上游战局，粉碎蒙军取蜀灭宋的战略计划，支撑南宋王朝半壁河山与延长国祚起了积极的作用。研究南宋时期四川抗蒙山城防御体系，是宋、辽、金、元时代军事史上的一个重要课题。各城寨绝大多数遗址尚存，部分山城的城墙、城门等遗迹保存较好，但总体状况堪忧，宋代遗迹多数被元朝征服者破坏或经清代改扩建，山城内部布局和防御体系尚不明了。重庆市文化遗产研究院近年来通过对合川钓鱼城、渝北多功城、万州天生城、云阳磐石城、奉节白帝城等山城进行了考古调查和大面积发掘，获得重要考古发现，初步搞清楚了城防体系和内部布局，为宋代战争史研究和其他山城的考古发掘提供了丰富材料。

由人骨碳氮稳定同位素分析看距今 8000 年的兴隆沟遗址

张雪莲、刘国祥、王明辉、吕鹏（中国社会科学院考古研究所）

　　21 世纪初，在中国内蒙古敖汉旗的兴隆沟遗址发现了距今 8000 年的兴隆洼文化遗存，考古发掘揭露出大型排房建筑基址，出土有大量的石器、骨器、陶器，并发现有独具特色的居室葬，引起学界关注。
　　兴隆沟遗址人群以何为生，这是该遗址一经发现就让人不禁要问的问题。由于其时代较早，地域又较偏北，且遗址中发现了数量较多的动物骨，如猪、狍、鹿等，似乎以采集—狩猎为其基本经济模式应该是顺理成章的。然而，由于遗址出土了数量较多的石磨盘、石磨棒，以及许多可用于翻土的工具如石铲、石锛等，这又给人一种感觉，即农业应该是其中的重要组成部分。
　　兴隆沟遗址究竟处于一种怎样的生业形态？近年来我们获得了部分兴隆沟遗址出土人骨样品，通过对其中的碳氮稳定同位素分析，给问题的探讨获得了更多的依据。分析结果显示，人群食物中 C4 类植物占据到 60% 以上，对比已有的中原，以及北方地区植物遗存的发现以及人骨分析结果，推测 C4 类植物应为粟黍，况且后来在对遗址堆积包含物的浮选中也发现了炭化的粟黍，与其分析结果相对应。而这一结果也同 20 世纪末、21 世纪初对于相邻的兴隆洼遗址的人骨分析结果相一致。由此表明此时这一带人群的食物中粟黍的比例较高，早期农业已有一定规模。再结合人群的肉食比例观察，发现兴隆沟遗址人群的食肉程度与中原一带比较接近，也体现出近似旱作农业区的特征。同时该遗址还发现了距今 5000 多年的红山文化遗存，以及距今 4000 年前后的夏家店下层文化遗存。其人骨分析显示，由早到晚人们食物中粟黍的比例呈逐渐上升的趋势，也进一步表明此地粟黍农业不仅出现得早，而且是一脉相承、连续发展的，成为西辽河一带古文明发生发展的重要的经济基础。研究还结合房址、墓葬中出土各类器物的观察，对不同人群的食物特征进行了分析，也为该遗址的进一步研究提供了参照。

北疆地区考古新发现——铜石并用时代、青铜时代和早期铁器时代

韩建业（中国人民大学历史学院考古文博系）

2016 年，中国人民大学历史学院考古文博系与新疆维吾尔自治区文物考古研究所联合考古，对新疆博乐泉水沟和都木都厄布得格遗址进行主动性发掘，2017 年又对墩那高速尼勒克县境内的墓葬进行了抢救性发掘。发现大量铜石并用时代、青铜时代和早期铁器时代的墓葬，以及青铜时代和早期铁器时代的居址遗存。重要收获有如下几点。

尼勒克墩那高速沿线阿凡纳谢沃文化墓葬的发现，将阿凡纳谢沃文化系统的分布范围扩展至伊犁河流域，将新疆地区史前文化年代推至约 5000 年前（旧石器时代文化除外），将中亚和新疆地区洞室墓的出现推至约 5000 年前。

博乐泉水沟遗址发现的公元前两千纪后半叶的带基槽的土石墓围墓葬，类似于哈萨克斯坦东部地区的楚什尼科沃（Trushnikovo）文化和七河流域的库尔萨（Kulsaj）文化，主体继承安德罗诺沃文化而又有新特点。同遗址还发现一冶铸锡青铜的"坩埚"，对于早期北疆地区青铜冶铸业的研究有重要的意义。

尼勒克墩那高速沿线发现的早期铁器时代墓葬，形态多样，面貌复杂，对于研究伊犁河流域史前墓葬形态和文化谱系提供了重要资料。

博乐都木都厄布得格遗址发现一 7.5 万平方米的三角形石围聚落（石城），对于研究游牧经济发达的斯基泰文化时期的居住形式有重要价值。

世界第一缕煤火——新疆伊犁尼勒克吉仁台沟口遗址

阮秋荣（中国新疆文物考古研究所）

吉仁台沟口遗址位于尼勒克县科克浩特浩尔蒙古民族乡恰勒格尔村东 1.5 千米处，地处喀什河出山口处北岸三级台地上。2015—2016 年新疆文物考古研究所对尼勒克县吉仁台沟口墓地实施了考古工作，揭露遗址面积 2500 平方米，清理房址 20 座，早期墓葬 8 座，是目前伊犁地区发现最大、最早的青铜时期文化遗存。

吉仁台沟口遗址是一处分布面积较大的青铜时代聚落遗存，结合以往发掘的墓葬，使我们更深入了解和认识伊犁地区青铜时代考古学文化的具体面貌，尤其是为研究当时社会组织结构、社会发展阶段、文化演变等提供了重要资料，填补了该地区青铜时代聚落考古的空白。为建立伊犁河流域考古学文化序列、文化编年、文化结构等提供了极为宝贵的资料，是近年来伊犁河流域考古的重要突破发现。

在吉仁台沟口遗址发现了迄今为止世界上最早使用煤炭的遗迹，这一发现将人类对煤炭的使用历史上推千余年。在遗址堆积中发现大量的煤块、煤灰、煤渣和未燃尽的煤块，以及煤的堆放点等，这些现象表明在距今约 3600 年前该人群已充分认识煤的特性，将其用于生产生活领域，这种新能源的发现和利用在人类发展史上无疑具有里程碑的性质，极大推进人类社会文明化的发展进程。

新疆博尔塔拉河流域青铜时代文化研究新进展

贾笑冰（中国社会科学院考古研究所）

呼斯塔遗址位于温泉县东北约 40 公里，地处欧亚草原中部，连接着中亚地区与中国内地，是东西方古代文化交流的重要通道。该遗址是目前为止温泉县境内发现的规模最大的青铜时代早期遗址，年代不晚于距今 3600 年。呼斯塔遗址由从北至南的三部分组成：北侧、南侧两座山顶上各有一座长方形的居址，南北两侧山顶居址拱卫下的阿拉套山冲积扇内分布着大大小小、形状各异的石构居址。

呼斯塔遗址 2017 年的发掘主要集中在黑山头和冲积扇两个部分。冲积扇部分发掘的居址是目前已知的西天山北麓青铜时代早期面积最大的建筑组合，对认识这一地区青铜时代早期的社会组织结构和社会发展阶段具有重要意义。黑山头发掘的两座居址年代与大型建筑组合一致。

居址地面上出土两具完整的马头，与温泉县境内另一处同属青铜时代早期的阿敦乔鲁遗址出土的马骨相互印证，为解决中国家马起源问题提供了实物资料。呼斯塔遗址出土12件（组）铜器，便携式X荧光能谱仪对除铜串珠分析显示：10件为锡青铜，其合金配制技术已经相当成熟和发达。1件砷铜刀，其器形具有草原风格，可能是一件传入器物。除了1件角柄青铜短剑可能是铸造成形外，其他10件铜器可能均为锻打成形。目前还没有足够的证据显示这批铜器是当地制作的。但与同时期中原地区青铜器成形技术、合金配制技术的差异，显示出这批铜器制作可能更多受到欧亚草原地区文化的影响。

黑山头居址与其南侧的小呼斯塔山顶居址遥相呼应，拱卫着以大型建筑组合为中心的城址以及周边居址群，形成了完善的体系，规模之大，使之有可能成为这一广大区域内的权力中心，为研究这一区域乃至亚欧草原地区青铜时代考古学文化的社会发展阶段、社会组织结构提供了重要资料；出土的青铜器、马头等遗物，为研究东西文化交流、思考前丝绸之路形成有着重要意义。

中国的马克思主义考古学

张爱冰（中国安徽大学历史系）

张光直曾提出了若干为认识1949年以来的中国考古学可继续讨论的题目，其中就有：马克思主义考古学应有什么样的重要特征？1949年以后的中国有没有马克思主义考古学？本文尝试着以《夏鼐日记》为中心，就新中国、特别是1950—1985年的马克思主义考古学，谈一点个人的读后感。

夏鼐不仅是中国现代最具影响力的考古学家之一，同时，也是一个名副其实的马克思主义考古学家。一部《夏鼐日记》，不仅为研究夏鼐早期考古学思想的形成，还为研究1949年以前的中国考古学理论思潮的一般情形提供了难得资料。20世纪三四十年代，由于马克思主义在中国的传播，中国的马克思主义考古学已经有了郭沫若、尹达这样的拓荒者。夏鼐早期考古学思想的形成，受到马克思主义和郭沫若、尹达以及柴尔德思想的影响。

新中国的考古学，截至《夏鼐日记》最后一条的1985年6月17日，可以称为夏鼐时代。夏鼐时代又可以分为两个阶段：20世纪五六十年代为夏鼐时代的形成阶段，主要标志是《关于考古学上文化的定名问题》的发表和《新中国的考古收获》出版。七八十年代为夏鼐时代的成熟阶段，主要标志是《五四运动和中国近代考古学的兴起》《什么是考古学》的发表和《新中国的考古发现与研究》《中国大百科全书·考古卷》的出版。

如果从五四运动算起，马克思主义对中国考古学的影响已有近百年的历史。在这期间，产生了一大批如郭沫若、尹达、夏鼐、苏秉琦、佟柱臣、安志敏、石兴邦这样的考古学家，他们一方面信仰马克思主义，掌握了马克思主义的理论和方法，并能在专业实践中加以运用，另一方面，他们熟谙现代考古学的理论、方法和技术，具有广博的考古知识和严谨的科学态度，因此，他们都是名副其实的马克思主义考古学家。

中国的马克思主义考古学家，在中国古代社会研究、中国原始社会研究、中国古史分期研究、中国农业起源研究、中国文明起源研究、中国古代国家产生和发展道路研究以及民族考古研究等领域筚路蓝缕，以中国特有的材料和方法，为丰富和发展马克思主义基础理论，如人类社会发展形态（道路）理论、生产力（包括技术）和生产关系（主要是社会结构）矛盾理论、经济基础和包括信仰系统、意识形态的上层建筑关系理论、社会内部结构理论、人类起源与演化理论、文明起源与形成理论、古代国家产生和发展道路理论、古代民族形成与发展理论等作出了独特贡献。

西安地区汉唐城市水系统的考古发现

王自力（中国西安市文物保护考古研究院）

水是生命之源，一个城市的发展离不开周边的水系。西安古称长安，作为十三朝古都，具有3100年的建城史和1100多年的建都史，是中国历史上建都朝代最多、历时最长的一座城市。这与其所处的地理位置、周边的山川水系息息相关。西安地处关中平原腹部的渭河两岸，南依秦岭山脉，北靠渭北荆山黄土台。关中平原也称渭河平原，号称"八百里秦川"，自古就有"八水绕长安"之说。自周至唐，西安地区都城的兴起与发展，与渭河有着密切的关系。

本文梳理了20世纪80年代以来西安地区有关水系遗存的考古发现，考古方法只是通过某一时期人类改造或利用水系的遗迹现象来考察当时水系的历史面貌。这些遗迹类型主要有桥梁、漕渠、池沼、排水管道、水井等，其功能主要是城市引水、蓄水、供水、排水、交通运输等。本文列举了汉长安城渭桥遗址、沇河古桥遗址、秦汉沙河桥遗址、汉代灞河水上建筑遗址、涝渭河口汉代古桥遗址等以考察渭河的历史变迁。通过昆明池遗址、汉沧池遗址、唐曲江池遗址等考古发现，探索古代城市建设与水域的关系，探索水与城市文明的关系。

21世纪以来吉林省高句丽渤海考古新发现

王志刚（中国吉林省文物考古研究所）

高句丽（公元前37—公元668年）和渤海（698—926年）作为东北亚历史上重要的政治力量，在东北亚历史发展和文化传播中发挥过极为重要的作用。对其历史文化的研究一直是东北亚中、日、俄、韩、朝等国关注的重点课题。吉林省位于东北亚的腹心地带，高句丽、渤海两个政权的中心区域均位于吉林省境内，高句丽渤海考古一直以来都是吉林省考古学研究的重点和核心。高句丽政权定都时间最长的第二座都城位于吉林省集安市，现今集安地区留存了上万座墓葬和大量城址和建筑遗址。渤海的五京中有三京位于吉林省境内，20世纪30年代日本人就曾对吉林省境内的渤海遗迹开展过调查。20世纪贞惠公主墓、贞孝公主墓的发现，使六顶山墓地、龙头山墓地享誉学界。20世纪的考古工作奠定了吉林省高句丽渤海考古研究的基础。21世纪以来，通过中国高句丽遗迹申遗等工作，吉林省对境内高句丽渤海时期的30余个重要遗址开展了系统的调查和发掘工作，在高句丽渤海都城研究、陵墓研究、城址研究、墓葬研究、遗址研究、长城研究等领域取得了重要的考古发现，极大地推动了高句丽渤海考古学研究的发展。

本文试向学界简要介绍21世纪以来吉林省高句丽渤海考古的最新发现。

稻作农业行为起源于东海陆架吗？

张居中（中国科学技术大学博物馆）

在距今2万年前后数千年之久的末次冰期盛期，在广袤千里的东中国海大陆架上，有一块人类理想的栖息地，这就是舟山群岛以南地区。只有在这一带，矗立着可抵御北来寒风的一座山脉——舟山，钱塘江等沿海河流入海口携带而来的有一定肥力的泥沙，和相对温暖的小气候，为人类和动物提供了得天独厚的植被条件。经过几千年的发展，人类在采食野生植物的同时，产生了最早的农业行为。几千年之后的冰消期，急剧扩张的海面，逐渐蚕食着人类的家园。临近海边主要从事捕捞业谋生的人们，留在成为海岛的原地，或沿海岛迁徙；而主要从事采集和早期农耕的先民，面对汹涌而来的海水惊慌失措，不得不成族群的大规模向内陆迁徙。离海洋较近的上山文化、顺山集文化，较远的彭头山文化和贾湖文化，可能都是这一大迁徙活动的参与者所创造。这也是这些考古学文化具有不少共同因素的原因所在。

江口沉银遗址的发现与研究

刘志岩（中国四川省文物考古研究院）

江口沉银遗址位于四川省眉山市彭山区江口镇岷江河道内，北距成都市约60公里，南距眉山市约20公里。自20世纪20年代起，遗址所在的岷江河道内陆续发现有文物出水；2005年岷江河道内修建饮水工程，在施工过程中发现一段木鞘，内藏7枚银锭；2011年岷江河道内取沙，发现了金册、西王赏功等文物；2013年以来江口沉银遗址遭到严重盗掘，2016年国家文物局批准四川省文物考古研究院联合国家文物局水下文化遗产保护中心、眉山市彭山区文物保护管理所联合对江口沉银遗址进行考古发掘。因遗址位于河道内，发掘时间必须在岷江的枯水期进行。故本次发掘自2017年1月5日开始，4月13日结束，发掘时间99天，发掘面积10100平方米，出水明清时期各类文物3万余件。

本次考古工作创新工作理念，在调查和发掘过程中探索和运用新技术。考古调查方面，陆地调查与现代物探技术相结合，通过口碑调查与金属探测、磁法、电法等物探手段确定发掘区域。针对遗址处于岷江河道内的实际情况，开创性地通过围堰解决发掘平台，为今后滩涂考古、浅水埋藏遗址的发掘提供了工作范式和经验借鉴。信息采集和记录方面，对遗址做了全面测绘并建立控制网，在发掘过程中应用RTK精准记录每一件文物的出水位置，通过延时摄影记录发掘过程，通过激光扫描、三维建模等方式复原遗址地貌及遗物保存状态。同时，搭建了整个遗址的考古数据管理系统，保证了考古工作科学、高效的进行。本次发掘出水的文物种类以金、银、铜、铁为主，包括属于张献忠大西国册封妃嫔的金册，西王赏功金币、银币和大顺通宝铜币，铭刻大西国国号的银锭等；属于明代王府和政府的金银册、金银印、库银等；此外还有戒指、耳环、发簪等各类金银首饰，铁刀、铁剑、铁矛、铁箭镞等各类兵器，瓷碟、瓷碗、铜锁、钥匙、秤砣、顶针等各类生活用具。出水文物的主体从时代上看，自明代中期延续至明代晚期；从来源的地域上看，北至河南，南至两广，西到四川，东到江西，范围涵盖了明代的大半个中国。

本次考古发掘确认江口沉银遗址为张献忠沉银地点，出水的大量文物为我们解决诸多有关张献忠的历史传说提供了科学依据，为研究张献忠大西军征战历史、政权建设和经济建设等方面提供了丰富的实物资料。同时对认识明代中晚期的社会经济状况、物质文化形态乃至明末清初以来的社会历史走向等都具有重要的意义。

新疆博尔塔拉河流域高海拔区域青铜时代遗址的确认及其意义

丛德新（中国社会科学院考古研究所）

  新疆博尔塔拉河流域位于西天山地区，地处天山支脉阿拉套山和别珍套山之间，全长 250 余公里。自 2010 年开始，中国社会科学院考古研究所博尔塔拉河流域青铜文化发现与研究项目组开始在该流域进行考古调查与发掘。先后调查了大量青铜时代的遗存，尤其是在海拔 1800—2100 米，发现并发掘了阿敦乔鲁、呼斯塔等关键的遗存（遗址和墓地），为了解西天山地区青铜时代古代遗存的面貌及其性质提供了关键的资料。

  2015 年以来，又在海拔 2200 米以上的高山牧场发现和确认了多处同时期的遗址。结合该流域的气候、水文以及植被的特点，这些遗存在当时人群生计中的作用和性质的认识也逐渐明朗，由此，博尔塔拉河流域整个青铜时代的生业特点也渐渐清晰——具有一定范围的季节性迁徙的游牧形式的存在，这或许是中国境内确认的最早的游牧地区之一。

日本史前时期的暴力

松本直子（日本冈山大学）

  战争和大型团体间的暴力冲突话题一直具有较高的话题性。根据对日本史前时期采集狩猎者和农民的骨骼遗存的详细调查，现有的研究检测出他们身上遭受到的暴力痕迹，并且可以推断出他们分属两种不同的进化模式——地方利他模式和维生模式。前者推测频繁的战争在利他主义的进化中发挥了重要作用，后者则认为战争促进了因农业发展引起的社会变革。我们的研究结果与地方利他主义模型并不一致，但是与维生模式相符，尽管狩猎采集者和农民因暴力冲突导致的死亡率具有可比性。

"我从未污染过尼罗河"——埃及博物馆近期实践

维塞姆·曼森（埃及古物部）

  希腊历史学家希罗多德在公元前 450 年游览埃及时曾说过："埃及是尼罗河的馈赠。"尼罗河自古就孕育并影响着埃及这片土地上的生灵。社会实践、宗教信仰、艺术和建筑，甚至是王权都受到尼罗河的影响。考古发现证明了古埃及人和水文化之间有着密不可分的联系。发展灌溉系统、开挖运河和建造水坝都是法老们所热衷的事情。埃及博物馆的藏品包括了众多反映水在生活中的使用，以及在食物生产、祭祀活动中应用的器物。古代技术和发明反映了古人在水的使用上的智慧。

探索现代埃及生活中对水资源日常使用的各个方面，恢复其在埃及古代历史中的深厚根基。目前，全球都面临水资源匮乏这一挑战。近来，埃及人已经对未来水资源短缺带来的影响有所感受，尤其是在埃塞俄比亚文艺复兴大坝建成之后。埃及博物馆开设了教育项目向游客介绍这一问题，该项目关注水的重要性和古埃及人使用水的方式，并且概述了水资源可持续利用的概念。尼罗河博物馆更是专门为此在阿斯旺地区建立研究机构，此举表现出了各博物馆为提供讨论此类重要案例的平台付出的努力。

全球背景下玛雅湿地农业生态系统的地质考古学

蒂莫西·比奇（美国德克萨斯大学奥斯汀分校）

随着科学方法的不断进步、激光雷达测绘的爆发激增以及挖掘的复兴，农业生态系统的考古学进入一个充满活力发展变化的时期。2016年，我们首次获得了覆盖古玛雅湿地大面积的近300平方公里的激光雷达图像。覆盖范围既包括广泛的湿地运河和田野系统，也包括高原梯田和湿地组成的密集复合群。在过去的15年里，我们通过挖掘和多重代理的方式，测试了很多这样的系统，来研究这些系统如何延续几千年、古代玛雅人如何使用它们，它们何时以及如何被遗弃。但是，新的图像让我们能够绘制出树冠下的地图，从而显示出湿地系统比我们之前绘制的要广阔得多。我们阐释的知识结构基于对伯利兹沿海平原百公里范围内的发掘以及高分辨率激光雷达测绘和建模。在此基础上，我们提出在玛雅历史的框架内以历时性和同步性的方式理解湿地农业模式。我们还将这些古代热带农业生态系统与亚洲发展起来的古代水稻系统等进行了比较。

柬埔寨琼邑克窑址

卡塞卡·波恩（柬埔寨皇家学院）

位于柬埔寨南部的琼邑克，是湄公河下游三角洲最重要的考古遗址之一。这里已揭露出11座寺庙基址、大量圆形土方和集中分布的69座窑址，并在其中第一次发现在同一个地点相继生产陶器和炻器的证据。放射性碳分析显示陶器窑的年代为公元 5 世纪，生产范围包括炊煮器、大小罐子和精致的浅黄釉陶军持等，形制均十分常见，器表痕迹说明它们为轮制成形。但这里的大部分窑都用于生产炻器，不管是高温还是低温烧制，器物的成形也都使用了轮制法。根据目前对其中 4 座炻器窑的检测结果，其使用年代为公元 7 世纪后期至 13 世纪早期。使用需求的增长带来生产数量的提高，器物烧制过程中的总体破损量也相应增加。在其中一个土堆，我们发现在大量浅黄釉陶碎片之上叠压着一座炻器窑。这一地点的再利用显示出琼邑克窑址的使用时间之长和由陶器窑发展到炻器窑的地层学证据。我的讨论即聚焦于琼邑克陶瓷产业的特殊性，包括独特的堆叠窑的出现以及陶炻器生产对于满足该地区日常生活需求的重要性。

埃及南部地区的西部沙漠发现新石器时代晚期祈雨仪式新证

赫卜塔拉·阿卜杜勒·艾哈迈德·易卜拉欣（英国牛津大学东亚研究中心）

纳布塔普拉雅（Nabta Playa，距今 11000—5500 年）是撒哈拉沙漠全新世最为连续完整的人类定居点之一，继纳布塔普拉雅之后，西部沙漠又见新石器时代牧业遗址。它们以建造于纳布塔（Nabta）盆地中部的巨石阵而闻名，巨石阵建于旧石器时代最后两期。

最近，另一个考古学遗址 Bergat El-Shab Playa 在纳布塔地区南部 14 公里处被发现。目前，已开展的几个田野发掘季节以及有限的考察活动已经揭露了一些有研究前景的成果。一些在古湖旁边小山丘上的巨石阵已经被发现。

其中在盆地西部，位于遗址中心具有代表性的 Bergat El-Shab Playa 遗迹是本次研究的重点。整个遗址坐落于狭窄河道的关口上，雨季雨水通过遗址控制的关口流入普拉亚（playa）。对比纳布塔普拉雅地区中心的巨石阵，两个遗迹应该都为仪式性建筑，且功能上具有相似之处。

水、干旱与社会演变——新时代晚期安纳托利亚中部地区加泰土丘遗址的衰亡

阿卡德意斯·马西尼艾克（波兰波兹南密茨凯维奇大学）

显而易见，根据全球范围内多地的检测数据，全新世早期距今 8200 年发生了

一次重大气候事件——持续了约 160 年之久的干燥寒冷气候。加泰土丘位于安纳托利亚中部，是一处公元前 7400 年的新石器时代晚期遗址，正好受到了此次气候变化事件的影响。

本研究包含两个方面。一是通过考古学背景下的直接证据来探讨距今 8200 年的气候变化对于新石器时代处于起步时期的农业社会的影响。包括对新石器时代晚期建筑中陶器内部保存的生物标志物 δ2H 数值变化的研究与气候建模研究。二是讨论该遗址对干气候变化在建筑结构、农业活动、资源获取、消费模式等方面的应激反应。

中国的青铜时代缘何独一无二？

杰西卡·玛丽·罗森（英国牛津大学考古学院）

本文将重点讨论中国青铜时代的独特性，而青铜礼器的铸造更是重中之重。学界以往多聚焦于西方铜冶炼技术的引进问题。青铜在中原地区的西北部首先用于铸造武器、工具及装饰品，其后，在公元前 1600 年左右的二里头，发现了铸造的青铜容器。但是，这一"起源论"并不能合理地解释中国独特的多重陶土铸模的铸铜法，这种方法恰恰在世界的其他地方都未曾出现。中国青铜时代突破了早期小型武器与工具的传统，这一点也至关重要。在二里头之前，新石器时代文化呈现出规模巨大、遗迹分层、面貌复杂的特征，而二里头也继承、发扬了许多新石器时代文化的传统。这些新石器时代文化对后续文化发展的贡献，以及在二里头崛起之前，这些新石器时代文化衰落所导致的后果，迄今为止还没有得到充分的考虑。本文的结论是，我们现今对中国新石器时代、青铜器时代的价值与地位的认识，远未彰显出它们蕴含的非凡成就。

史前水利设施与早期中国的水治思想

李旻（美国加州大学伯克利分校）

魏特夫水利垄断统治的理论在亚洲早期国家形成动因的研究中影响深远，但在美索不达米亚平原、中国和墨西哥地区考古发现了一些反证。公元前三千年，拥有大型水利设施的良渚遗址是一个分级的大型聚落，而非一个拥有军队的国家。利用良渚遗址初步的遥感数据，这篇文章旨在谈论水利工程与良渚社会形态之间的关系，并开展相关比较研究。关于研究的后续影响，目前还不得而知。随着石家河、良渚这两个以大规模水稻种植为基本生计模式聚落的陨落，与之相关的大规模水利设施也随之消失。可以肯定的是，良渚模式对青铜时代早期国家的诞生产生了影响，此外，与周代文献中记载的治水立国传说有一定关系。我们认为对良渚水利系统的研究还远远不够，后续工作需要更加全面与深入。

萨珊神庙（公元 224—651 年）中的水

雅格候穆·赫马蒂发（伊朗布—阿里大学）

从文化、艺术和建筑的角度来看，萨珊王朝是伊朗地区文明最绚烂的历史时期。萨珊王朝疆域横跨西胡恩（Seyhoon）和吉胡恩（Jeyhoon），东起底格里斯河，西至幼发拉底河，拥有多元文化与宗教。阿尔达希尔是伊什塔克尔（Estakhr）地区阿纳希塔（Anahita）的信徒，他将祆教定为国教，直至萨珊帝国的灭亡。

很多萨珊浅浮雕以水神阿纳希塔（Anahita）为题，她将政权与睿智授予国王们。实际上，是阿契美尼德王朝的阿尔塔薛西斯二世（404—358 年）建立了水神阿纳希塔信仰。对古伊朗人来说，水有精神与物质双重含义。在祆教典籍《创世记》（Bundahishn）的记载中，水是创世七阶段中的第二阶段。水承载万物，世界栖息在一片由两条环绕地球的河流汇入而成的汪洋之上。几乎《阿维斯陀》的每一篇圣歌中都有关于阿纳希塔的记载，女神有着健美的体格和白皙的皮肤，她驾车出行，风、雨、云、雹四匹马为她拉车。

所谓的阿娜西塔女神庙，实际上只是宫殿深处的不明建筑。需要走下一个长楼梯，才能进入宫殿深处，进入这个不与其他部分平行，拥有美好和谐外观的建筑。当你走下楼梯时，你将置身于一个高墙环绕的小广场。这个小广场本身可能是一个被行道环绕的小水池。墙上的门连接小广场与广场外的回廊，同时也使得高架渠可以通进方形建筑。

在两面墙的顶部曾经有可能用来支撑房顶的三角形构件。实际上，这个空间是开放的，三角形的结构是用来支撑大型建筑构件。

南亚植物考古最新研究

萨蒂什·奈克（印度德干学院）

本文论述了南亚的古代植物经济，分析了从前陶器和使用陶器的新石器时代的简单村落的农耕社区到高度进步的哈拉帕时期、铁器时代、早期历史时期和中世纪时期文化发展的历史框架。植物考古的研究，对了解植物的开发时间和地点以及在南亚不同地区的扩散情况提供了有效信息。因此，在环境条件和生存经济的基础上，我们将该地区划分为 6 个区，即西北地区、北部地区、中部恒河平原、东北区、东部地区和南部地区。该研究有助于了解不同地理区域的有差异的文化群体的进化和成长。在过去的 60 年里，植物考古数据已经形成，包括许多发现，如可以追溯到公元前 7000 年的在新石器时代的俾路支省和巴基斯坦发现了最早的谷物种植的证据；在中部的恒河平原上，发现了公元前七千纪最早的水稻种植证据。研究显示，新石器时代人们的食物/植物经济，导致了食物采集和狩猎向早期农业的过渡。后来，从广泛分布的遗址证据表明，哈拉帕文化的移民种植经济是外来的，主要来自非洲和西亚，但也包含一些本土因素。它表明贸易交往和社会经济于文化一体化得到很好的发展。铜器时代的移民发展了复种和轮作的农业技术，而铁器时代的人则拥有先进的农业系统，并在南亚地区持续到早期的历史时期中世纪。

在史前爱琴海，作为商品与象征和艺术灵感来源的水资源

乔治奥斯·瓦沃纳纳基斯（希腊雅典大学）

公元前 3000 年至公元前 2000 年，史前的爱琴海文明在一个可能被海水包围的地区蓬勃发展，但却没有足够的淡水资源。本文追溯了史前爱琴海地区淡水资源开发的物质证据，包括河流、湖泊、水坝、渡槽建造策略，以及对水泉的加固，和湖泊、沼泽排水系统相关的公共工程遗迹。它也考察了在雕像、印章和大部分壁画上可用的肖像证据，这些壁画涉及史前爱琴海淡水所蕴含的宇宙观的不同象征意义，以及它在仪式活动中的应用。人们认为，水在成人礼中起着关键作用，尤其是在女孩和女性不同年龄阶段。在至少一种情况下，淡水尤其是汹涌的河水与葬礼仪式有关，因为死者被安置在河岸的两边。对现存考古证据的回顾表明，与其他自然元素不同，水是主要被赞赏其在生存资源上所起的积极作用。只有在克里特岛淡水被赋予了特殊意义，并将其作为社会活动的积极组成部分。

水系、动物与哈拉帕：哈拉帕文明视域下印度北部加加尔河水系的人类—动物互动研究

阿拉提·德什潘德·慕克吉（印度德干大学研究生院）

水是最为宝贵的自然资源。自史前时代起，重要的河流水系就对古代文明的发展、延续做出了巨大贡献。距今 5500 至 3500 年盛于印度次大陆的哈拉帕文明就是一例。现今，印度北部的加加尔河碧波已逝，但此地丰富的哈拉帕文明遗存却昭示着，这一文明以印度河谷为核心、不断向周边流域辐散、延伸的场景。

此地发现的一些大型的聚落遗址具备哈拉帕文化的早期特征，而多数遗址中，则常出土泥砖结构、陶瓷组合、印章、人类墓葬和动物遗存。近期研究的重要进展表明，哈拉帕文明采取以动物为基础的经济模式。从文明的开始直到其衰弱，研究显示，作为哈拉帕文明的基础，大约 8000 至 5500 年前，前哈拉帕或哈拉帕早期人们开始在此定居。动物骨骼、牙齿中提取到的古季风记录表明，在 9000 至 7000 年前的强季风影响下，早期的哈拉帕聚落已沿着宽阔的加加尔—哈克拉河不断发展繁荣。之后季风虽有减弱，但从哈拉帕早期到成熟时期，这些聚落始终存在。因此，尽管伴随着逐渐衰弱的季风影响，动物放牧和狩猎的记录依然显示了哈拉帕应对气候变化的持续适应性。

集约农业的水利工程：建造与废弃，解开特奥蒂瓦坎兴衰之谜

塞尔吉奥·戈麦斯·查韦斯（墨西哥国立人类学与历史研究所）

在古老的中美洲，特奥蒂瓦坎是古典时期最为复杂的社会经济体。其人口最盛之时，居民数量曾达到约 15 万人的庞大规模。然而，大部分的粮食则必须依赖进口。因为，根据多方计算，山谷的土地只能供给至多 1.8 万—3.4 万人生存。近期的发现显示，在特奥蒂瓦坎文明的初始阶段，人们建造了一个复杂的灌溉系统，用来提升粮食生产规模。然而，有几个因素导致了该系统的过早废弃，这迫使统治者制定其他战略，以确保粮食的供应；同时，与粮食的生产社区建立了具有风险性的依赖关系。报告显示，特奥蒂瓦坎文明的崩溃发生于公元 750 年左右，这必然与多种因素相关，其中的一个重要因素就是，集约化的农业生产体系（限制水利工程建设、侵占土地以扩张城市）被粮食的进口替代。

沙漠之水：比尔谢巴与阿拉德的储水系统

泽埃夫·赫尔佐克（以色列特拉维夫大学）

在犹大王国的南部边缘——比尔谢巴与阿拉德的铁器时代二期遗址中，发现了两个复杂的储水系统。建造者穷尽了最大的努力，希望能够确保在城市防御工事内的居民，能够直接取用水源，从而使城市能够经受住长时间的战争围困。在比尔谢巴与阿拉德地区，一些人型的地下水库被嵌入基岩之中。城市附近的希伯伦河偶尔会发生罕见的冬灌，这能够提供大约 700 立方米的水，刚好够填满比尔谢巴的水库。阿拉德发现的一处小水库中，储存了从附近山坡径流中收集的水，以及阿拉德地区地势低洼处的水井中的水。在这些复杂的供水系统中，大量的劳动力投入，加上巨大的防御工事，体现了城市规划者对军事因素的优先考虑。为了确保在城市被围困时能获取到水源，平常是不能使用储水系统的。而城市的日常用水、城堡居民以及过路人，则可以在城门外的水井中获取到淡水。

史前遗址的保存与展示：来自土耳其的调查案例

泽耶内普·埃里索多干（土耳其伊斯坦布尔技术大学）

在如土耳其这样拥有大量壮观的史前和历史时期考古遗址的国家，无论这些遗址对历史文化有着怎样的重要性，通常都会因被认为缺少视觉吸引力而遭到忽略。考虑到在对遗址重要建筑的保护，重建和对公众展示中遇到的问题，为处理史前遗址设计可行方案更是困难重重。总的米说，史前遗址比后期带有纪念性遗存的遗址更容易受到破坏的问题正日益引起人们的关注。目前用于保护史前遗址的方法包括回填、加盖屋顶和模型展示等，我的讨论即是在总结所面临问题的基础上介绍我们在土耳其调查所得的变化趋势，并选取其中几个案例进行评述以展示不同的方法。

大卡霍基亚的人地交互

苏珊·艾特（美国印第安纳大学伯明顿分校）

揭开美国本土古老的历史，不仅仅要考虑人物、地点和具体事件。理解古代社会需要认识到其中人类和非人类力量的完整组合，以及他们是如何相互促进和影响的。揭示这些历史需要考虑其形成机制，但更多的是，我们需要认识到一些地点和事物，正是因为其中特殊的力量和活力，引起了人类强烈的反应。我认为卡霍基亚的遗物集合的——土冢、洞穴、水资源、用火、石头、黏土等，这些人类和非人类遗存为我们提供了翔实的资料，我们可以利用这些大范围的研究对象来进一步丰富和探索历史。

拉米尔帕的古玛雅水资源管理

诺曼·大卫·柯尔·哈蒙德（英国剑桥大学麦克唐纳研究所）

古代中美洲玛雅人的世界中，水的重要性体现在人们生活的各个方面，例如寺庙的建造与蓄水池的供给相关，人口的增长导致了为密集型农业而进行的人为环境改造，城市的兴衰能助长和毁灭水运贸易网，远距离的战争促使水坝的修建。随着玛雅人对水资源、土壤和植被等的系统利用，玛雅世界的自然景观逐渐成为一种文化景观，而在这一进程中，水资源的控制对玛雅文明的生存变得愈加重要。直到最近，古玛雅水利工程的精确性还没有得到重视，但在蒂卡尔的公共建筑中排水设施的建立为我们提供了新的研究视角，这种设施可以在干旱季节维持水库的正常使用，类似装置在其他地区也有应用，我们最近对拉米尔帕的研究就有类似的情况出现。拉米尔帕位于伯利兹西北部海拔约 180 米的山脊上，东临陡峭的峡谷，浅溪自东向西缓缓流下。携带着被侵蚀表土的溪水经过堤坝的拦截而滋养了肥沃的土壤。

拉米尔帕定居点的测绘表明，其密度值在公元 8 世纪、9 世纪达到了顶峰，并进行了大量的人类活动，包括修筑墙壁，用河堤和石头护岸等来保持水土，提高生产力。拉米尔帕晚期的繁荣很可能与玛雅的地缘政治有关，特别是在 7 世纪晚期，在蒂卡尔和卡拉克穆尔两城市之间存在着长期的对抗，而拉米尔帕与这两者之间的距离几乎是相同的，那么在乌凯（Ukay）统治时期拉米尔帕的繁荣，究竟是依附于蒂卡尔的结果，还是由于卡拉克穆尔被蒂卡尔击败而使拉米尔帕的压力得以缓解，我们还不得而知。但是我们可以确定的是，随着人口迅速增长，其水源和土地的承受能力日渐不足，玛雅人迅速采取纠正措施调整其经济格局，即修建水库以提高农业潜力，通过有效的水资源管理确保进一步的城市繁荣。

作为前现代全球化的欧亚非大陆青铜时代

赫勒·范德基尔德（丹麦奥胡斯大学）

青铜时代符合社会学家所说的"全球化"吗？我这里想通过与现当代全球化的几个关键质素的比较来回答这一问题。我的结论是，覆盖了欧亚非大陆这一广袤地域的青铜时代，确实属于前现代时期内部互联的全球化案例，它出现于公元前2000年之前，并在约公元前1200年开始走向衰落。

印度河流域城市的贸易、技术与观念（公元前2600—前1900年）

乔纳森·马克·科诺耶（美国威斯康星大学麦迪逊分校）

我的讨论将聚焦于哈拉帕和巴基斯坦、印度、阿曼等国家其他遗址的一些最重要的新发现，它们将为揭示公元前2600—前1900年印度河文明如何兴起提供新的方向。该文明的源头可以在印度河及其附近地区追溯到更早的时期，新的发现显示，多个不同地区都出现了早期城市社会，而非单一遗址或区域。地区间的差异也说明该文化对于不同自然环境和社会经济、政治发展的调整与适应。从独特的技术、装饰品、织物、陶器、建筑、艺术和观念可看出这些印度河早期城市共有的特征。公元前1900—前1000年，该文明的城市和定居聚落开始发生变化，引起这些变化的原因以及印度河文明对后续文化的影响和直至今日的重要文化遗产将会被一起讨论。

新石器时期生活方式的出现与传播：从核心到周边

梅米·特塞勒尔（土耳其伊斯坦布尔大学）

新石器时期在文明发展史上是一个变化剧烈的时代，定居的农业聚落发展起来，取代了狩猎采集的流动生活方式。这种新的生活方式建立在食物生产的基础上，并由之带来随后的一系列变化，从土地所有权、财产继承、劳动分工和社会组织，到处理、准备食物和一些新技术的出现，包括建筑实践和作储存、炊煮、发酵之用的陶器等。正是由于这些根本性的变革，此一时期被称作"新石器革命"。然而直到近来，新石器时期仍被视作简单的村庄聚落挣扎求生的时代，而土耳其东部地区公元前10200—前7000年一些主要遗址的发掘与发现（如哈由努、柯蒂克土丘、哥贝克力土丘和涅瓦里丘里），极大冲击了这一传统认识。新石器时代初期，即前陶器新石器时期现在看来已是一个高度复杂的文化阶段，很可能已经具备了后来社会的一些文化属性，包括社会分层、手工业分工、纪念建筑、艺术、商品和原材料的远距离交换，以及祭祀精英阶层的统治等。

迄今以来，解释新石器时期生活方式何时、如何以及为何由中心区域传播开来的理论都属单一片区模式，缺乏相互之间的关注与联系。而更多来自新石器时代初期遗址的证据显示，人们由旧石器时代迈入新石器时代的方式多种多样，这一过程跨越千年，之前的所有假说都只是印证了各自关照的案例。原本受争议的理论模式，如移民、殖民、隔离渗透、商品与知识技术的传播、文化适应、同化和海洋扩张等，实际上都在以不同的形式同时发生着。我的讨论即是为这一新的图景提供一个概观。

古代也门与美国西部水的历史

迈克尔·詹姆斯·霍尔维尔（美国约翰·霍普金斯大学）

水的历史揭示了人类社会之间深刻的相似性和关键差异。环境通常由水资源的可获得性和周期性来定义，水是宗教传统和政治共同点的常见主题。长久以来，人类学一直以对人类历史共同性的一分兴趣为标志，并强调人类文化是独一无二的。这篇文章并没有建立一个类比来展示非常不同的案例之间的相似之处，而是总结了2016年的一本书，这本书中比较了古代也门（公元前3200—公元600年）和美国西部（公元前2000—公元1950年）的水历史。这些案例虽然由深刻的分歧和偶然性形成，但它们在展示环境、文化、政治和意识形态因素方面相互提供信息，这些因素是以不同的方式通过空间和时间进行加权和互联。长期以来，阿拉伯人和阿拉伯半岛一直是游牧和部落社会的中心人类学原型，而美国边境移民和美国西部与作为神话般的西方和西方文明的历史刻板印象有着类似的历史。并非是国家发展不可避免地需要大量的水利系统，而是因为水资源短缺会带来环境障碍，以及感知环境必要性的社会建构及其解决方案使得水如此重要。在这两种情况下，农业生产不集中在可以进行雨养农业的富水地区，而是集中在缺水地区和高干旱地区，合理化了大量国家建设的灌溉计划，这些计划有助于形成国家认同、宗教信仰和主权。

神圣空间考古：印度西部寺庙

希曼舒·普拉巴·雷（德国慕尼黑大学）

我讨论的主题为由印度教寺庙的建立所带来的文化整合，尤其是位于或靠近印度西海岸的寺庙。印度西部的古吉拉特邦拥有长达1600公里的海岸线，其中大部分属于索拉什特拉（卡提瓦半岛）地区。索拉什特拉经由东部和东北部的古吉拉特半原与大陆相连，北临卡奇湾和小卡奇盐沼地，东南临坎贝湾，整个西部和南部面临阿拉伯海。直到1970年，帆船还承载着当地30%的贸易，成为古吉拉特海洋文化景观不可分割的组成部分。而宗教寺庙为该海洋文化景观的重要特征之一，也是我此次讨论的焦点。

从全球视野中看中国农业的起源

奥菲·巴尔约瑟夫（美国哈佛大学）

比较地理学和民族学方法在研究农业起源中的运用是全球模式的基础，有助于理解从狩猎采集到农业耕作的革命性转变。这种模式的运用象征着未来研究的方向。关于社会经济变化的考古过程最好的记录位于西亚的新月沃土地区。在西亚地区多年收集植物和动物信息的工作，使得考古学家从众多发掘地点收集植物化石和动物骨骼过程中，找到了狩猎采集者们"何时"和"如何"成为农耕人群的答案。早前植物采集的系统性栽培最初发生在人口增长的背景下，导致自由流动的选择减少，资源竞争加剧的时代，加上气候波动，促使固定或半固定的村落的建立。当地的生态和气候条件促进了一些被精挑细选出来的，通常是最具经济效益的植物，更容易生长并储存富余的产量。这个模式可以解释中国向小米和水稻种植转变的原因，并明确我们未来十年的田野和实验室的研究目标。

水与玛雅文明的起源

猪俣健（美国亚利桑那大学）

在喀斯特地貌玛雅低地的大部分地区，地表水体和野生食物资源都十分有限，因此在公元前约1000年密集的玉米农业发展起来之前，人口数量维持在较低水平。早期的人口主要被发现在水生资源丰富的地区，包括太平洋和墨西哥湾沿岸。拥有广泛洪泛平原的中部乌苏马辛塔地区很可能提供了玛雅低地与墨西哥湾南部沿海地区之间重要的交流通道，在那里奥尔梅克文明发展较早。在我们的研究中新发现的一系列正式祭祀中心表明这个地区的重要性。公元前 1000 年左右，在塞瓦尔低地的玛雅文化中心建立了一个类似的正式祭祀建筑群，这表明区域间相互交流在社会的迅猛变革中扮演了重要角色。在接下来的几个世纪里，玛雅人越来越重视玉米农业，水的象征主义在他们的世界观中依然重要。

门加墓石水井（西班牙安特克拉）：一个关于史前巨石建筑的特殊水文特征的近期研究

莱昂纳多·加西亚·桑胡安（西班牙塞维利亚大学）

安特克拉（位于西班牙马拉加）的巨石遗址自 2016 年 7 月被列入联合国教科文组织世界遗产以来，已成为欧洲范围内研究巨石现象的主要参考对象。近期开展且正在进行的研究发现了更多关于门加墓石水井——该遗址最引人注目的特征之一——的有效证据。这口井发现于 2005 年，呈圆柱状，宽 1.5 米，深 20 米，穿过灰屑岩基岩直达当地的地下水位，可提供饮用水。欧洲史前时期，在门加的新石器时代遗址里存在这样规模的水井是前所未有的。我们最近的研究为公元 18 世纪发生的这种水井的回填提供了可靠的数据。然而，关于它的起源，它最初修建的时间，以及在这个特殊巨石遗址漫长而复杂的历史历程中扮演了怎样的角色，我们知之甚少。本文展示了我们最近对门加水井进行的多学科研究。这项研究为迄今为止在欧洲史前遗址中发现的最为迷人的水文特征之一提供了新视角，从而扩展了我们对水在整个史前史和历史社会与文明中作用的认知。

生活在冲积平原：南美洲下巴拉那河的人类适应性

古斯塔沃·加布里埃尔·波利蒂斯（阿根廷国家科学技术研究委员会）

过去 30 年以来，包括巴拉那河中下游在内的南美低地的考古信息有显著增加。这个由广阔的冲积平原及其三角洲组成的地区记录了小规模社会对水环境（水利中心）强大而综合的适应性。该环境具有拉普拉塔河流域最高的水文气象敏感性，对至少 2000 年以来在该地区建立的定居体系和资源开采产生了一定的影响。

在本演讲中，我将批判性地回顾一些现有的考古证据，并讨论我们在巴拉那河上游三角洲地区调查所取得的新成果。我将讨论在全新世晚期（大约 2000 年至 400 年以前），空间的使用、技术、葬俗和生存方式的模式，以及发展了室内花园园艺的狩猎采集渔者的基础文化布局。我将把重点放在人造陶土堆的建造（当地称为"塞里托斯"）——陶土堆是居住在周期性洪涝环境的主要定居策略之一。最后，我将探讨一些考古和历史证据，这些证据表明该地区已发展了一定程度的社会等级制度。

孟加拉国布吉塔尔考古遗址地的水、社会和文明

沙纳杰夫·哈斯恩·贾汉·莱纳（孟加拉国文理学院）

　　布吉塔尔，字面意思为"内堡"，被认为是现已荒废的普里图（Prithu）国王所统治的城市。这是孟加拉国最大的设防定居点，面积约 25 平方千米，位于孟加拉国的班乔戈尔地区。有趣的是，该遗址为跨国遗址，因为它的北部、东西部的北边地区的外围部分是位于印度西孟加拉邦的杰尔拜古里（Jalpaiguri）地区。本报告是以作者在布吉塔尔考古遗址地，对水资源的详细调查为基础的，其中水资源包括池塘、护城河和河流等。目前的研究旨在阐述布吉塔尔地区的古代居民以灌溉和家庭用水为目的储存和使用水资源的技术。这表明他们是水利工程的掌控者，该工程涉及水的收集、储存和流通。他们勤奋好学且技术精湛，这使得他们克服了气候的局限性。希望这项研究能够对古代布吉塔尔人善于接受科学技术的程度进行新的阐述。

尼日利亚抢救性考古的最新发展

卡莱布·阿德巴约·弗洛伦索（尼日利亚伊巴丹大学）

　　尼日利亚考古学的实践起源于殖民时代。1910 年，为搜寻文物，德国人类学家列奥·弗洛贝尼乌斯（Leo Frobenius）首次在尼日利亚指导当地的伊费（Ife）人进行伪考古发掘。1928 年，人们在诺克（Nok）山谷的锡矿山中意外发现了赤土陶瓦器物，这次发现拉开了 1939 年起在该地区进行抢救性考古活动的序幕。此前在 1938 年，在伊费、贝宁和伊博乌科渥（Igbo Ukwu）等地挖掘房屋地基从而发现青铜器物的时候，在这几处地点进行了抢救性考古发掘。因此，尼日利亚的考古学基本上是抢救性考古学的起源，殖民当局让考古学家前往海外公共工程活动的地点，并在需要的地方进行抢救性挖掘。然而，在独立后时期，抢救性考古学的发展趋势发生了逆转。20 世纪 60 年代后期，随着国家经济的繁荣和公共工程的扩张，尼日利亚的考古学发展成了纯粹的学术学科，极少或根本没有关注考古遗址的保护。根

据世界银行对资助项目进行考古影响研究的要求，本报告将重点介绍一些新的发展。考古学家已经开始介入执行一些有不同研究成果的发展项目。

在帕拉纳河（巴拉圭和阿根廷边界）的纳粹藏匿处

丹尼尔·施韦宗（阿根廷布宜诺斯艾利斯大学城市考古中心）

2015 年，在阿根廷和巴拉圭之间的一处与外界隔绝的古老丛林中，人们发现了一处位于帕拉纳河（Parana river）上的交通要冲，这可能是"二战"时期纳粹的藏身之处。几个季度的田野发掘工作揭示此处在保卫和控制下闭关自守，并在藏匿点内发现了包括图片和报纸在内的"二战"遗物。虽然其使用时间很短，却被纳粹控制了十年之久，之后逐渐荒废。

古斯里兰卡城市规划中水域景观的重要性

阿努拉·库马拉·玛纳图加（斯里兰卡凯拉尼亚大学考古学院）

水是人类居住区的重要组成部分。城市居住区需要大量的水才能满足各种基本需求。斯里兰卡城市规划中对水体的利用情况鲜为人知，同时它又是研究的重要方面。我的介绍是为了说明在古斯里兰卡城市规划中，是如何利用水的。我试图展示在斯里兰卡，除了消费和农业用水之外，水资源是如何在防护、运输、运动和美学方面等发挥作用的。斯里兰卡第一个首都阿努拉德普勒被三座大型水库包围。第二大城市波隆纳鲁瓦与帕拉卡玛·萨木达（亦称为帕拉卡玛海——古代世界上最大的水库）相连。斯里兰卡最后一个王城康提也被湖泊点缀。我的简短演讲是以斯里兰卡历史上，其国王、僧侣和公众对这些水体作用的认识为基础来说明的。

在考古学中性别研究有多大作用？

莎拉·麦勒基·纳尔逊（美国丹佛大学）

性别考古学研究已经进行了近 40 年。在此我想讨论的是，用什么方法将性别研究纳入考古遗址的阐释才行之有效，并且考虑它对研究是否是无关紧要的甚至是破坏性的。有人称性别研究有助于考古学重新聚焦于社会和文化，而不是石头和罐子，以加强我们的理解，对我们了解过去的方式提出质疑。在考古学中性别研究有多大作用？

北高加索地区的石头畜栏——中世纪早期牧业遗迹的地理信息系统和土壤研究

德米特里·S. 科罗博夫（俄罗斯科学院考古研究所）

2015 年，由俄罗斯基础研究基金会资助的新项目启动，此项目是对位于基斯洛沃茨克盆地及其南部附近（俄罗斯北高加索）的石头畜栏进行多学科研究。第一阶段包括航拍照片档案的分析以及应用地理信息系统（GIS）绘制和调查阿尔卑斯山区畜牧点遗址的空间分布。因此，有 1000 多个石栏被识别并被纳入 GIS 中，由于矩形形状以及物体内部密集的深色植被，其中约一半的石栏可以初步断定为现代石栏。其余 500 座畜栏所处的位置绝对高度达到 1000—2500 米，似乎可以从结构角度切入对史前和中世纪畜牧业的调查。根据陶瓷制品发现和小规模发掘的碳 14 数据，畜栏的建造可以追溯到公元第一个千年，而到 17—18 世纪它们被重新利用。来自畜栏的土壤研究显示磷酸盐含量和脲酶活性显著增加。畜栏里土壤的主要特点是堆肥过程中粪便升温而产生了大量嗜热微生物。大量的嗜热微生物和土壤中高活性的脲酶可以帮助在广泛的考古遗址中确定动物畜养的地点。

水、气候变化和东南亚国家的起源

查尔斯·富兰克林·海厄姆（新西兰奥塔哥大学人类学与考古学系）

东南亚大陆的铁器时代晚期是一个剧烈变化的时期。从公元 200 年左右开始，季风减弱导致降雨量减少。与此同时，日益发展的城镇区域普遍建造起护城河与水库。有些人被埋葬在装满大米的坟墓里。此时的杂草种子以湿地物种为主，并发现了第一批铁犁。这些创新结合在一起，展示了一场农业革命，其中涉及通过耕犁开垦和经由新兴社会精英阶层组织的灌溉稻田。这些变化在真腊国早期的铭文中被明确反映出来，强调领导者拥有最好的稻田，组织节水和水网。与吴哥国家一样，我们毫不怀疑，控制水资源和灌溉稻田是维护国家和政权的关键基础。然而，15 世纪灾难性洪水和干旱时期的气候变化破坏了这个精细管理的系统，导致了作为王国中心的吴哥消亡。

后记

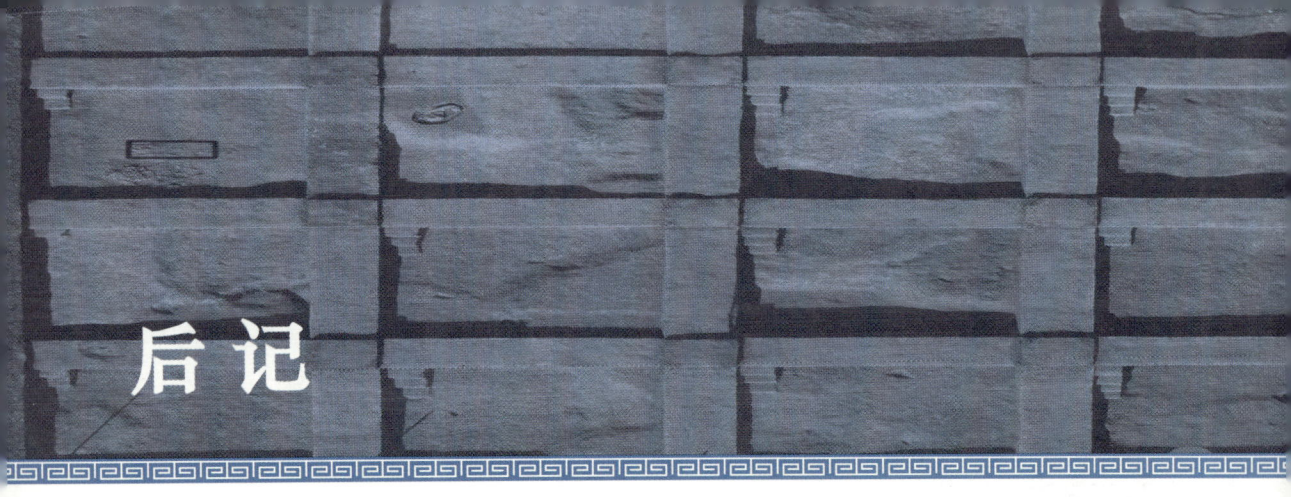

第三届世界考古论坛的主题是水与古代文明。水与人类的生存和发展息息相关。在进入农业社会之前的数百万年间，自然降水是狩猎采集社会仰赖的唯一水资源。水的使用与食物生产、社会组织、宗教信仰之间日渐复杂的关系，促进了人类社会及其组织机制的发展。无论是生活日常所需、灌溉、防洪、用水存储、排放和运输，还是礼仪与宗教，水对于古代文明的繁荣至关重要。人类社会在临近河流与海岸的地方建造城市，通过掌控水资源来获取政治和经济利益。随着城市聚落的扩张，对水资源的需求日益增长，最终促进了一系列的技术革新，包括灌溉和排水系统、蓄水设施及长途运输技术的发明。这些技术革新提高了食物的产量，引发人口的持续增长，政治组织也变得更为复杂。从日常的饮用、洗浴到礼仪用水，从国家层次的大规模水利基础设施建设到地方水利技术的发展，从古罗马的引水渠到隋唐的大运河，地点不同，时代不同，文化不同，水资源的利用和管理方式也不尽相同。

急剧增长的水需求，以及水资源的可持续性，是当今世界面临的最大挑战。城市化、人口膨胀、经济发展、政治冲突和人为因素导致的气候变化等，加剧了地球上水资源的压力。当今以及未来用水的问题变得极为迫切。20世纪50年代德国历史学家和汉学家魏复古提出关于水利文明的"东方专制"模式以来，考古学者愈加注重对水、水文景观、水资源管理、可持续性农业发展，以及水与宗教、礼仪关系的调查和研究。考古学对于水与人类社会发展的研究，有助于我们深入了解当今社会及未来水资源的一系列关键性问题，尤其是水资源缺乏、水灾害和地方治水的具体实践等。这些认识不只是一般原则或过程的阐述，更重要的是根植于特定历史场景和具体案例的分析。因此，对于水资源问题的考古学研究意义重大。

第三届世界考古论坛是历年规模最大的一次，相比往届增加了新的内容。除了颁发世界考古论坛终身成就奖、重大田野考古发现奖、重要研究成果奖、杰出贡献奖，获奖人报告，还有世界考古主题论坛演讲、公众考古讲座、中国考古新发现与研究专场、性别与考古实践讨论专场、参观博物馆以及会后的研讨会等。

世界考古论坛奖旨在宣传世界范围内最新的考古发现和研究成果，积极推进考古资源和

文化遗产的保护。世界考古论坛奖的评选，强调新思想、新理念，强调创新性，强调对当今世界和人类共同未来的重要性，以此推进考古学研究水平的提高和知识创新，提高公众对考古学重要性的认识，促进世界考古资源和文化遗产的保护，推动更加广泛的国际合作和交流。世界考古论坛奖目前设有终身成就奖、杰出贡献奖、重大田野考古发现奖、重要考古研究成果奖。终身成就奖是论坛的最高荣誉奖项，表彰世界范围内德高望重、学术成就卓著、影响深远广泛的考古学家。杰出贡献奖表彰对世界或地区考古事业发展与文化遗产保护作出重大贡献的个人。重大田野考古发现奖，表彰那些能够加深、甚至改变我们对特定地区或全球范围古文化认识的田野考古调查和发掘。重要考古研究成果奖，主要针对的是专项课题或以实验室科学分析为基础的考古研究；可以是多年综合性的研究项目，可以是理论、方法、技术上的重大突破，也可以是基于考古新发现的突破性研究成果。

第三届世界考古论坛奖励计划共收到有效提名 91 项，这些项目主要是由论坛咨询委员会委员负责推荐的。咨询委员会是世界考古论坛的重要组成部分，该委员会由来自 40 多个国家和地区的 160 位委员组成，他们是考古和文化遗产研究领域一流的专家学者。项目的评审则由世界考古论坛评审委员会负责，评审委员会由来自 17 个不同国家和地区的 40 位学术权威和专家组成。依据严格优选和公平公正的最高准则，37 位评审委员积极参与了第一轮评审，首先选出 40 个推荐项目；在此基础上，评审委员进行了第二轮投票评选，共收到 34 个有效投票，最终选出 21 项，其中 10 项获重大田野考古发现奖，9 项获重要考古研究成果奖，另外特别选出杰出贡献奖 2 项。在这里我们对所有获奖项目和个人表示最热烈的祝贺，同时对积极参与推荐与评选的世界考古论坛咨询委员和评审委员，以及所有被提名的项目或研究的负责人表示最诚挚的感谢。

第三届世界考古论坛的顺利召开离不开中国社会科学院与上海市人民政府有关部门及各级领导的关心和支持，离不开中国社会科学院考古研究所、上海研究院，上海市文物局和上海大学等有关单位领导和同人、学生的艰辛努力。莫阳博士从论坛的准备到会议期间各种会

后 记

务事宜，都付出了辛勤的汗水。论坛翻译、编辑、设计工作团队包括莫阳、武冰、黄珊、董韦、黄奕、曹峻、曹辰星、贺娅辉、朱彦臻、王一杰、秦超超、高伟、张泉、张一丹、吴梦洋、张莉、陈琴、陈晖、苏昕、林宜羚、高颖彤、雷婷、李丹妮、吴洁美、孙晓彤、朱泓薪、沈叶、张娜、魏峭巍、杨谦、黄薇、谢晓啸、刘艺、王林、张依林、叶珂、吴家欣、王萱等，在此衷心感谢他们敬业和踏实的奉献精神。

　　第三届世界考古论坛会志的出版，由朱岩石副所长具体负责指导，韩晴承担了繁重的编辑工作，特此感谢。

陈星灿　荆志淳　朱岩石